임동석중국사상100

안씨가훈

顔氏家訓

顔之推 撰 / 林東錫 譯註

象犀珠玉怪珍之物，有悅於人之耳目，而不適於用。金石草木絲麻五穀六材，有適於用，而用之則弊，取之則竭。求其有悅於人之耳目，而適於用，用之而不弊，取之而不竭，賢不肖之所得，各因其才，仁智之所見，各隨其分，才分不同，而求無不獲者，惟書乎。

丁亥菊秋錄東坡李氏山房藏書記 丘堂呂元九

"상아, 물소 뿔, 진주, 옥. 진괴한 이런 물건들은 사람의 이목은 즐겁게 하지만 쓰임에는 적절하지 않다. 그런가 하면 금석이나 초목, 실, 삼베, 오곡, 육재는 쓰임에는 적절하나 이를 사용하면 닳아지고 취하면 고갈된다. 그렇다면 사람의 이목을 즐겁게 하면서 이를 사용하기에도 적절하며, 써도 닳지 아니하고 취하여도 고갈되지 않고, 똑똑한 자나 불초한 자라도 그를 통해 얻는 바가 각기 그 자신의 재능에 따라주고, 어진 사람이나 지혜로운 사람이나 그를 통해 보는 바가 각기 그 자신의 분수에 따라주되 무엇이든지 구하여 얻지 못할 것이 없는 것은 오직 책뿐이로다!"

《소동파전집》(34) 〈이씨산방장서기〉에서 구당(丘堂) 여원구(呂元九) 선생의 글씨

책 머리에

"천지가 생긴 이래 땅이 있고 농토라는 재산이 있었으며, 이를 팔고 사고 주인이 바뀌기를 몇천 번에 몇 사람이나 되는지 모른다. 그 땅이 돌고 돌아 지금 나의 소유가 되었다. 게다가 자식이 똑똑하여 이를 능히 지켜낼 수도 있을 것 같다. 그러나 그것이 집안 세세토록 천 년 만 년 잃지 않고 지켜낼 수 있을까? 역시 팔고 사고 하여 정해진 주인은 없을 것이다. 옛말이 맞도다. '천년전지 800번 주인이 바뀌니, 토지가 주인이요 사람은 객이로다'(千年田地八百主, 田是主人人是客)라 한 말이!"

청대 두문란杜文蘭이라는 사람의 수필 한 토막이다.

천하 누구에겐들 늙음이 오지 않는다는 보장이 있겠는가? '세상에 가장 공정한 게임은 백발이다. 귀하고 돈 있는 사람이라고 해서 용서해준 적이 없다'(世間公道唯白髮, 貴人頭上不曾饒)라고 두목杜牧은 노래하였다.

이렇게 세상을 살아온 다음 그래도 삶을 어느 정도 터득하고 나서 과연 후손에게 우리는 무엇을 남겨 줄 것이며 무슨 말로 '이렇게 살아라'라고 해줄 수 있을까? 여기에 그 해답이 있다. 빈부貧富, 귀천貴賤, 현우賢愚, 미추美醜를 다 떠나 그 어떤 경우라도 '인생난득人生難得'(세상 만물 중에 인간으로 태어나기가 참으로 어렵다)이라는 대전제 아래에서는, '이토록 귀하게 태어난 생명이니 어찌 허투루 살겠는가?' 그러니 '아무리 어렵고 힘겹더라도 정도로 살아라. 그것이 이치에도 맞고 자연 섭리에도 합당하다'라고 안지추顏之推는 이 책에서 일러주고 있다.

가끔 '댁의 가훈은?'이라는 질문을 만나면 우선 당황하게 되고 혹은 생각에 잠기게 된다. '그래, 우리 집은 과연 무엇을 목표로, 무엇을 가치로 삼아 살고 있는가?' 그렇다고 꼭 글로 써서 벽에 걸고 말로 끊임없이 자식들에게 일러주는 것만이 곧 가훈은 아니다.

　진晉나라 때 사안謝安이라는 이는 아내가 '어떻게 당신은 자식 교육에 애쓰는 꼴을 한 번도 볼 수 없소?'라고 불만을 토로하자 '나는 항상 자식을 가르치고 있는데?'라고 대답하였다는 고사가 있다. 당연히 부모의 바른 행동만큼 훌륭한 가훈이 없는 셈이다.

　그러나 글로 남기고 기록으로 보존하는 것은 그 이상의 가치가 있음은 부인할 수 없다.

　역대 이래 이 《안씨가훈》만큼 핍절하고 진실하며 풍부하고 자상한 가훈은 없었다. 작자 안지추는 남북조의 북조(북주)와 남조의 혼란기, 그리고 수나라 통일까지의 전란기를 몸으로 겪으며 살아온 인물이다. 게다가 수천 리 먼 고향을 등지고 풍속과 삶의 방법이 다른 북방, 남방을 유랑하면서 강요된 시대적 고통을 세밀하게 기록하여, 자식을 마주 앉혀놓고 말하듯이 눈물겹도록 풀어 쓴 사랑의 글귀가 바로 이 책이다.

　모두 20편으로 되어 있으며 총 256가지의 이야기가 실려 있다. 더러는 훈계의 말로, 혹은 세상의 예화를 들어 스스로 깨닫도록 하기도 하였으며, 나아가 '내가 살아온 과정은 이러하였다'는 회상도 실려 있다.

　자식 교육과 형제의 우애, 집안 다스림, 사람으로서 가져야 할 풍모와 절조, 학문에 힘써야 하는 이유, 실질에 힘쓰고 일상에 충실할 것, 욕심은 줄여야 하며 양생養生은 이치에 맞도록 하여 자신의 건강을 다질 것, 불교에 대한 자신의 견해, 학문을 하는 방법과 고증, 잡기와 예술까지 아주 피부에 닿도록 자상하다.

특히 마지막 편에서 자신이 죽고 나서의 장례와 분묘에 대하여 '내 죽거든 칠성판 정도면 된다'는 부탁은 지금 우리에게 가슴 저미며 읽지 않을 수 없는 내용을 담고 있다.

그 외에도 '자식의 후환은 부모가 만든다', '형제애는 처자로 인해 소원해진다', '혼인은 엇비슷한 상대와 하라', '성공한 자는 나름대로의 이유가 있다', '벼슬은 이 정도로 제한하라', '도박과 놀이는 구분하라' 등의 훈계는 구절구절이 지금에도 가슴에 와 닿는다.

나아가 '남의 재산을 훔치면 형벌을 받듯이 남의 미덕을 훔치면 귀신의 책망을 받는다'라거나 '군자란 사귐을 끊을 때 험담을 늘어놓지 않는 법이다. 어느 날 아침에 섬기겠다고 무릎을 꿇어놓고 어찌 이해를 이유로 변심을 할 수 있겠는가?', '재산을 천만금 쌓아 놓았다고 해도 자기 몸에 지니고 있는 하찮은 기능 하나만 못하다'(薄技隨身), '어려서 배우는 것은 햇빛 아래 큰길을 가는 것 같지만 늙어 배우는 것은 촛불을 잡고 밤길을 걷는 것과 같다. 그래도 그나마 포기하면 까막눈에 아무것도 볼 수 없는 것이 되고 만다', '높은 선비는 명성을 잊고 살고, 중간 선비는 명성을 세우며, 낮은 선비는 명성을 훔친다'라는 등의 말들은 안지추가 바로 나를 앞에 세워놓고 일러 주는 것과 같은 느낌을 주고 있다.

그렇다면 이제 우리는 이 시대를, 나 자신의 삶을 어떻게 살아갈 것이며, 우리 자식들은 어떻게 가르칠 것인가?

옛날에는 '곡식을 쌓아 굶주림을 방비하고, 자식을 길러 늙음을 대비한다'(積穀防饑, 養兒代老)라 하였다. 그러나 오늘날 그들에게 구시대 유물로 변할 '효도'라는 추상명사抽象名詞를 동사화動詞化하라고 요구할 수는 없다. 효도는 의무이며 자식 사랑은 본능일 뿐이다. 안지추는 자식에게 '효도하라'는 말은 한 마디도 하지 않았다. 우리 후손들이 이룰 사회적 핵가족으로 보아 '병은 조금 낫는데서 더 도지고, 효는 아내와 자식 때문에 엷어지게 마련'(病加於小愈, 孝衰於妻子)인 때가 될 수밖에 없다. 게다가 자식을 더욱 총명하게 길러 놓았고, 그들이 성공했으니 만년에 도움이 될 것이라는 것은 매우 일방적인 기대치이다. 그들이 도덕적으로 나빠서가 아니라 사회구조상 어쩔 수 없는 경우가 더 큰 이유일 것임은 명약관화하다. '굽은 소나무 선산 지킨다'라 하였다. 똑똑할수록 제 할 일이 많아 부모 모실 겨를이 없는 경우가 더 흔해질 것이다. 소동파는 '어느 부모, 자식 총명하기를 바라지 않으리요. 그러나 그 총명함이 도리어 서운함만 남겼네'라고 한탄하기도 하였다. 이는 똑똑하게 키우지 말라는 뜻이 아니라, 그것에 목매지 말라는 뜻이리라.

그렇다. '정성을 다해 꽃을 심었건만 그 꽃은 피지 않을 수도 있고, 무심코 꽂은 버드나무가 쉴 그늘을 이루기도 한다'(有意栽花花不開, 無心揷柳成蔭)라 하였으니, 뒤집어 보면 억지는 고통을 낳고 집착은 번뇌를 낳는다. 따라서 자식을 기르면서 사랑과 지혜로 키워 주되 그의 당연한 고통을 대신하겠다는 생각만 지우면 된다. '그를 그토록 사랑한다면서 어찌 그에게 노고로운 일은 하지 말라고 할 수 있겠는가?'(愛之, 能勿勞乎)라고 논어에는 갈파하였다. 고통을 대신해 주겠다는 본능이야 아름다운 것이지만 그것이 지나쳐 잘못된다면 둘 다 모두 불행해진다. '자식은 자식대로 타고난 복이 있으니, 자식을 위해 말이나 소가 되지는 말라'(兒孫自有兒孫福, 莫爲兒孫作馬牛)라는 속담이 어찌 자식 교육을 포기하라는 뜻이겠는가?

이제 그들에게 바른 삶의 방법만 일러주자. "이삭을 줍는 것이 비록 이롭다 하나 스스로 농사짓는 것만은 못하다"(拾穗雖利, 不如躬耕)라 하였다. 이처럼 부모나 조상의 이삭이나 주워 먹는 자식으로 기르기보다는 스스로 농사지어 수확하는 기쁨을 맛보도록 하는 것이 부모로서도 행복하지 않겠는가? 재물은 천만금 남겨 주어도 이를 지켜내기 어렵지만 바른 삶의 방법을 일러 주면 제 자신으로서는 이 난득難得의 인생을 나름대로 터득하고 행복을 맛보며 주위와 위아래 사람에게 제 구실을 할 것이요, 나아가 사회와 인류를 위해 바른 가치를 실행할 것이 아닌가? 그것이 진정 부모가 바라는 것이 아니겠는가? 이것이 모든 집집마다의 '가훈家訓'일 때 세상은 더욱 아름답고 다툼 없는 화평을 누릴 수 있지 않겠는가? 이를 위해 이 책은 충분한 지침서가 되고도 남으리라 확신한다.

줄포茁浦 임동석林東錫이 부곽재負郭齋에서

일러두기

1. 이 책은 왕리기王利器의 《안씨가훈집해顔氏家訓集解》(新編諸子集成 第一輯, 增補本, 中華書局, 1993)를 저본으로 하여 완역상주完譯詳注한 것이다.
2. 현대 교주본校注本으로 정소명程小銘 역주의 《안씨가훈전역顔氏家訓全譯》 (貴州人民出版社, 1993, 貴陽)과 이진흥李振興, 황패영黃沛榮, 뇌명덕賴明德의 《신역안씨가훈新譯顔氏家訓》(三民書局, 1993, 臺北)이 있으니 아주 훌륭한 자료로 참고하였다.
3. 그 외에 백화본白話本으로는 평석본評析本 백화白話 《안씨가훈顔氏家訓》 (王寧 主編, 北京廣播學院出版社, 1993, 北京)이 있다.
4. 분장分章은 본문 총 20편 256장으로 하여 이에 일련번호를 부여하고, 다시 괄호 속에 편장의 번호를 넣어 찾기 쉽도록 하였다.
5. 주는 인명, 지명, 사건명, 연대 등과 역문의 부가설명 추가내용 등을 위주로 하였으며, 장이 바뀌는 곳에 반복하여 실은 것도 있다.
6. 해제解題와 참고參考 및 기왕의 《안씨가훈顔氏家訓》 관련 연구기록의 원문은 뒤로 실어 학술적인 연구에 도움이 되도록 하였다.
7. 원의原義의 충실을 기하기 위해 직역으로 하였다. 문장이 순통하지 못하거나 오류가 발견되면 질정叱正과 편달鞭撻을 내려주기 바란다.
8. 본 《안씨가훈顔氏家訓》에 대한 완역完譯 상주詳注의 작업에 참고로 쓰인 문헌은 대략 다음과 같다.

❀ 참고문헌
 1. 王利器 撰 《顔氏家訓集解》 新編諸子集成(增補本) 中華書局 1993 北京
 2. 《顔氏家訓》 宋, 沈揆考證 新編諸子集成 世界書局 1978 臺北
 3. 《顔氏家訓》 四庫全書(文淵閣) 子部十, 雜家類, 雜學之屬 臺灣商務印書館 影印本

4.《顔氏家訓》百子叢書本 雜家類 岳麓書社 1993 長沙

5.《顔氏家訓》四部叢刊 初編 子部「書同文」電子版 北京

6. 李振興, 黃沛榮, 賴明德 譯註《新譯顔氏家訓》三民書局 1993 臺北

7. 程小銘 譯註《顔氏家訓全譯》貴州人民出版社 1993 貴陽

8. 評析本 白話《顔氏家訓》王寧 主編, 中國廣播學院出版社 1993 北京

9.《顔氏家訓》中國古典文學大系(9), 森三樹三郎(외) 平凡社 1979 日本 東京

10.《顔氏家訓》유동환 옮김, 홍익출판사 1999 서울

11.《說文解字註》許愼(찬) 段玉裁(주) 漢京文化事業公司 1980 臺北.

12.《說文解字》(4책) 九州出版社 2006 北京

13.《說文通訓定聲》朱駿聲 武漢市古籍書店(影印) 1983 武漢

14.《釋名》劉熙 育民出版社(印本) 1975 臺北

15.《方言》揚雄 國民出版社(印本) 1963 臺北

16.《急就篇》漢, 史游(찬) 岳麓書社(印本) 1989 湖南 長沙

17.《玉篇》梁, 顧野王(찬) 國字整理小組(潘重規) 1980 臺北

18.《廣韻》陳彭年, 林尹(校正) 黎明文化事業公司 1976 臺北

19.《孔子家語》王肅(주) 上海古籍 印本 1995 上海

20.《列女傳》劉向(찬) 中華書局(인본) 1978 臺北

21.《博物志校釋》唐久寵 臺灣學生書局 1980 臺北

22.《穆天子傳》郭璞(주) 上海古籍出版社 1995 上海

23.《神異經》東方朔(찬) 上海古籍出版社 1995 上海

24.《十洲記》東方朔(찬) 上海古籍出版社 1995 上海

25.《世說新語校箋》楊勇 正文書局 1992 臺北

26.《山海經箋疏》郝懿行(교) 藝文印書館(인본) 1974 臺北

27.《四書讀本》廣東出版社(인본) 1973 臺北

28.《說苑》中華書局(인본) 1969 臺北

29.《神仙傳》四庫全書(文淵閣)본 商務印書館 인본

30.《國語》四庫全書(文淵閣)본 商務印書館 인본

31.《孔子家語》四庫全書(文淵閣)본 商務印書館 인본

32.《四書集注》四部備要본 漢京文化事業公司 1978 臺北

33.《呂氏春秋》四庫全書(文淵閣)본 商務印書館 인본

34.《戰國策》高誘(주) 中華書局 인본 1978 臺北

35.《淮南子》四庫全書(文淵閣)본 商務印書館 인본

36.《抱朴子》四庫全書(文淵閣)본 商務印書館 인본

37.《詩經》十三經注疏본 藝文印書館 인본

38.《書經》十三經注疏본 藝文印書館 인본

39.《易經》十三經注疏본 藝文印書館 인본

40.《爾雅》十三經注疏본 藝文印書館 인본

41.《儀禮》十三經注疏본 藝文印書館 인본

42.《周禮》十三經注疏본 藝文印書館 인본

43.《禮記》十三經注疏본 藝文印書館 인본

44.《史記》鼎文書局 活字本 1976 臺北

45.《漢書》鼎文書局 活字本 1976 臺北

46.《後漢書》鼎文書局 活字本 1976 臺北

47.《三國志》鼎文書局 活字本 1976 臺北

48.《晉書》鼎文書局 活字本 1976 臺北

49.《宋書》鼎文書局 活字本 1976 臺北

50.《南齊書》鼎文書局 活字本 1976 臺北

51.《北齊書》鼎文書局 活字本 1976 臺北

52.《梁書》鼎文書局 活字本 1976 臺北

53.《陳書》鼎文書局 活字本 1976 臺北

54.《南史》鼎文書局 活字本 1976 臺北

55.《北史》鼎文書局 活字本 1976 臺北

56.《隋書》鼎文書局 活字本 1976 臺北

57.《本草綱目》李時珍 中國書店 1994 北京

58.《毛詩品物圖攷》日, 岡元鳳(輯) 1779, 新世紀出版社印本 1975 臺南

59.《詩經植物圖鑑》潘富俊 貓頭鷹出版社 2001 臺北

60.《文選》(增補六臣注文選) 華正書局(인본) 1977 臺北

61.《太平御覽》(인본) 中華書局 1986 北京

62.《初學記》鼎文書局 活字本 1976 臺北

63.《藝文類聚》華正書局 1978 臺北

64.《郡齋讀書志校證》晁公武(찬) 孫猛(교증) 上海古籍 1990 上海

기타 공구서 및 관련 서적 일부는 기재를 생략함.

해 제

(1) 저자 안지추(顏之推, 531~591?)

남조南朝 양梁나라 때부터 수대隋代까지 걸쳐 살았던 학자로 자는 개介,
낭야琅邪 임기(臨沂, 지금의 山東 臨沂市) 사람이다. 아버지 안협顏勰은 양나라
상동왕湘東王 소역蕭繹의 진서부자의참군鎭西府諮議參軍을 지냈으며 대대로
《주관周官》(周禮),《좌전左傳》 등에 학문이 깊었다. 이에 따라 안지추 역시
일찍부터 가학家學의 훈도薰陶를 받아 《예기禮記》,《좌전》을 익혔다.

안지추는 처음 양나라(502~557)에 벼슬하여 소역의 좌국상시左國常侍를
시작으로, 진서묵조참군鎭西墨曹參軍을 역임하였으며, 관직이 산기상시散騎
常侍에 이르렀다. 그 뒤에 북제(北齊, 550~577)로 들어가 중서사인中書舍人,
황문시랑黃門侍郎, 평원태수平原太守 등을 역임하기도 하였다. 북제가 망하자
북주(北周, 557~581)에서는 어사상사御史上士를 지내기도 하였다. 결국 수隋
나라(581~618)가 천하를 통일하자 개황(開皇, 隋文帝 楊堅의 연호, 581~600) 연간에
태자가 그를 불러 학사學士로 삼았으며, 그 뒤 얼마 후(591?)에 생을 마쳤다.
그의 아들로는 사로思魯와 민초敏楚가 있어 《가훈家訓》의 여러 부분에 그
이름이 등장하고 있다.

그는 《문집》 30권을 남겼으나 지금은 전하지 않으며, 세상에 널리 알려진
《안씨가훈》 20편이 전하고 있다. 그 외에 《환원지還寃志》 3권이 있으며,
그에 대한 전傳은 《북제서北齊書》와 《북사北史》 문원전文苑傳에 실려 있다.
(부록 〈顏之推傳〉 참조)

안지추는 학식이 광박廣博하고 육경六經과 사서史書는 물론 음운과 문자,
훈고 등에도 통달한 학자였다. 그의 《안씨가훈》에는 치가治家, 수신修身, 정치,
교육, 종교, 문학과 예술 등은 물론, 음운과 훈고, 심지어 자신의 죽음과

장례에 대한 유언까지 다루고 있어, 실로 중국 역대 가훈의 전범典範으로 널리 알려져 있다.

그는 학술면에서 기본적으로 유가儒家를 숭상하여, 효제로써 치가와 사회 생활의 근본으로 삼을 것을 주장하였다. 그리고 불교에 대하여 긍정적인 시각과 옹호의 입장을 취하고 있으며, 도가의 양생설養生說에 대하여도 현실적인 적용을 요구하고 있다.

그의 학술 관점은 당시 사회의 사치 풍조를 비판함과 아울러 『謙虛沖損, 寡慾知足』을 내세워, 이를 삶의 기본 잣대로 할 것을 훈계하고 있다. 그리고 유가의 "爲己之學"을 중시, 수신과 경세의 틀을 여기에서 찾으려 하였으며, 당시 유행하던 현담玄談과 『空守章句, 但誦師言』의 학문 태도에 반대하였다.

한편, 그의 예술과 잡기에 대한 인식은 매우 현실적이며, 자녀들에게 실증적, 실용적 접근을 권하기도 하였다. 특히 종교의 입장에서 불교에 대하여는 내교內敎라 불러 이를 유학外敎과 병행하되, 유학은 현실적 사회생활과 처세에 응용하며, 불교는 인과응보因果應報의 대원칙을 믿고, 이를 통해 바른 삶을 영위해 나갈 것을 주장하였다. 그밖에 무속巫俗의 폐해, 금기禁忌에 대한 잘못된 인식을 바로잡아 과학적으로 판단할 것을 요구하였고, 자신의 죽음과 그 뒤에 이어질 장례와 묘지, 제사 등에 대해서는 절용을 내세워 간곡한 유언을 남기는 등 비교적 긍정적이고 세심한 배려의 말로 끝을 맺고 있다.

(2) 서명 《안씨가훈顔氏家訓》

송본宋本은 모두 7권 20편으로 되어 있으며, 명대明代 판본은 대체로 2권으로 되어 있다. 역대 관사官私의 서목書目에는 모두 유가儒家에 열입시켰으나, 〈사고전서총목제요四庫全書總目提要〉에서는 그 내용이 잡박하게 갖가지를 다루었고, 특히 '귀심편歸心篇'의 경우 불교만을 다룬 부분이 있다 하여 잡가雜家에 소속시켰다. 이에 따라 〈사고전서四庫全書〉본은 「子部十, 雜家類一, 雜學之屬」으로 분류하였다. 그리고 대개의 판본이 「北齊 顔之推撰」으로 되어 있으나, 〈사고전서〉에는 「隋 顔之推撰」이라 하여 성서成書 시기를 맞추어 조대朝代 이름을 삼고 있다.

여가석余嘉錫은 〈사고전서총목제요〉에서 이에 대하여 이 책은 수나라 개황開皇 9년(589), 진陳을 평정한 후에 완성된 것이라 고증하였다. 물론 안지추 자신이 양梁, 진陳, 북제北齊, 북주北周, 수隋 등 남북의 조대를 거쳐 생존하였던 인물이라 어느 한 조대를 고집하여 소속시키기 어렵기 때문에 생긴 기록들이다.

이 책의 최초 판본은 송나라 순희(淳熙, 1174~1189) 연간의 〈태주공고본台州公庫本〉이며, 지금 남아 있는 것은 염태전廉台田이 보수補修한 〈중인본重印本〉이다. 그 외에 대표적인 판본으로는 명 가정嘉靖 갑신(甲申, 1524)의 〈부태평각본傅太平刻本〉과 청 강희康熙 때의 〈주식주문단공장서십삼종본朱軾朱文端公藏書十三種本〉, 그리고 청 옹정雍正 황숙림黃叔琳의 〈안씨가훈절초본顔氏家訓節抄本〉, 청 건륭乾隆 연간 노문초盧文弨의 〈포경당총서본抱經堂叢書本〉, 청 〈문진각사고전서본文津閣四庫全書本〉과 〈지부족재본知不足齋本〉 등이 있다. 그 외에 〈사부총간四部叢刊〉과 〈사부비요四部備要〉, 〈제자집성諸子集成〉 등에 고루 수록되었으며, 〈제자백가총서본諸子百家叢書本〉(上海古籍出版社, 〈雙鑑樓藏書明刊本〉)

이 있고, 이어서 1980년 상해고적출판사上海古籍出版社에서 왕리기王利器의 〈표점교주본標點校注本〉인 《안씨가훈집해顔氏家訓集解》가 출간되어 현대적 연구에 중요한 자료로 이용되고 있다.(이는 1993년 中華書局에서 재출간되었음.)

한편, 우리나라에는 『《안씨가훈顔氏家訓》: 北齊 顔之推撰』의 중국 목판본 木版本 7권 1책이 국립도서관(古: 1573-11)에 소장되어 있으며, 그 제題에 「淳熙 七年(1180) ……宋 沈揆」로 표기되어 있다.

그리고 현대 역주 및 번역본으로는 1993년 대만 삼민서국三民書局의 《신역 안씨가훈新譯顔氏家訓》(李振興, 黃沛榮, 賴明德)이 있고, 중국 귀주인민출판사貴州 人民出版社의 《안씨가훈전역顔氏家訓全譯》(程小銘 譯註, 1993)과 북경광파학원 출판사北京廣播學院出版社 간행의 평석본評析本 백화白話 《안씨가훈顔氏家訓》이 있다. 일본에서는 1969년 출간된 중국고전문학대계 제 9권의 《안씨가훈顔氏家訓》(森三樹三郎, 平凡社) 번역본이 있으며, 국내는 《안씨가훈》(유동환 옮김, 홍익 출판사, 1999)이 있으나 이는 〈서증편書證篇〉과 〈음사편音辭篇〉을 싣지 않았으며 원문 없이 번역한 평역본이다.

顏氏家訓卷上

隋　顏之推　撰

序致篇第一

夫聖賢之書教人誠孝慎言檢迹立身揚名亦已備矣

魏晉已來所著諸子理重事複遞相模斆猶屋下架屋

牀上施牀耳吾今所以復為此者非敢軌物範世也業

以整齊門內提撕子孫夫同言而信信其所親同命而

行行所服焉禁童子之暴謔則師友之誡不如傅婢之

指揮止凡人之鬬鬩則堯舜之道不如寡妻之誨諭吾

望此書為汝曹之所信猶賢於傅婢寡妻耳　吾家風

教素為整密昔在齠齔便蒙誘誨每從兩兄曉夕溫凊

規行矩步安辭定色鏘鏘翼翼若朝嚴君焉賜以優言

問所好尚勵短引長莫不懇篤年始九歲便丁荼蓼家

徒離散百口索然慈兄鞠養苦辛備至有仁無威導示

不切雖讀禮傳微愛屬文頗為凡人之所陶染肆欲輕

言不備邊幅年十八九少知砥礪習若自然卒難洗盪

二十已後大過稀焉每常心共口敵性與情競夜覺曉

非悔昨失自憐無教以至於斯追思平昔之指銘肌

鏤骨非徒古書之誡經目過耳故留此二十篇以為汝

曹後範耳

教子篇第二

上智不教而成下愚雖教無益中庸之人不教不知也

古者聖王有胎教之法懷子三月出居別宮目不邪視

耳不妄聽音聲滋味以禮節之書之玉版藏諸金匱子

生咳𡛿師保固明仁智禮義導習之矣凡庶縱不能爾

當及嬰稚識人顏色知人喜怒便加教誨使為則為使

止則止比及數歲可省笞罰父母嚴而有慈則子女

畏慎而生孝矣吾見世間無教而有愛每不能然飲食

運為恣其所慾宜誡翻獎應訶反笑至有識知謂法當

爾驕慢已習方復制之捶撻至死而無威忿怒日隆而

增怨逮于成長終為敗德孔子云少成若天性習慣如

《顏氏家訓》四庫全書(文淵閣) 子部(10) 雜家類(1) 雜學之屬

顏氏家訓卷上

北齊黃門侍郎顏之推　撰
明蜀榮昌後學冷宗元　校

序致篇一

夫聖賢之書教人誠孝慎言檢迹立身揚名亦已備
矣魏晉以來所著諸子理重事複遞相模斅猶屋下
架屋牀上施牀耳吾今所以復爲此者非敢軌物範
世也業以整齊門內提撕子孫夫同言而信信其所
親同命而行行其所服禁童子之暴謔則師友之誡
不如傅婢之指揮止凡人之鬥鬩則堯舜之道不如
寡妻之誨諭譬此書爲曹之所信猶賢於傅婢
賽是耳。
吾家風教素爲整密昔在齠齔便蒙誘誨
每從兩兄曉夕溫凊規行矩步安辭定色鏘鏘翼翼
若朝嚴君焉賜以優言問所好尚勵短引長莫不懇
篤年始九歲便丁荼蓼家塗離散百口索然慈兄鞠
養苦辛備至有仁無威導示不切雖讀禮傳微愛屬
文顏爲凡人之所陶染肆欲輕言不脩邊幅年十八
九少知砥礪習若自然卒難洗盪二十以後大過稀
焉然帷心共口敵性與情夜覺曉非今悔昨失自
憐無教以至於斯追思平昔之指銘肌鏤骨非徒古

書之誡經目過耳故留此二十篇以爲汝曹後範耳。

教子篇二

上智不教而成下愚雖教無益中庸之人不教不知
也古者聖王有胎教之法懷子三月出居別宮目不
邪視耳不妄聽音聲滋味以禮節之書之玉版藏諸
金櫃子生咳㖒師保固明仁孝禮義導習之矣凡庶
縱不能爾當及嬰稚識人顏色知人喜怒便加教誨
使爲則爲使止則止比及數歲可省笞罰父母威嚴
而有慈則子女畏慎而生孝矣吾見世間無教而有
愛每不能然飲食運爲恣其所欲宜誡翻獎應訶反
笑至有識知謂法當爾驕慢已習方復制之捶撻至
死而無威忿怒日隆而增怨逮于成長終爲敗德孔
子云少成若天性習慣如自然是也俗諺曰教婦初
來教兒嬰孩誠哉斯語凡人不能教子女者亦非欲
陷其罪惡但重於訶怒傷其顏色不忍楚撻慘其肌
膚耳當以疾病爲諭安得不用湯藥針艾以救之哉
又宜思勤督訓者可願苛虐於骨肉乎誠不得已也
王大司馬母魏夫人性甚嚴正王在湓城時爲三千
人將年踰四十少不如意猶捶撻之故能成其勳業
梁元帝時有一學士聰敏有才爲父所寵失於教義

四部叢刊子部

顏氏家訓

上海涵芬樓借江安
傅氏雙鑑樓藏明遼
陽傅氏刊本景印原
書版匡高營造尺五
寸九分寬四寸二分

顏氏家訓卷上

北齊黃門侍郎顏之推　撰

明蜀榮昌後學冷宗元　校

序致篇一

夫聖賢之書教人誠孝慎言檢迹立身揚名亦已備
矣魏晉以來所著諸子理重事複遞相模斆猶屋下
架屋牀上施牀耳吾今所以復為此者非敢軌物範
世也業以整齊門內提撕子孫夫同言而信信其所
親同命而行行其所服禁童子之暴謔則師友之誠
不如傅婢之指揮止凡人之鬭鬩則堯舜之道不如
寡妻之誨諭吾望此書為汝曹之所信猶賢於傅婢
寡妻耳　吾家風教素為整密昔在齠齔便蒙誘誨
每從兩兄曉夕溫清規行矩步安辭定色鏘鏘翼翼
若朝嚴君焉賜以優言問所好尚勵短引長莫不懇
篤年始九歲便丁荼蓼家塗離散百口索然慈兄鞠
養苦辛備至有仁無威導示不切雖讀禮傳微愛屬
文頗為凡人之所陶染肆欲輕言不脩邊幅年十八
九少知砥礪習若自然卒難洗盪二十以後大過稀
焉每常心共口敵性與情競夜覺曉非今悔昨自
憐無教以至於斯追思平昔之指銘肌鏤骨非徒古

顏氏家訓

北齊黃門侍郎顏之推撰

序致第一

夫聖賢之書，教人誠孝，慎言檢迹，立身揚名，亦已備矣。魏晉已來，所著諸子，理重事複，遞相模斅，猶屋下架屋，牀上施牀爾耳。吾今（一本無今字）所以復爲此者，非敢軌物範世也，業以整齊門內，提撕子孫。夫同言而信，信其所親；同命而行，行其所服。禁童子之暴謔，則師友之誡，不如傅婢之指揮；止凡人之鬬鬩，則堯舜之道，不如寡妻之誨諭。吾望此書爲汝曹之所信，猶賢於傅婢寡妻爾。

教子第二

上智不教而成，下愚雖教無益，中庸之人，不教不知也。古者聖王有胎教之法，懷子三月，出居別宮，目不邪視，耳不妄（一本作惰）聽，音聲滋味，以禮節之。書之玉版，藏諸金匱。子生咳㖞（說文咳小兒笑也㖞亦笑也一本作㖞），師保固明（一本作慎）孝禮義（一本作孝禮仁義），導習之矣。凡庶縱不能爾，當及嬰稚，識人顏色，知人喜怒，便加教誨，使爲則爲，使止則止。比及數歲，可省笞罰。父母威嚴而有慈，則子女畏慎而生孝矣。吾見世間，無教而有愛，每不能然；飲食運爲，恣其所欲，宜誡（一本作訓）翻獎，應訶反笑（一本作喧），至有識知，謂法當爾。驕（一本作憍）慢已習，方復（一本作乃）制之，捶撻至死而無威（一本云而無改悔），忿怒日隆而增怨（一本云增怨憾）。

《顏氏家訓》（宋，沈揆 考證） 新編諸子集成 活字 標點本，世界書局 1978 臺北

안씨가훈

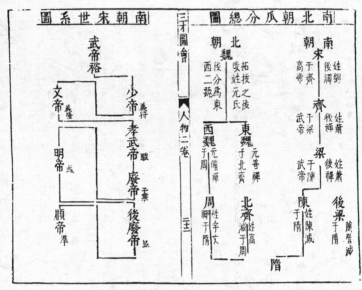

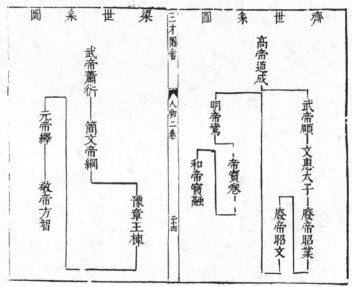

남북조 분화표와 남조(송, 제, 량, 진)와 수대까지의 세계도 《三才圖會》

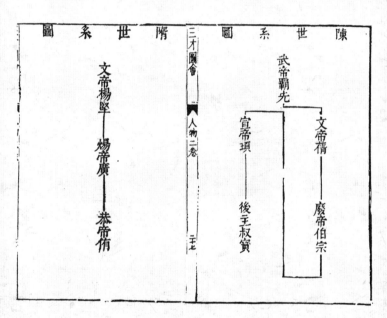

남북조 분화표와 남조(송, 제, 량, 진)와 수대까지의 세계도 《三才圖會》

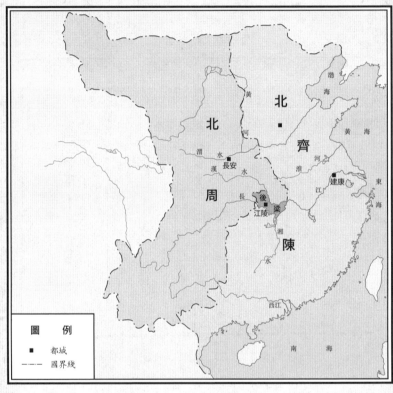

안지추 생존 시기 南北朝 형세도

차 례

- 책머리에
- 일러두기
- 해제
  (1) 저자 안지추(顏之推, 531~591?)
  (2) 서명 《안씨가훈顏氏家訓》

顏氏家訓 一

卷一

1. 서치序致

001(1-1) 가훈家訓을 쓰는 이유 ┄┄┄┄┄┄┄┄┄┄┄┄ 40

002(1-2) 나는 이렇게 가정교육을 받았단다 ┄┄┄┄┄┄┄ 42

2. 교자敎子

003(2-1) 갓난아이 때부터 가르쳐라 ┄┄┄┄┄┄┄┄┄┄┄ 46

004(2-2) 매는 부득이할 때만 들어라 ┄┄┄┄┄┄┄┄┄┄┄ 49

005(2-3) 맹목적인 사랑은 화근이다 ┄┄┄┄┄┄┄┄┄┄┄ 50

006(2-4) 아이는 바꾸어 가르쳐라 ┄┄┄┄┄┄┄┄┄┄┄┄ 52

007(2-5) 지나치게 교만했던 낭야왕琅邪王의 말로 ┄┄┄┄┄ 55

008(2-6) 자식의 후환은 부모가 만든다 ┄┄┄┄┄┄┄┄┄┄ 59

009(2-7) 시류에 얽매이지 말고 큰 덕을 가르쳐라 ┄┄┄┄┄ 61

3. 형제兄弟

010(3-1) 형제애는 처자로 인해 소원해진다 ……………………… 64

011(3-2) 처자와 복첩으로 인한 화근을 대비하라 ……………… 66

012(3-3) 형제는 길 가는 사람보다 낫다 ………………………… 68

013(3-4) 동서끼리의 문제 …………………………………………… 70

014(3-5) 옆집에 살아도 형제간의 예의를 지켜라 ……………… 71

015(3-6) 전쟁에 나가 함께 죽은 삼형제 ………………………… 72

4. 후취後娶

016(4-1) 백기伯奇와 증삼曾參의 효행 …………………………… 76

017(4-2) 서얼과 측실 출신 ………………………………………… 78

018(4-3) 전처와 전실 아이를 학대하지 말라 …………………… 80

019(4-4) 되돌아간 후취 …………………………………………… 82

020(4-5) 혼정신성昏定晨省에 감복한 아버지 …………………… 83

5. 치가治家

021(5-1) 천하의 흉민 ………………………………………………… 88

022(5-2) 자녀 교육은 관대함과 엄격함을 함께하라 ………… 89

023(5-3) 검소함과 인색함의 차이 ………………………………… 91

024(5-4) 가용을 절약하라 ………………………………………… 93

025(5-5) 집안 식구에게 너무 각박하게 굴지 말라 …………… 95

026(5-6) 집 안의 좀벌레 …………………………………………… 96

027(5-7) 화를 낸 적이 없는 방문열房文烈 ……………………… 97

028(5-8) 사위에게 너무 인색했던 장인 …………………………… 98

029(5-9) 남편보다 똑똑한 아내 …………………………………… 100

030(5-10) 남북 부인의 적극성 차이 …………………………… 101

031(5-11) 북방 부인들의 솜씨 ………………………………… 103

032(5-12) 딸 많은 집에는 도둑도 들지 않는다 ……………… 104

033(5-13) 장모의 사위 사랑 …………………………………… 106

034(5-14) 혼인은 엇비슷한 상대와 하라 ……………………… 107

035(5-15) 빌려온 책은 더욱 소중히 다루어라 ……………… 109

036(5-16) 굿하지 말라 …………………………………………… 111

卷二

6. 풍조風操

037(6-1) 삼밭에 쑥이 나면 저절로 곧게 자란다 ……………… 114

038(6-2) 돌아가신 부모가 그립다고 삶을 폐할 수는 없다 …… 116

039(6-3) 피휘避諱는 실정에 맞게 하라 ……………………… 119

040(6-4) 피휘로 바뀐 명칭들 ………………………………… 120

041(6-5) 자녀를 개, 돼지로 부르지 말라 …………………… 122

042(6-6) 이름을 지어 줄 때는 그의 삶을 생각하라 ………… 124

043(6-7) 훌륭한 선인을 흠모한다고 이름까지 같게 해서야 … 125

044(6-8) 개, 돼지로 불리는 사람의 심정 …………………… 127

045(6-9) 백대의 표준이 될 선례 ……………………………… 128

046(6-10) 시대에 따라 바뀌는 호칭 ………………………… 131

047(6-11) 호칭에 오류가 없도록 하라 ·· 133

048(6-12) 남북의 손님맞이 풍습 ·· 134

049(6-13) 호칭의 남북 차이 ·· 135

050(6-14) 사는 곳의 언어와 풍습에 주의하라 ·································· 137

051(6-15) 질녀姪의 호칭 ·· 140

052(6-16) 북방은 이별을 대수롭게 여기지 않는다 ·················· 142

053(6-17) 외조부, 외조모의 호칭 ·· 144

054(6-18) 족인族人이라는 호칭 ·· 146

055(6-19) 장인丈人의 명칭 유래 ·· 148

056(6-20) 복야僕射와 공公 ·· 150

057(6-21) 이름과 자字 ·· 151

058(6-22) 오복五服에서의 호號와 곡哭 ·· 153

059(6-23) 문상을 가지 못할 경우 ·· 155

060(6-24) 내 삶이 아깝다고 울지 않으랴 ···································· 156

061(6-25) 조상 귀신이 괴롭힌다는 속설을 믿지 말라 ·············· 158

062(6-26) 부모 중 남은 한 분을 모실 때 ···································· 159

063(6-27) 상복을 벗을 때 ·· 160

064(6-28) 부모가 지내던 재실과 침실 ·· 161

065(6-29) 부모가 남긴 집기들 ·· 164

066(6-30) 창자가 끊어진 어린아이 ·· 165

067(6-31) 기일忌日에 삼갈 일들 ·· 166

068(6-32) 사일社日 행사까지 취소된 예 ·· 167

069(6-33) 피휘避諱의 비현실성 ·· 169

070(6-34) 말의 혼동 ·· 171

071(6-35) 돌잔치 풍속 ·· 172

072(6-36) 고통스러우면 어머니를 부른다 ·················· 174

073(6-37) 부모의 죄를 비는 방법 ························· 176

074(6-38) 가족이 전쟁에 나갔을 때 ······················ 178

075(6-39) 사람을 사귈 때는 예를 갖추어라 ·············· 180

076(6-40) 손님이 문 앞에서 기다리게 해서는 안 된다 ············ 181

7. 모현慕賢

077(7-1) 친구 사귐에 유의하라 ······················· 186

078(7-2) 공자孔子는 그저 옆집에 사는 늙은이 ················ 189

079(7-3) 남의 미덕을 훔치지 말라 ····················· 191

080(7-4) 실력이 알려지지 않은 예술가 ·················· 192

081(7-5) 천하 양보와 한 푼의 이익 다툼 ················ 195

082(7-6) 나라의 존망이 이러한 사람에게 ················ 197

083(7-7) 제齊나라가 망한 이유 ························· 199

卷三

8. 면학勉學

084(8-1) 공부는 때가 있다 ························· 202

085(8-2) 수레에서 굴러 떨어지지만 않아도 저작랑著作郎 ········ 205

086(8-3) 귀신도 숨길 수 없는 기록들 ·················· 208

087(8-4) 옛 사람을 스승으로 삼아라 ··················· 210

088(8-5)　성공한 자는 나름대로의 이유가 있다 ……………… 213

089(8-6)　독서하면 이렇게 변한다 ……………………………… 217

090(8-7)　배우지 아니함만 못한 공부 …………………………… 221

091(8-8)　배움이란 나무를 심는 것과 같다 …………………… 222

092(8-9)　어릴 때 외운 것은 지금도 입에 붙어 있다 ………… 223

093(8-10)　박사가 나귀를 사면서 나귀「려驢」자도 모른다 ……… 226

094(8-11)　모르면서 남을 비방하지 말라 ……………………… 230

095(8-12)　나는 현학을 좋아하지 않는다 ……………………… 232

096(8-13)　황후의 병간호로 죽은 황제 ………………………… 238

097(8-14)　옴으로 고생하면서 독서로 이를 극복한 황제 ……… 240

098(8-15)　가난을 이겨낸 고학苦學들 …………………………… 242

099(8-16)　오랑캐 출신이면서 학업을 이룬 인물 ……………… 245

100(8-17)　나를 모신다고 너희들 학문을 폐할 수야 ………… 247

101(8-18)　남에게 묻기를 좋아하면 부자가 된다 …………… 249

102(8-19)　귀로 들은 것은 믿지 말라 …………………………… 254

103(8-20)　문자는 책을 연구하는 근본이다 …………………… 258

104(8-21)　견문을 넓혀라 ………………………………………… 261

105(8-22)　두 지명의 유래 ………………………………………… 263

106(8-23)　「회이수魄二首」의 고증 ……………………………… 265

107(8-24)　「백수洎水」 ……………………………………………… 267

108(8-25)　「물물勿勿」 ……………………………………………… 268

109(8-26)　촉蜀 방언「두핍豆逼」 ………………………………… 270

110(8-27)　「갈구鶡」이라는 새 ……………………………………… 272

111(8-28)　「순채蓴菜」의 방언들 ………………………………… 274

112(8-29) 같은 음의 글자가 50여 자 ································· 276
113(8-30) 한 귀퉁이로 모두를 단정하지 말라 ·················· 278

卷四

9. 문장 文章

114(9-1)   문장은 오경五經에 근원을 두고 있다 ························· 282
115(9-2)   억지로 붓을 들지 말라 ································· 290
116(9-3)   좋은 글 짓겠다고 욕심내지 말라 ··················· 292
117(9-4)   아부하는 문장은 쓰지 말라 ······················· 293
118(9-5)   장독항아리 덮는 데나 쓰일 글 ···················· 295
119(9-6)   남의 문장 비평 ·· 299
120(9-7)   천리마에도 재갈과 채찍이 필요한 이유 ·················· 300
121(9-8)   개혁되어야 할 문풍 ································· 301
122(9-9)   치우치는 글은 삼가라 ······························· 303
123(9-10) 우리 집안은 유속流俗을 따르지 않았다 ··············· 304
124(9-11) 글은 무슨 뜻인지 알 수 있어야 한다 ··············· 306
125(9-12) 심약沈約과 임방任方의 우열 ······················· 308
126(9-13) 파경破鏡은 원래 흉악한 짐승 이름이다 ·············· 309
127(9-14) 비평을 싫어하는 문인 ······························· 312
128(9-15) 남을 대신하여 글을 써 줄 경우 ···················· 313
129(9-16) 만가挽歌의 유래 ·· 316
130(9-17) 문체의 격식을 잃지 않도록 하라 ··················· 318

131(9-18) 재사才士도 용사用事를 놓칠 때가 있다 ·············· 319

132(9-19) 명주明珠의 흠집, 미옥美玉의 티 ·················· 323

133(9-20) 정치情致가 있는 왕적王籍의 시 ··················· 325

134(9-21) 눈앞에 보여주는 듯한 시어詩語 ················· 327

135(9-22) 청교清巧한 시 ························· 329

10. 명실名實

136(10-1) 명성과 실질 ······················· 334

137(10-2) 밟는 땅이 몇 촌밖에 되지 않는다고 ············· 336

138(10-3) 여기의 성실함이 저기서 나타난다 ·············· 338

139(10-4) 실력은 없이 이름만 난 어떤 선비 ············· 341

140(10-5) 남이 다듬어 준 문장으로 이름을 누리다가는 ········· 343

141(10-6) 지난날 공적이 다 무너진다 ················ 344

142(10-7) 매미 허물 같은 성가聲價 ················· 346

顔氏家訓 三

11. 섭무涉務

143(11-1) 나라에 쓰이는 재목 여섯 가지 ·············· 392

144(11-2) 이름만 있고 실천 능력이 없는 선비 ············ 394

145(11-3) 말을 보고 호랑이라고 소리지른 고관 ··········· 396

146(11-4) 농사란 힘겨운 일이다 ·················· 398

卷五

12. 성사省事

147(12-1) 말을 많이 하지 말라 …………………………………… 402

148(12-2) 상서上書의 네 가지 유형 …………………………… 405

149(12-3) 간쟁諫爭의 방법 …………………………………… 408

150(12-4) 값을 축적하여 때를 기다려라 …………………… 410

151(12-5) 이득이 있는 곳에 위험이 함께 있다 ……………… 412

152(12-6) 밥 짓는 자를 도와주면 밥맛이라도 본다 ……… 414

153(12-7) 역법曆法 논쟁 ……………………………………… 417

13. 지족止足

154(13-1) 욕심은 우주도 삼킨다 ……………………………… 422

155(13-2) 가득 채운 것은 귀신도 싫어한다 ………………… 424

156(13-3) 벼슬은 이 정도로 제한하라 ……………………… 426

14. 계병誡兵

157(14-1) 우리 안씨의 내력과 무사武士 …………………… 430

158(14-2) 전쟁도 학문의 바탕이 있어야 …………………… 433

159(14-3) 독서하지 않는 무인은 밥통, 술 단지에 불과하다 ……… 435

15. 양생養生

160(15-1) 신선술神仙術이 속임수는 아니지만 ……………… 438

161(15-2) 생명이 있고 양생술養生術이 있는 법 …………… 442

162(15-3) 목숨을 어디에 쓰겠는가 …………………………… 444

16. 귀심歸心

163(16-1)　　전생, 현생, 내세 …………………………………………… 448

164(16-2)　　사진오음四塵五廳과 육주삼가六舟三駕 ……………………… 449

165(16-3)　　불교에 대한 다섯 가지 비방 ………………………………… 451

166(16-4)　　허탄한 논리라는 데에 대한 해명 …………………………… 453

167(16-5)　　한 무제는 속현교續弦膠를 믿지 않았다 …………………… 458

168(16-6)　　묘탑妙塔이 솟아나는 일쯤이랴 ……………………………… 463

169(16-7)　　길흉이 응험하지 않는다는 데에 대한 해명 ………………… 465

170(16-8)　　승려가 계율을 지키지 않는다는 데에 대한 해명 ………… 468

171(16-9)　　세금도 부역도 없음에 대한 해명 …………………………… 470

172(16-10)　　선악에 대한 보답을 의심하는 데에 대한 해명 …………… 472

173(16-11)　　군자가 도살장을 멀리하는 이유 …………………………… 475

174(16-12)　　머리카락 속에서 병아리 우는 소리 ………………………… 477

175(16-13)　　낳은 아이가 물고기 모습 …………………………………… 478

176(16-14)　　양 울음소리를 내며 죽은 사람 ……………………………… 479

177(16-15)　　불쌍한 소를 잡아먹은 결과 ………………………………… 480

178(16-16)　　도둑질한다고 손목을 잘랐더니 ……………………………… 482

179(16-17)　　직접 잡은 쇠고기만 먹던 자 ………………………………… 483

180(16-18)　　물고기 떼가 덤벼드는 병으로 죽은 사람 ………………… 484

181(16-19)　　음계陰界에 기록될 악행들 ………………………………… 485

卷六

17. 서증書證

182(17-1)　　「행채荇菜」 …………………………………………………… 488

183(17-2)　　「고채苦菜」 …………………………………………………… 490

184(17-3) 「유체지두有杕之杜」 ··· 493

185(17-4) 「경경모마駉駉牡馬」 ··· 495

186(17-5) 「여정출荔挺出」 ·· 497

187(17-6) 「시시施施」 ··· 499

188(17-7) 「흥운기기興雲祁祁」 ·· 500

189(17-8) 「유예猶豫」 ··· 502

190(17-9) 「해점痎痁」 ··· 504

191(17-10) 「영향影響」 ·· 506

192(17-11) 「진陳」과 「진陣」 ··· 508

193(17-12) 「관목灌木」 ··· 510

194(17-13) 「야也」와 「금衿」 ··· 512

195(17-14) 촉재주蜀才注의 《역易》 ··· 514

196(17-15) 「라고굉羸股肱」 ··· 516

197(17-16) 《한서漢書》에서 알 수 없는 글자 ······························· 517

198(17-17) 왕망王莽의 「자색와성紫色鼃聲」 ································· 519

199(17-18) 「책(策, 筴)」 ·· 520

200(17-19) 「복慮」과 「복宓」 ··· 522

201(17-20) 「영위계구寧爲雞口, 무위우후無爲牛後」 ······················· 524

202(17-21) 고점리高漸離의 「기양伎癢」 ······································ 526

203(17-22) 「미媚」는 「모媚」의 오기이다 ····································· 528

204(17-23) 진시황秦始皇의 칭권稱權 ·· 530

205(17-24) 「중외지복中外提福」 ·· 533

206(17-25) 「금중禁中」과 「성중省中」 ·· 535

207(17-26) 「사성소후四姓小侯」 ·· 537

208(17-27) 「선어鱓魚」와 「전어鱣魚」 ·· 539

209(17-28) 「불탐호혈不探虎穴, 안득호자安得虎子」 ······················· 541

210(17-29) 「풍취삭폐風吹削肺」 ································· 543

211(17-30) 「염시산과鹽豉蒜果」 ································· 545

212(17-31) 알 수 없는 글자 ································· 547

213(17-32) 「답백䲜伯」의 뜻 ································· 549

214(17-33) 「장인丈人」과 「대인공大人公」 ················· 552

215(17-34) 백리해百里奚를 읊은 노래 ················· 554

216(17-35) 복건服虔이라는 사람 ···················· 556

217(17-36) 먼저 나온 책에 뒷사람이 기록되어 있는 오류 ········· 558

218(17-37) 「치미鴟尾」와 「사미祠尾」 ··················· 562

219(17-38) 「육색계외六色闚綃」 ······················ 564

220(17-39) 「권무산權務山」의 표기와 유래 ············· 566

221(17-40) 「오경五更」의 유래 ······················· 568

222(17-41) 「출尢」과 「산계山薊」 ····················· 570

223(17-42) 꼭두각시놀이와 「곽독郭禿」 ··············· 571

224(17-43) 「장류長流」와 「추관秋官」 ················· 573

225(17-44) 《설문해자說文解字》의 가치 ··············· 575

226(17-45) 문자학文字學 연구의 방법 ··············· 579

227(17-46) 「인십사심人十四心」이 파자하여 「덕德」자가 된다고? ········ 582

228(17-47) 「暴(폭, 포)」의 두 가지 음과 뜻 ·············· 585

卷七

18. 음석音釋

229(18-1) 손숙연孫叔然과 「반절법反切法」 ··············· 588

230(18-2) 남북의 음운 차이 ·························· 592

231(18-3)   고금의 음운 차이 ································· 595

232(18-4)   동곽아東郭牙가 거씀를 칠 것임을 알아차린 발음법 ·············· 598

233(18-5)   「惡(오, 악)」의 차이 ······························ 601

234(18-6)   「보甫」와 「보父」 ······························· 602

235(18-7)   「언焉」의 쓰임 ······························· 603

236(18-8)   「야邪」의 용법 ······························· 605

237(18-9)   「패敗」의 두 가지 경우 ······················· 607

238(18-10)   정확한 발음을 위해 노력하라 ·················· 608

239(18-11)   자신의 이름을 바르게 발음하라 ··············· 610

19. 잡예雜藝

240(19-1)   자손들은 글씨를 배우지 말라 ·················· 612

241(19-2)   왕희지王羲之는 글씨에만 뛰어난 것이 아니었다 ········· 614

242(19-3)   왕희지王羲之는 서법의 연원 ··················· 616

243(19-4)   글씨 개찬改竄과 오류 ······················· 618

244(19-5)   잘못 알려진 작품 ························· 620

245(19-6)   그림에 뛰어나 고생한 사람 ·················· 621

246(19-7)   짐승을 잡기 위한 활쏘기라면 배우지 말라 ········· 624

247(19-8)   점과 금기에 얽매이지 말라 ·················· 626

248(19-9)   산술算術은 중요한 과목이다 ··················· 629

249(19-10)   의술과 처방도 조금은 익혀 두어라 ·············· 630

250(19-11)   곁에 거문고를 두고 살아라 ·················· 632

251(19-12)   도박과 내기는 구분할 줄 알아라 ··············· 634

252(19-13)   투호投壺와 탄기彈棊놀이 ···················· 637

20. 종제終制

253(20-1) 쉰 살 정도면 요절은 아니라더라 ················· 640

254(20-2) 부모 무덤을 옮기지 못한 채 ················· 642

255(20-3) 내 죽거든 칠성판 정도면 된다 ················· 644

256(20-4) 옛날에는 묘지만 있었지 봉분은 없었다 ················· 648

◉ 부록

Ⅰ. 관련자료 ················· 654

　1.《北齊書》文苑傳 顔之推傳

　2.《北史》文苑傳 顔之推傳

　3. 淸, 文津閣『四庫全書』本 提要及辨證

Ⅱ. 역대 서발 ················· 666

　1. 宋本《顔氏家訓》序 ················· 繆鉞

　2. 宋本《顔氏家訓》跋 ················· 沈揆

　3. 宋, 呂祖謙雜說 ················· 呂祖謙

　4. 明, 嘉靖 甲申 遼陽傅氏(太平)刻本《顔氏家訓》序 ················· 張璧

　5. 明, 萬曆『顔嗣愼刻本』序跋,《重刻顔氏家訓》序 ················· 顔嗣愼

　6. 明, 萬曆『顔嗣愼刻本』序跋,《顔氏家訓》後敍 ················· 于愼行

　7. 明, 程榮『漢魏叢書本』序跋,《顔氏家訓》序 ················· 顔志邦

　8. 明, 程榮『漢魏叢書本』序跋,《顔氏家訓》序 ················· 翁廣烈

　9. 明, 程榮『漢魏叢書本』序跋,《顔氏家訓》後序 ················· 如璥

　10. 明, 程榮『漢魏叢書本』序跋,《顔氏家訓》小跋 ················· 顔志邦

　11. 明, 程榮『漢魏叢書本』序跋,《重刊顔氏家訓》小引 ················· 顔陽星

　12. 明, 程榮『漢魏叢書本』序跋, 三刻黃門《家訓》小引 ················· 顔思聰

　13. 淸, 朱軾『評點本』《顔氏家訓》序 ················· 朱軾

　14. 淸, 黃叔琳刻『顔氏家訓節鈔本』《顔氏家訓節鈔》序 ················· 黃叔琳

15. 清, 盧文弨『抱經堂刊本』《注顏氏家訓》序 ……………… 盧文弨

16. 清, 盧文弨『抱經堂刊本』壬子年重校《顏氏家訓》 ……… 盧文弨

17. 清, 盧文弨『抱經堂刊本』《顏氏家訓》趙跋 ……………… 趙曦明

18. 翁方綱《復初齋文集》卷十六書盧經抱經刻《顏氏家訓》注本後 …… 趙曦明

19. 魯巖所學集卷十一跋《顏氏家訓》 ………………………… 張宗泰

20. 徐北溟《顏氏家訓補注》題記 ……………………………… 向楚

21. 藏園羣書題記徐北溟補注《顏氏家訓》跋 ………………… 傅增湘

22. 『關中叢書第三集本』序 ……………………………… 宋聯奎 등

23. 郝懿行《顏氏家訓斠記》序跋 …………………………… 王大隆

24. 《顏氏家訓補注》序 ………………………………………… 李詳

25. 嚴式誨《顏氏家訓補校注》序 …………………………… 嚴式誨

26. 韞山堂詩集卷二以《顏氏家訓》寄示兒子學洛並系以詩 …… 管世銘

27. 劉盼遂《顏氏家訓校箋及補證》題記 …………………… 劉盼遂

28. 楊樹達《讀顏氏家訓書》後序 ……………………………… 楊樹達

29. 周祖謨《顏氏家訓音辭篇注補》序 ……………………… 周祖謨

30. 王重民《勤讀書抄題記》 ………………………………… 王重民

31. 民國 王利器《顏氏家訓集解》敍錄 …………………… 王利器

Ⅲ. 《顏氏家訓》佚文 …………………………………………………… 714

Ⅳ. 《顏之推集》輯佚 …………………………………………………… 715

1. 서치序致

　본편은 책 전체의 서문序文에 해당한다. 《가훈家訓》을 짓게 된
동기와, 아울러 자신이 자라온 경험, 성인이 되어서야 깨달은 점
등을 예로 들어, 어린 시절부터 바른 훈육을 시도할 것과, 가정에서의
교육환경 조성이 얼마나 중요한가 등의 문제를 토론하고 있다.
　대체로 육조六朝 이전에는 자서自序를 책의 맨 뒤쪽에 놓기도
하고, 때로는 앞에 실어 다른 편장과 대등하게 자신의 주장이나
상황을 설명하는 체제를 택하기도 하였다.

〈放風箏〉

001
(1-1)
가훈家訓을 쓰는 이유

　무릇 성현聖賢의 책에는 사람으로 하여금 충효하도록 하며, 말을 삼가고 행동을 점검하여 입신양명立身揚名하도록 함이 이미 갖추어져 있다. 위魏·진晉 이래 지어진 바의 여러 책들은 이치와 사건이 중복되며, 서로 돌아가며 베끼고 흉내내어 마치 집 속에 다시 집을 짓고, 상牀 위에 상을 편 것과 같을 뿐이다.

　그런데도 내가 지금 다시 이러한 책을 쓰는 이유는 감히 궤물범세軌物範世하기 위함이 아니라, 집 안을 가지런히 하여 자손을 깨우치려 함에서이다. 무릇 똑같은 말이면서 믿게 되는 것은 그 친한 사람의 말이기에 믿는 것이요, 똑같은 명령이면서 실행하게 되는 것은 복종할 사람의 명령이기에 그러한 것이다.

　어린아이의 포악한 행동을 금하게 하려 함에 사우師友의 훈계가 도리어 부비傅婢의 지휘만도 못하고, 일반 사람의 싸움을 말림에는 요堯·순舜의 도가 도리어 과처寡妻의 달램만 못한 경우도 있다.

　나는 이 책이 너희들에게 믿음을 얻는 것이 비부나 과처보다 낫기를 바랄 뿐이다.

　夫聖賢之書, 教人誠孝, 愼言檢迹, 立身揚名, 亦已備矣. 魏· 晉已來, 所著諸子, 理重事複, 遞相模斆, 猶屋下架屋, 牀上施牀耳. 吾今所以復爲此者, 非敢軌物範世也, 業以整齊門內, 提撕子孫.

夫同言而信, 信其所親; 同命而行, 行其所服. 禁童子之暴謔,
則師友之誠, 不如傅婢之指揮; 止凡人之鬪鬩, 則堯·舜之道,
不如寡妻之誨諭. 吾望此書爲汝曹之所信, 猶賢於傅婢寡妻耳.

【誠孝】忠孝. 隋代에 文帝의 아버지인 楊忠의 이름을 피휘하여 '忠'자를 '誠'자로
　쓴 것임.
【檢迹】迹은 行動을 뜻함. 檢迹은 행동을 檢束함을 말함.
【立身揚名】《孝經》開宗明義章에 「身體髮膚, 受之父母, 不敢毀傷, 孝之始也.
　立身行道, 揚名於後世, 以顯父母, 孝之終也」라 하였음.
【模斅】'모방하고 흉내 내다'의 뜻. 斅는 效와 같음.
【屋下架屋】屋上屋과 같은 말.
【軌物範世】만물의 궤(규칙, 법칙)가 되고 세상의 모범이 됨.
【提撕】깨우치고 振作시키다의 뜻.《詩經》大雅 抑의 구절.
【傅婢】늘 가까이 있어 보살펴 주는 시녀. 혹은 유모나 보모.
【寡妻】아내를 말한다.《詩經》大雅 思齊의 구절.
【鬪鬩】싸움을 뜻함. '투혁'으로 읽음.

002 (1-2) 나는 이렇게 가정교육을 받았단다

우리 집안의 풍교風敎는 본디 엄정하고 세밀하였다. 나는 지난날 어렸을 적에 가르침을 받으면서 매양 두 분 형님을 따라 아침저녁으로 부모님께 문안드렸고, 행보도 규구規矩에 맞게 하였으며, 말소리와 안색도 안정되게 하였고, 장장익익鏘鏘翼翼하여 마치 엄군嚴君을 뵈올 때처럼 하였다. 그들은 나에게 칭찬의 말을 내려 주었고, 내가 좋아하는 바를 물었으며 단점은 격려하고 장점은 이끌어 주어 간절하고 돈독히 하지 않음이 없었다.

그러다가 내 나이 9살이 되었을 때, 그만 부모님이 돌아가셔서 집안은 흩어지고 온 식구의 생계가 막막하게 되었다. 인자하신 형님이 나를 양육하시며 온갖 고생을 겪었다. 그러나 형님은 어질기만 할 뿐 위엄이 없었고, 나를 지도함에 엄격하지 못하였다.

비록 《예전禮傳》을 읽었고 문장 짓기에 조금씩 흥미를 느꼈으나 자못 범속한 사람들에게 물들어 멋대로 행하고 말을 경솔히 하여, 신변에 갖추어야 할 것들을 수양하지 못하였다. 나이 18, 9세에 이르러 조금씩 깨달아 덕행을 닦고자 하였으나 '습관이 마치 자연 그대로인 것처럼 되어' 끝내 씻어 내기가 어려웠다.

20세 이후에는 큰 허물은 적어졌으나 매번 마음과 입이 서로 적이 되고 이성과 감정이 다투어, 밤에서야 낮의 잘못을 깨닫고, 오늘에야 어제의 과실을 후회하곤 하였다. 스스로 배움이 없음을 애달피 여기며 지금 이 나이에 이른 것이다.

평소의 가르침을 거슬러 생각해 보니 살갗에 새기고 뼈에 새긴 것은 한갓 옛 책의 훈계가 아니라, 직접 눈으로 보고 귀로 들은 것들이었다. 그 때문에 이 20편을 남겨 너희들의 후거後車로 삼고자 하는 것이다.

吾家風敎, 素爲整密. 昔在齠齔, 便蒙誘誨; 每從兩兄, 曉夕溫凊, 規行矩步, 安辭定色, 鏘鏘翼翼, 若朝嚴君焉. 賜以優言, 問所好尙, 勵短引長, 莫不懇篤. 年始九歲, 便丁荼蓼, 家塗離散, 百口索然. 慈兄鞠養, 苦辛備至; 有仁無威, 導示不切. 雖讀《禮傳》, 微愛屬文, 頗爲凡人之所陶染, 肆欲輕言, 不脩邊幅. 年十八九, 少知砥礪, 習若自然, 卒難洗盪. 二十已後, 大過稀焉; 每常心共口敵, 性與情競, 夜覺曉非, 今悔昨失, 自憐無敎, 以至於斯. 追思平昔之指, 銘肌鏤骨, 非徒古書之誡, 經目過耳也. 故留此二十篇, 以爲汝曹後車耳.

【齠齔】 젖니가 빠지고 새로운 이빨이 나는 7, 8세의 어린아이. 引申하여 幼年時節을 말함. '초츤'으로 읽으며 雙聲連綿語임.

【溫凊】 '겨울에는 따뜻이 해 드리고 여름에는 시원하게 해 드리다'의 뜻으로 부모님을 모심을 뜻함.

【鏘鏘翼翼】 행동에 威儀가 있으면서도 和敬한 모습.

【嚴君】 부모님을 말한다. 《周易》家人卦에 「有嚴君焉, 父母之謂也」라 하였음.

【荼蓼】 원래는 풀의 이름이나 疊韻連綿語로 苦痛·辛苦를 뜻한다. '도료'로 읽음.

【家塗】 塗는 徒와 같다. 집안의 가족들을 뜻함.

【禮傳】 《禮記》(《大戴禮記》,《小戴禮記》)를 뜻하는 것으로 예절에 관하여 어릴 때부터 익혔다는 뜻임. 그러나 《北齊書》顔之推傳에 그의 집안이 《周官》과 《左傳》의 학문에 뛰어났다고 하여, 《周禮》와 《春秋左氏傳》을 지칭하는 것이 아닌가 함.

【心共口敵】 입으로 마구 하는 말을 마음이 막으려함. 입과 마음이 서로 적이 된다는 뜻.

【後車】 뒤따르는 수레가 앞선 수레의 잘못된 前轍을 밟지 않음. 인신하여 鑑誡(鑑戒)의 뜻으로 쓰였음.《漢書》賈誼傳에「前車覆, 後車誡」라 하였음.

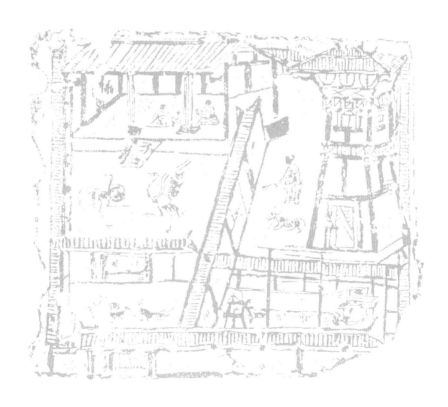

2. 교자敎子

　본편은 자녀 교육에 관한 문제를 다루고 있다. 특히 조기교육의 중요성과 이를 넘어 「태교胎敎」의 문제까지 훈계하고 있다. 아울러 엄격하고 바른 교육이어야 함을 강조하여, 맹목적인 사랑과 유위적 훈도의 구분을 들고 있으며, 이에 따라 「위엄이유자威嚴而有慈」이어야 하며, 「무교이유애無敎而有愛」의 폐해를 지적하기도 하였다.

　오늘날의 자녀 교육에 시사하는 바가 크다고 하겠다.

〈孩兒嬌戲圖〉

003
(2-1) 갓난아이 때부터 가르쳐라

　상지上智는 가르치지 않아도 성취하지만 하우下愚는 가르친다 해도 나을게 없다. 그러나 중용中庸의 인물은 가르치지 않으면 알지 못한다.

　옛날 성왕聖王 때는 태교법胎敎法이 있었다. 아이를 잉태한 지 3개월이 되면 따로 별궁別宮에 거처하여, 눈으로는 사악한 것을 보지 아니하고 귀로는 망령된 것을 듣지 않으며, 음악과 음식을 예로써 절제하였다. 이를 옥판玉版에 기록하여 금궤金匱에 저장하였다.

　그리고 아이를 낳아 3개월이 되어 웃을 줄 알게 되면, 사보師保가 곧 효孝, 인仁, 예禮, 의義를 밝혀 이를 습성이 되도록 인도하였다. 일반 백성으로서는 비록 이렇게까지 할 수는 없었으나, 아이가 사람의 얼굴을 알아보고 남의 희로喜怒를 알아차릴 때쯤이면 곧 가르침을 더하여, 하라는 것은 하고 하지 말라는 것은 하지 않도록 하였다.

　그리고 다시 몇 살이 되면 가히 회초리나 꾸지람의 뜻을 알 수 있게 한 것이다. 부모가 위엄이 있으면서 자애로우면 자녀는 삼갈 것을 두려워하면서 효도의 마음이 생겨나게 된다.

　내가 세상 사람을 보니 가르침은 없이 사랑만 있어, 매양 능히 그렇게 하지 못하고 있다. 음식과 행동에 그 하고 싶은 바대로 마구 하게 하여, 의당 훈계해야 할 것은 도리어 장려하고, 꾸짖어야 할 것은 도리어 웃어넘긴다. 이리하여 자녀가 자라서 나름대로 식견이 생길 때에는 모든 일들을 이렇게 하는 것이 법인 줄로 여기게 된다. 교만함이 이미 습관이 되어 부모가 그제야 다시 제재를 가하고 죽음에 이르도록

매질을 한다 해도 위엄이 없게 되며, 분노만 날로 불어나고 원망을
증가시켜, 성장해서는 끝내 패덕敗德하게 된다.

공자孔子가 '어릴 때 형성된 것은 천성과 같고, 습관에 의해 이룩된
것은 자연처럼 된다'라 하였으며, 속담에 '며느리는 처음 왔을 때 가르
쳐야 하고, 아이들은 갓난아이일 때 가르쳐야 한다'라 하였으니 참으로
옳도다. 이 말이여!

上智不教而成, 下愚雖教無益, 中庸之人, 不教不知也. 古者,
聖王有胎教之法: 懷子三月, 出居別宮, 目不邪視, 耳不妄聽,
音聲滋味, 以禮節之. 書之玉版, 藏諸金匱. 生子咳嚏, 師保固明
孝仁禮義, 導習之矣. 凡庶縱不能爾, 當及嬰稚, 識人顏色, 知人
喜怒, 便加教誨, 使爲則爲, 使止則止. 比及數歲, 可省笞罰.
父母威嚴而有慈, 則子女畏愼而生孝矣. 吾見世間, 無教而有愛,
每不能然; 飲食運爲, 恣其所欲, 宜誡翻獎, 應訶反笑, 至有識知,
謂法當爾. 驕慢已習, 方復制之, 捶撻至死而無威, 忿怒日隆而
增怨, 逮于成長, 終爲敗德. 孔子云:「少成若天性, 習慣如自然」
是也. 俗諺曰:「教婦初來, 敎兒嬰孩.」 誠哉斯語!

【上智】아주 뛰어나게 총명함. 《論語》陽貨篇에 「唯上知與下愚不移」라 함.
【胎教】본문의 태교 내용은 《大戴禮記》保傅篇에 다음과 같이 실려 있음.
『胎教之道, 書之玉板, 藏之金匱, 置之宗廟, 以爲後世戒. 靑史氏之記曰:「古者,
胎教, 王后腹之, 七月而就宴室, 太史持銅而御戶左, 太宰持斗而御戶右. 比及三
月者, 王后所求聲音非禮樂, 則太師縕瑟而稱不習, 所求滋味者非正味, 則太宰
倚斗而言曰: 不敢以待王太子. 太子生而泣, 太師吹銅曰: 聲中其律. 太宰曰: 滋味
上某.」然后卜名. 上無取於天, 下無取於墬, 中無取於名山通谷, 無拂於鄕俗,
是故君子名難知而易諱也. 此所以養恩之道.』

【玉版】 書冊과 같음.

【金匱】 깊이 감추어 소중히 저장함을 뜻함.

【咳嗯】 孩提와 같음. 여기서는 어린아이가 사람을 보고 웃을 줄 아는 시기를 뜻함. 이때부터 기본 교육을 실시함.

【師保】 원래 고대의 관직 이름. 태자를 어릴 때부터 교육시키는 일을 담당하였음.

004
(2-2) 매는 부득이할 때만 들어라

무릇 사람이 능히 그 자녀를 가르치지 못하는 것은, 역시 결코 그를 죄악에 빠지게 하려는 것이 아닐 터이다. 다만 꾸중과 노기는 그 안색에 상처를 줄까 난처히 여기며, 초달楚撻은 그 기부肌膚를 아프게 할까 하여 차마 초달하지 못하는 것뿐이다. 그러나 의당 질병으로 비유를 삼는다면 어찌 탕약湯藥, 침애針艾를 쓰지 않고 이를 낫게 할 수 있겠는가? 또한 의당 사근독훈思勤督訓하는 것이 가히 그 골육骨肉에게 가혹하게 학대하기를 원해서이겠는가? 진실로 부득이한 것일 뿐이다.

凡人不能敎子女者, 亦非欲陷其罪惡; 但重於訶怒, 傷其顏色, 不忍楚撻, 慘其肌膚耳. 當以疾病爲諭, 安得不用湯藥鍼艾救之哉? 又宜思勤督訓者, 可願苛虐於骨肉乎? 誠不得已也.

【楚撻】 회초리로 때려 가르침.
【鍼艾】 '針艾'와 같음. 침 놓는 일과 쑥뜸을 뜨는 일. 鍼灸와 같은 뜻.
【思勤督訓】 부지런히 할 것을 생각하게 하고, 배움을 독려함. 자녀를 바르게 가르침을 뜻함.

005
(2-3) 맹목적인 사랑은 화근이다

왕대사마王大司馬의 어머니인 위부인魏夫人은 성품이 심히 엄정하였다. 왕대사마가 분성溢城에 있을 때 3천 명을 거느리는 장수였고, 나이 또한 40이 넘었지만 조금이라도 뜻에 거슬리는 잘못이 있으면 그래도 매를 들어 가르쳤다. 그 때문에 능히 그러한 훈업勳業을 이룰 수 있었던 것이다.

양梁 원제元帝 때에 한 학사學士가 있어 총민하고 재주가 있었지만,

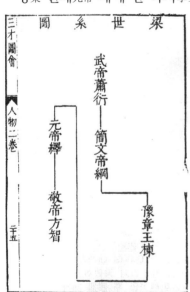

남조 양나라 세계도 《三才圖會》

그 아버지에게 총애를 지나치게 받아 그만 의義의 가르침을 놓치고 말았다. 그 아버지는 아들이 어쩌다 옳은 말 한 마디만 하면 거리를 돌아다니며 한 해가 다 가도록 자랑하였고, 행동에 그릇됨이 있을 때엔 이를 감싸주고 꾸며대면서 그가 스스로 고치기를 기대하였다.

나이 들어 장가가고 벼슬할 때가 되었건만 오히려 포악하고 거만함이 날로 심해져서, 끝내 말을 가려 할 줄 모르다가 주적周逖에게 추장흔고抽腸釁鼓하는 죽임을 당하고 말았다.

王大司馬母魏夫人, 性甚嚴正; 王在湓城時, 爲三千人將, 年踰
四十, 少不如意, 猶捶撻之, 故能成其勳業. 梁元帝時, 有一學士,
聰敏有才, 爲父所寵, 失於敎義: 一言之是, 徧於行路, 終年譽之;
一行之非, 揜藏文飾, 冀其自改. 年登婚宦, 暴慢日滋, 竟以言語
不擇, 爲周逖抽腸釁鼓云.

【王大司馬】南朝 梁나라 때의 王僧辯. 자는 君才. 梁元帝 때에 征東將軍을 역임
  하였으며 뒤에 丞相에 오름. 그의 어머니 丁母太夫人(貞敬太夫人)은 성이 魏氏
  였음.《梁書》王僧辯傳 참조.
【湓城】지금의 江西省 九江縣.
【梁元帝】梁武帝의 일곱째 아들로 이름은 繹, 자는 世誠. 처음 湘東王에 봉해졌음.
  侯景이 난을 일으켜 簡文帝를 폐하고 다시 豫章王조차 폐한 후 자립하자, 元帝는
  王僧辯을 시켜 '侯景의 난'을 평정하고 江陵에서 제위에 오름.《梁書》元帝紀 참조.
【周逖】구체적으로 알 수 없음.《陳書》에 周迪傳이 있어 매우 포악하고 신의가
  없었다 하나 동일인인지 알 수 없음.
【抽腸釁鼓】창자를 뽑고 피를 북에 바름. 처참한 죽음을 뜻함.

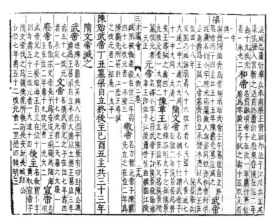

남조 양 원제 관련 기사《三才圖會》

006
(2-4) 아이는 바꾸어 가르쳐라

　부자父子 사이의 위엄은 친압親狎으로 해서는 안 되며, 골육 사이의 사랑은 간홀簡忽히 해서는 안 된다. 간홀히 하면 자애와 효도가 연결되지 못하며, 친압하면 나태와 거만함이 생겨난다.

　명사命士 이상은 부자가 서로 다른 집에 살았으니 이는 불압지도不狎之道이며, 가렵고 아픈 곳을 긁어주고 눌러 주며, 이불을 넣어 주고 베개를 정리해 주는 것, 이는 불간지교不簡之敎이다. 어떤 이가 이렇게 물었다.

　"진강陳亢은 군자는 그 아들을 멀리함을 듣고 기뻐하였다는데 무슨 뜻입니까?"

　나는 이렇게 대답하였다.

　"그러한 기록이 있다. 아마 군자가 직접 그 아들을 가르치지 않는다는 것으로 《시詩》에는 풍자로써 한 말이 있고, 《예禮》에는 혐의를 경계하라는 내용이 있으며, 《서書》에는 패란悖亂의 사건이 실려 있다. 그리고 《춘추春秋》에는 사악하고 편벽된 기롱譏弄으로 예를 든 것이 있고, 《역易》에는 만물의 갖춤의 상象으로써 한 것이 있다. 이는 모두가 부자 사이에 서로 가히 직접 말로 소통할 수 없는 것이 있기 때문이다. 그 때문에 자식을 직접 가르치지 않을 따름이다."

　父子之嚴, 不可以狎; 骨肉之愛, 不可以簡. 簡則慈孝不接, 狎則怠慢生焉. 由命士以上, 父子異宮, 此不狎之道也; 抑搔癢痛,

懸衾篋枕, 此不簡之教也. 或問
曰:「陳亢喜聞君子之遠其子, 何
謂也?」對曰:「有是也. 蓋君子之
不親教其子也,《詩》有諷刺之辭,
《禮》有嫌疑之誡,《書》有悖亂之
事,《春秋》有衰僻之譏,《易》有
備物之象: 皆非父子之可通言,
故不親授耳.」

胡氏曰程子以為第十二篇錯簡誠不以當亦稱以異當在於此章之首今詳文勢似當在此句之上言人之所稱不在於當而在於趨謂此說近是而章首當有孔子曰字蓋闕文耳大抵此書後十篇多闕誤

陳亢問於伯魚曰子亦有異聞乎 **尤音剛〇尤以私意窺** **對曰未也** **聖人疑必隂厚其子者**

嘗獨立鯉趨而過庭曰學詩乎對曰未也不學詩無以言

鯉退而學詩 **事理通達而心氣和平故能言** 他日又獨立鯉趨而過庭曰學禮乎

對曰未也不學禮無以立鯉退而學禮 **品節詳明而德性堅定故能立** 聞斯二者

陳亢退而喜曰問一得三聞詩聞禮又聞君 **遠去聲〇尹氏曰孔子之教子無異於門人故陳亢以為遠其子** 〇邦君之妻君稱之曰

子之遠其子也 **當獨立之時所聞不過如此其無異聞可知**

《論語》계씨편 진강(陳亢)이 공자
아들 孔鯉(伯魚)와 대화한 내용

【狎】 허물없이 마구 대함. 상하의 기본적
인 예절을 지키지 않고 행동함을 뜻함.
《論語》季氏篇에『孔子曰:「君子有三畏:
畏天命, 畏大人, 畏聖人之言. 小人不知
天命而不畏也, 狎大人, 侮聖人之言.」』
이라 함.
【命士·異宮】《禮記》內則에「由命士
以上, 父子皆異宮」이라 하여 명사(食祿
이 500석 이상인 士) 이상이면 부자 사이
에 각기 다른 침실을 사용함을 말함. 異宮
은 다른 침실을 뜻함. 고대에는 일반인의 집도 역시 宮이라 불렸음.《禮記》
內則에「由命士以上, 父子皆異宮. 昧爽而朝, 慈以旨甘, 日出而退, 各從其事,
日入而夕, 慈以旨甘」이라 함.
【懸衾篋枕】 이불을 널고 베개를 상자에 갈무리함.《禮記》內則에「父母舅姑
將坐, 奉席請何鄉? 將衽, 長者奉席請何趾? 少者執床與坐, 御者擧几, 斂席與簟,
懸衾篋枕, 斂簟而襡之」라 하였으며, 孔穎達의 疏에「懸其所臥之衾, 以篋貯所
臥之枕也」라 함.

【君子遠其子】孔子가 그 아들에게 특별히 달리해 주지 않았음을 말함.《論語》季氏篇에 진강(陳亢)이 공자와 그 아들 이(孔鯉)와의 대화를 물어보고 탄복한 말.《論語》季氏篇에「陳亢問於伯魚曰:「子亦有異聞乎?」對曰:「未也. 嘗獨立, 鯉趨而過庭. 曰:『學詩乎?』對曰:『未也.』『不學詩, 無以言.』鯉退而學詩. 他日, 又獨立, 鯉趨而過庭. 曰:『學禮乎?』對曰:『未也.』『不學禮, 無以立.』鯉退而學禮. 聞斯二者.」陳亢退而喜曰:「問一得三, 聞詩, 聞禮, 又聞君子之遠其子也.」」라 하였다.

【詩有諷刺之辭】《詩》大序에「風, 風也, 敎也. ……上以風化下, 下以風刺上, 主文而譎諫, 言之者無罪, 聞之者足以戒, 故曰風」이라 함.

【禮有嫌疑之誡】《禮記》曲禮(上)에「夫禮者所以定親疏, 決嫌疑, 別同異, 明是非也」라 하였고, 또「男女不雜坐. 不同椸枷, 不同巾櫛, 不親授. 嫂叔不通問, 諸母不漱裳」이라 하여 서로 忌諱함이 있음을 뜻함.

【書有悖亂之事】《書》大誥 序에「武王崩, 三監及淮夷叛, 周公相成王將黜殷, 作大誥」라 하여 골육 사이의 패란한 일을 경계함을 뜻함.

【春秋有褒僻之譏】《春秋》에 기록된 사악하고 부정한 일을 기롱한 사건들을 말함. 한편《孟子》滕文公(下)에 世衰道微, 邪說暴行有作, 臣弑其君者有之, 子弑其父者有之. 孔子懼, 作春秋. 春秋, 天子之事也. 是故孔子曰:『知我者其惟春秋乎! 罪我者其惟春秋乎!』라 하였고,《穀梁傳》隱公 元年 傳에「春秋貴義而不貴惠, 信道而不信邪. 先君之欲與桓, 非正也, 邪也」라 하였음. '褒'는 '邪'와 같음.

【易有備物之象】《易》繫辭(上)에「備物致用, 立成器以爲天下利」라 하였고, 孔穎達 疏에「謂備天下之物, 招致天下所用, 建立成就天下之器, 以爲天下之利」라 함.

【不親授】《白虎通》辟雍篇에「夫所以不自敎子何? 爲其漸瀆也. 又授受之道, 當極說陰陽夫婦變化之事, 不可以父子相敎也」라 함.

007
(2-5)

지나치게 교만했던
낭야왕琅邪王의 말로

제齊 무성제武成帝의 아들 낭야왕琅邪王은 태자太子와 친형제였다. 태어나면서 총명하여 무성제와 황후가 다 같이 아주 사랑하였다. 그래서 의복과 음식을 동궁東宮, 太子과 서로 같은 수준으로 해 주었다. 게다가 황제는 매번 얼굴을 맞대어 이렇게 칭찬하였다.

"이 똑똑한 아이는 뒷날 반드시 성취함이 있으리라."

태자가 즉위하자 왕은 다른 궁궐에 살게 되었다. 그에 대한 대우는 지나침이 넘어설 정도였다. 그런데도 왕후는 충분치 않다고 여겨 언제나 불만이었다. 나이 10여 세가 되었어도 그는 교만하고 제멋대로 하면서 절제가 없었다. 그래서 한 번은 기복器服과 완호玩好도 반드시 황제와 같아야 한다고 여겼다. 한 번은 남전南殿에서 황제를 조견할 때였는데, 전어典御가 새로운 얼음을 진상하고 구순鉤盾이 조리早李를 헌상하는 것을 보고는 돌아와 자신에게도 달라 하였으나 얻지 못하자, 드디어 크게 노하여 이렇게 소리를 질렀다.

"지존至尊이 이미 가졌는데 나는 어찌하여 가질 수 없단 말인가?"

나눔과 동등함이 무엇인지 몰랐음이 대략 모두 이와 같았던 것이다. 식자들은 모두가 공숙단共叔段이나 주우州吁와 같은 자라 혀를 찼다. 뒤에 재상宰相과 틈이 생기자, 그만 임금의 조서를 변조하여 재상을 목잘라 버리고 그래도 그가 임금의 구제를 받고 살아날까 두려워 그 휘하의 군사를 거느리고 궁전 문을 방어토록 하였다. 그는 본래는 반란할 마음이 있었던 것이 아니었다. 그래서 위로를 받고 겨우 마무리

되었지만 뒤에 결국은 이런 일에 연루되어 아무도 모르게 죽음을 당하고
말았다.

齊武成帝子琅邪王, 太子母弟也, 生而聰慧, 帝及后並篤愛之,
衣服飲食, 與東宮相準. 帝每面稱之曰:「此黠兒也, 當有所成.」
及太子卽位, 王居別宮, 禮數優僭, 不與諸王等; 太后猶謂不足,
常以爲言. 年十許歲, 驕恣無節, 器服玩好, 必擬乘輿; 常朝南殿,
見典御進新冰, 鉤盾獻早李, 還索不得, 遂大怒, 訽曰:「至尊已有,
我何意無?」不知分齊, 率皆如此. 識者多有叔段・州吁之譏.
後嫌宰相, 遂矯詔斬之, 又懼有救, 乃勒麾下軍士, 防守殿門;
旣無反心, 受勞而罷, 後竟坐此幽薨.

【琅邪王】《北齊書》武成紀에「世祖武成皇帝諱湛, 神武皇帝第九子, 孝昭皇帝之
   母弟也」라 하였고, 〈武成十二王傳〉에는「琅邪王儼, 字仁威, 武成第三子也. 初封
   東平王,……武成崩, 改封琅邪」라 함. 여기서 太子는 後主 高緯를 가리킴. 자는
   仁綱이며 무성황제의 長子, 어머니는 胡皇后, 낭야왕은 그의 同母弟였음.
【典御】황제의 음식을 관장하는 직책.《隋書》百官志에「中尙食局, 典御二人,
   總知御膳事」라 함.
【鉤盾】園囿, 上林, 遊獵, 紫草, 果實을 관리하는 관원.《隋書》百官志에「司農寺,
   掌倉市薪菜, 園池果實, 統平準, 太倉, 鉤盾等暑令一丞; 而鉤盾又別領大囿, 上林,
   遊獵, 紫草, 池藪, 苜蓿等文部丞」라 함.
【叔段】共叔段을 가리킴. 춘추시대 鄭나라 莊公의 아우. 그의 어머니 申后 武姜이
   장공과 공숙단을 낳았으며, 장공을 낳을 때 難産으로 고통을 받아 이를 매우
   미워함. 뒤에 공숙단이 순산으로 태어나자, 무강은 이를 매우 아껴 공숙단을
   태자로 삼으려 함. 뒤에 장공이 왕위에 오르자, 段을 鄢(언)으로 보내어 반란을
   유발, 죽여버림.《左傳》隱公 元年에 다음과 같이 기록되어 있다.

『夏四月, 費伯帥師城郞. 不書, 非公命也. 初, 鄭武公娶于申, 曰武姜. 生莊公及共叔段. 莊公寤生, 驚姜氏, 故名曰寤生, 遂惡之. 愛共叔段, 欲立之. 亟請於武公, 公弗許. 及莊公卽位, 爲之請制. 公曰:「制, 巖邑也. 虢叔死焉. 佗邑唯命.」請京, 使居之, 謂之京城大叔. 祭仲曰:「都, 城過百雉, 國之害也. 先王之制, 大都, 不過參國之一; 中, 五之一; 小, 九之一. 今京不度, 非制也, 君將不堪.」公曰:「姜氏欲之, 焉辟害?」對曰:「姜氏何厭之有? 不如早爲之所, 無使滋蔓! 蔓, 難圖也. 蔓草猶不可除, 況君之寵弟乎?」公曰:「多行不義, 必自斃, 子姑待之.」旣而大叔命西鄙. 北鄙貳於己. 公子呂曰:「國不堪貳, 君將若之何? 欲與大叔, 臣請事之; 若弗與, 則請除之, 無生民心.」公曰:「無庸, 將自及.」大叔又收貳以爲己邑, 至於廩延. 子封曰:「可矣. 厚將得衆.」公曰:「不義, 不暱. 厚將崩.」大叔完·聚, 繕甲·兵, 具卒·乘, 將襲鄭, 夫人將啓之. 公聞其期, 曰:「可矣.」命子封帥車二百乘以伐京. 京叛大叔段. 段入於鄢. 公伐諸鄢. 五月辛丑, 大叔出奔共. 書曰:「鄭伯克段于鄢.」段不弟, 故不言弟; 如二君, 故曰克; 稱鄭伯, 譏失敎也, 謂之鄭志. 不言出奔, 難之也. 遂寘姜氏于城潁, 而誓之曰:「不及黃泉, 無相見也!」旣而悔之. 潁考叔爲潁谷封人, 聞之, 有獻於公. 公賜之食. 食舍肉. 公問之. 對曰:「小人有母, 皆嘗小人之食矣; 未嘗君之羹, 請以遺之.」公曰:「爾有母遺, 繄我獨無!」潁考叔曰:「敢問何謂也?」公語之故, 且告之悔. 對曰:「君何患焉? 若闕地及泉, 隧而相見, 其誰曰不然?」公從之. 公入而賦, 「大隧之中, 其樂也融融.」姜出而賦, 「大隧之外, 其樂也洩洩.」遂爲母子如初. 君子曰:「潁考叔, 純孝也, 愛其母, 施及莊公. 詩曰:『孝子不匱, 永錫爾類.』其是之謂乎!」』

【州吁】춘추시대 衛나라 公子 이름. 莊公의 庶子. 총애를 입고 횡포를 부리다가 桓公을 시해하고 자립함. 뒤에 右宰醜에게 濮 땅에서 죽음을 당하였으며 위나라에서는 桓公을 맞아 왕으로 세움. 《左傳》隱公 3年에는 이렇게 기록되어 있음.
『衛莊公娶于齊東宮得臣之妹, 曰莊姜, 美而無子, 衛人所爲賦碩人也. 又娶于陳, 曰厲嬀, 生孝伯, 早死. 其娣戴嬀, 生桓公, 莊姜以爲己子. 公子州吁, 嬖人之子也. 有寵而好兵, 公弗禁. 莊姜惡之. 石碏諫曰:「臣聞愛子, 敎之以義方, 弗納於邪. 驕, 奢, 淫, 泆, 所自邪也. 四者之來, 寵祿過也. 將立州吁, 乃定之矣; 若猶未也, 階之爲禍. 夫寵而不驕, 驕而能降, 降而不憾, 憾而能眕者, 鮮矣. 且夫賤妨貴, 少陵長, 遠間親, 新間舊, 小加大, 淫破義, 所謂六逆也; 君義, 臣行, 父慈, 子孝, 兄愛, 弟敬, 所謂六順也. 去順效逆, 所以速禍也. 君人者, 將禍是務去, 而速之, 無乃不可乎?」弗聽. 其子厚與州吁游, 禁之, 不可. 桓公立, 乃老. 四年春, 衛州吁弒桓公而立.』

【嫌宰相】 여기서의 재상은 北齊의 재상 和士開를 가리킴. 그가 자신의 집을 너무 호화롭게 꾸미자, 琅琊王(高儼)이 왕의 명령이라 속이고 그를 죽여 버림. 《北齊書》武成十二王傳 참조.

【防守殿門】 낭야왕 고엄이 京畿軍 3천 명 거느리고 千秋門을 지킨 일.《北齊書》 琅邪王儼傳 참조.

【幽斃】 낭야왕 고엄이 끝내 大明宮에서 피살된 사건.《北齊書》琅邪王儼傳 참고.

북제 문선제 관련 기사《三才圖會》

008
(2-6) 자식의 후환은 부모가 만든다

사람의 자식 사랑에 능히 치우침이 없이 하기란 드문 일이다. 예로부터 지금에 이르도록 이것이 폐단이 된 일이 많다. 어질고 뛰어난 자는 저절로 칭찬과 사랑을 받게 된다. 그러므로 완고하고 노둔한 자식일지라도 역시 마땅히 불쌍하고 가련히 여겨야 한다. 편애함이 있게 되면 비록 그에게 잘 해 주려한 것이 도리어 그에게 화를 입히는 꼴이 된다.

공숙共叔의 죽음은 어머니가 그렇게 한 것이요, 조왕趙王의 죽음은 아버지가 그렇게 만든 것이다. 유표劉表의 종족이 멸족을 당한 일이나, 원소袁紹가 자식에게 땅을 나누어 주다가 병력을 잃고 멸망한 사건도 가히 영귀명감靈龜明鑑으로 삼을 만한 일이다.

人之愛子, 罕亦能均; 自古及今, 此弊多矣. 賢俊者自可賞愛, 頑魯者亦當矜憐, 有偏寵者, 雖欲以厚之, 更所以禍之. 共叔之死, 母實爲之. 趙王之戮, 父實使之. 劉表之傾宗覆族, 袁紹之地裂兵亡, 可爲靈龜明鑒也.

【共叔】 춘추시대 鄭나라 莊公의 아우. 앞장 참조.

【趙王】 漢高祖 劉邦이 漢王 시절, 戚姬를 맞아 그 사이에 낳은 아들이 如意였으며 趙王에 봉해짐. 뒤에 孝惠帝가 태자였을 때 유방을 혜제가 자신을 닮지 않았다고 심히 미워하며 如意를 태자로 삼고자 함. 이에 張良 등의 간언으로 태자를 바꾸지 않았으나, 고조가 죽고 나서 呂后가 척희와 여의(조왕)를 미워하여 모두 독살함. 《史記》 呂太后本紀 참조.

【劉表】 자는 景升. 東漢 山陽 高平 출신으로 魯共王 劉餘의 후손. 鎭南將軍·荊州牧 등을 지냈음. 그의 두 아들 劉琦와 劉琮이 있었음. 유표는 처음에 유기가 자신을 닮았다 하여 심히 사랑하였음. 뒤에 유종에게는 蔡씨의 질녀를 후처로 맞아 주었는데 채씨는 유종을 심히 아껴 드디어 유기를 모함하기 시작하였고, 유표 역시 이를 믿기 시작하였음. 유기는 뒤에 江夏太守가 되었으며 그 때 유표는 병이 나자 유기는 아버지의 병문안을 가게 되었음. 이에 유표는 유기를 만나기를 거부하여 울면서 떠났고, 유표는 유종을 후계자로 삼았음. 유종이 그래도 그 인장(印章)을 유기에게 주자 유기는 노하여 이를 땅에 내팽개치곤 상중에 난을 일으켰음. 마침 조조(曹操)의 군대가 新野 땅에 이르자 유기는 江南으로 도망하였고, 유종은 자신의 관할 주를 들어 조조에게 투항하고 말았음. 《後漢書》 劉表傳 참조.

【袁紹】 자는 本初. 동한 때 汝南 南陽 출신으로 冀州를 관할하였음. 그의 세 아들 袁譚(자는 顯忠), 袁熙(顯雍), 袁尙(顯甫)이 있었으며, 원소가 후취 劉氏에게 빠져 원상을 편애함. 뒤에 원소는 맏이 원담을 형의 양자로 하여 靑州刺史로 보냈고, 둘째 원희를 幽州刺史로 보냄. 官渡의 패배로 원소가 죽고 그 후계를 정하지 못한 상태에서 원담과 원상이 서로 공격하다가 끝내 모두 조조에게 패함. 《後漢書》 袁紹傳 참조.

【靈龜明鑑】 영험한 거북을 통해 길흉을 알고, 거울을 통해 사물의 모습을 살핌. 龜鑑의 뜻.

009 (2-7) 시류에 얽매이지 말고 큰 덕을 가르쳐라

　제齊나라 때에 한 사대부士大夫가 일찍이 나에게 이렇게 말하였다. "자식이 하나 있는데 나이가 이미 열일곱 살입니다. 자못 서소書疏에도 밝아 그에게 선비어鮮卑語와 비파 연주도 가르쳤지요. 점차 통달하고자 하니 이런 재주로서 공경公卿을 섬기게 하려 합니다. 자식을 사랑하지 않는 자가 없겠지만 역시 이런 일을 중요히 여겨야지요."

　나는 그 당시 고개를 숙이고 아무 대답도 하지 않았다. 이상하도다. 이 사람의 자식 가르침이여! 만약 이러한 직업으로 말미암아 스스로 경상에 까지 이른다 해도, 나는 역시 너희들은 그렇게 하기를 원하지 않는다.

　齊朝有一士大夫, 嘗謂吾曰:「我有一兒, 年已十七, 頗曉書疏, 敎其鮮卑語及彈琵琶, 稍欲通解, 以此伏事公卿, 無不寵愛, 亦要事也」吾時俛而不答. 異哉, 此人之敎子也! 若由此業, 自致卿相, 亦不願汝曹爲之.

【書疏】奏疏, 上書, 信札 등을 가리킴.
【鮮卑】鮮卑族은 五胡의 하나로 중국 遼東과 內蒙古 자치구역을 근거지로 하였음. 北朝의 拓跋氏의 魏나라는 이 선비족이 中原에 세운 나라이며 역대는 北齊, 北朝 등의 왕국을 세웠음. 이에 당시 漢人들이 다투어 선비어를 익혀 벼슬을 구함.
【伏事】服事와 같음. 굴복하여 섬김.

3. 형제兄弟

　본편에서는 가족의 연계성, 특히 형제간의 의무와 사랑을 토론하고 있다. 어린 시절의 우애와 형제애가, 서로 가정을 이루고 나서 가족 구성원의 변화로 인해 달라지는 원인과 그 방책을 설명하였다.

〈駱賓王詠鵝詩意圖〉 淸 惲壽平(畫)

010
(3-1) 형제애는 처자로 인해 소원해진다

무릇 사람이 있은 후에야 부부夫婦가 있고, 부부가 있은 후에야 부자父子가 있으며, 부자가 있은 후에야 형제兄弟가 있게 된다. 한 가정의 친족 관계는 이 세 가지뿐이다. 이로부터 넓혀 나가면 구족九族에 이르게 되나, 모두가 이 삼친三親에 본을 두고 있는 것이다. 그러므로 인륜에게 있어서 중요한 것이 되나니 가히 돈독히 하지 않으면 안 된다.

형제란 형체는 나누어 가졌으나 그 기氣가 연결된 사람으로, 바야흐로 그가 어릴 때에는 부모가 왼손으로 잡아주고 오른손으로 끌어 주며, 앞으로 뒤로 옷자락을 잡고 따르게 된다. 밥 먹을 때에는 한 상에서 먹고 옷은 물려주어 입으며, 배움은 뒤따라 그 책을 쓰게 되고, 놀이에는 같은 방향으로 가게 되니, 비록 몹쓸 집안의 사람이라도 능히 서로 사랑하지 않음이 없는 것이다. 그러나 장성하게 되어 각기 그 처를 거느리고, 각기 그 자식을 기르게 되면, 비록 돈독하고 후덕한 사람일지라도 능히 조금씩 쇠미해지지 않을 수 없게 된다. 아내끼리의 동서 사이를 형제에 비교하면 소원하고 박하다.

지금 이렇게 소원하고 박한 사람으로 하여금 형제와 같은 친후지은親厚之恩으로써 절량節量하라 하는 것은, 마치 네모난 바탕에 둥그런 뚜껑을 씌우는 것과 같아 틀림없이 맞지 않을 것이다. 오직 형제 사이의 우의가 깊고 지극하여 처자로 인해 이것이 변질됨이 없도록 하여야 그러한 잘못됨을 면할 수 있게 되리라!

夫有人民而後有夫婦, 有夫婦而後有父子, 有父子而後有兄弟:
一家之親, 此三而已矣. 自玆以往, 至於九族, 皆本於三親焉,
故於人倫爲重者也, 不可不篤. 兄弟者, 分形連氣之人也, 方其
幼也, 父母左提右挈, 前襟後裾, 食則同案, 衣則傳服, 學則連業,
游則共方, 雖有悖亂之人, 不能不相愛也. 及其壯也, 各妻其妻,
各子其子, 雖有篤厚之人, 不能不少衰也. 娣姒之比兄弟, 則疏
薄矣; 今使疏薄之人, 而節量親厚之恩, 猶方底而圓蓋, 必不合矣.
惟友悌深至, 不爲旁人之所移者, 免夫!

【人民而後有夫婦】이 구절은《周易》序卦傳의 내용과 같음.
【九族】여러 가지 설이 있음.《今文尙書》의 注에는 異姓 친족, 즉 父族四, 母族三,
　　妻族二라 하였고,《古文尙書》에는 同姓 친족, 즉 高祖, 曾祖, 祖, 父, 자기 자신,
　　子, 孫, 曾孫, 玄孫을 가리킨다 하였음.
【分形連氣】形(몸)을 나뉘었으나 그 기(氣)는 연결되어 있음을 말함. 즉 형제들
　　뜻함.
【親厚之恩】친하게, 후하게 보살펴 주는 은혜.

011
(3-2) 처자와 복첩으로 인한 화근을 대비하라

　양친이 이미 돌아가시고 나서는 형제가 서로 보살펴 줌이 의당 형체에게 있어서의 그림자와 같고, 소리에게 있어서의 메아리와 같아야 한다. 돌아가신 선인이 주신 몸을 사랑하고, 자신의 몸에 나누어진 기氣를 아낌에 형제가 아니라면 어찌 그러한 사념思念이 생길 수 있겠는가?

　형제 사이가 타인과 다른 점은, 바람이 깊으면 쉽게 원망하게 되고, 거리가 가까우면 쉽게 막히게 된다는 점이다. 비유컨대 집안에서 구멍 하나가 있으면 이를 막게 되고, 틈이 생기면 흙을 발라 메우게 된다. 이렇게 되면 무너지거나 훼멸될 근심이 없게 된다. 만약 참새나 쥐가 들어와도 걱정을 아니 하고 바람이나 비가 들이쳐도 방비할 생각을 아니하다가, 벽이 허물어지고 서까래가 무너지게 되면 가히 구제할 수 없게 된다. 복첩僕妾은 참새나 쥐이며, 처자妻子는 바람이나 비이다. 심하도다!

　二親旣殁, 兄弟相顧, 當如形之與影, 聲之與響; 愛先人之遺體, 惜己身之分氣, 非兄弟何念哉? 兄弟之際, 異於他人, 望深則易怨, 地親則易弭. 譬猶居室, 一穴則塞之, 一隙則塗之, 則無頹毀之慮; 如雀鼠之不卹, 風雨之不防, 壁陷楹淪, 無可救矣. 僕妾之爲雀鼠, 妻子之爲風雨, 甚哉!

【影·響】 그림자와 메아리를 뜻함.
【岬】 안타까워하고 우려함.

012
(3-3) 형제는 길 가는 사람보다 낫다

　형제가 화목하지 못하면 그들의 자질子姪도 서로 사랑하지 않게 되고, 자질이 서로 사랑하지 않으면 종족의 자제들이 소원해지고 엷어진다. 종족의 자제들이 소원해지고 엷어지면 동복僮僕들도 원수와 적이 되고 만다. 이렇게 되고 나면 길 가던 사람이 모두 그 얼굴을 짓밟고 그 마음을 밟는 모욕을 줄 때면 누가 이를 구제해 주겠는가?

　어떤 사람 중에 천하의 선비와 사귀어 모두가 좋아하고 사랑하면서 그 형에게는 공경을 잃는 자가 있다. 어찌 그 능히 많은 사람들에게 할 수 있는 일을 적은 사람에게는 못하는가! 또 어떤 이는 혹 수만 명의 군사를 거느려 그 사력死力을 다하면서, 그 아우에게는 은혜를 잃는 자가 있다. 어찌 그 소원할 자에게는 능히 그렇게 하면서 친히 해야 할 자에게는 그렇게 하지 못하는가!

　兄弟不睦, 則子姪不愛; 子姪不愛, 則羣從疏薄; 羣從疏薄, 則僮僕爲讎敵矣. 如此, 則行路皆踏其面而蹈其心, 誰救之哉? 人或交天下之士, 皆有歡愛, 而失敬於兄者, 何其能多而不能少也! 人或將數萬之師, 得其死力, 而失恩於弟者, 何其能疏而不能親也!

【子姪】친 자녀와 조카들.
【羣從】至親이 아님을 뜻함. 같은 宗孫의 무리.
【行路】길 가는 사람. 서로 무관한 관계.

013 (3-4) 동서끼리의 문제

　여자들 동서娣姒 사이에는 서로 다툴 여지가 많으니 차라리 골육처럼 함께 살게 하기보다는, 각기 아주 멀리 흩어져 살면서 상로霜露를 보고 느끼는 바 있어 서로 그리워하고, 오랫동안 서서 해와 달을 바라보는 편이 낫다. 하물며 서로 모르는 길 가는 사람에 비유하면 다툴 일이 많은 한 곳에 모아 놓아 능히 그들끼리 틈을 생기지 않게 하기란 불가능한 일이다. 그렇게 되는 이유는 능히 공무公務로 해야 할 일을 사정私情으로 하고, 중책에 처해서는 의義를 얄팍하게 할 마음을 품게 되기 때문이리라! 만약 능히 자신을 용서하여 행동하고, 자식을 바꾸어 무양撫養하듯 한다면 이러한 근심은 생기지 않을 것이다.

　娣姒者, 多爭之地也, 使骨肉居之, 亦不若各歸四海, 感霜露而相思, 佇日月之相望也. 況以行路之人, 處多爭之地, 能無閒者, 鮮矣. 所以然者, 以其當公務而執私情, 處重責而懷薄義也! 若能恕己而行, 換子而撫, 則此患不生矣.

【娣姒】 여자 동서 사이. 妯娌之間.
【霜露】 계절과 시절의 변화를 보고 서로 떠올려 그리워함.
【撫養】 어루만져 길러 줌.

014
(3-5)
옆집에 살아도
형제간의 예의를 지켜라

　사람이 형을 섬김에 가히 아버지와 같이 할 수 없으면서 어찌 아우를 사랑함이 그 아들을 사랑함만 같지 못하다고 원망하겠는가? 이는 자신을 돌이켜 비추어 보되 밝게 보지 않기 때문이다.

　패국沛國의 유진劉璡은 일찍이 그의 형 유환劉瓛과 하나로 이어진 옆집에 살았다. 유환이 여러 차례 아우를 불렀으나 대답이 없다가 한참 후에야 대답하는 것이었다. 유환이 괴이히 여겨 물었다. 이에 유진은 "방금은 아직 의모衣帽를 갖추어 입지 못하였기 때문입니다"라 대답하는 것이었다. 이렇게 형을 섬긴다면 가히 위에 든 원망을 면할 수 있으리라!

　人之事兄, 不可同於事父, 何怨愛弟不及愛子乎? 是反照而不明也. 沛國劉璡, 嘗與兄瓛連棟隔壁, 瓛呼之數聲不應, 良久方答; 瓛怪問之, 乃曰:「向來未着衣帽故也.」以此事兄, 可以免矣!

【沛國】西漢 시대에는 沛郡을 두었으나 東漢 때에는 沛國이었으며, 晉나라는 이를 이어받았으나 北齊 때 폐지됨. 지금의 安徽省 宿縣 경내.

【劉璡】자는 子璥, 沛郡 출신으로 정직하고 문장이 뛰어났었음.

【劉瓛】자는 子圭, 六經에 박통하여 그의 아우 劉璡과 함께 이름을 날림. 《南史》劉瓛傳 참조.

015
(3-6)
전쟁에 나가 함께 죽은 삼형제

　강릉江陵의 왕현소王玄紹는 아우 효영孝英·자민子敏과 함께 형제 세 사람이 서로가 아주 우애 있고 아껴 주었다. 맛있는 음식이나 신기한 것이 있을 때는 모두가 모이기 전에는 먼저 손을 대지 않았고, 누구도 먼저 맛보겠다는 경우가 없었다. 그 사랑하고 아껴 주는 얼굴색이 서로가 자신이 부족한 듯이 드러낼 정도였다.

　서대西臺가 함락될 때에 현소는 그 몸체가 크고 우람하여 병사들에게 둘러싸이고 말았다. 두 아우가 다투어 그 형을 감싸고 막아서 각기 대신 죽겠다고 나섰다. 그러나 끝내 풀려나지 못하고 결국 함께 목숨을 다하고 말았다.

　江陵王玄紹, 弟孝英·子敏, 兄弟三人, 特相友愛, 所得甘旨新異, 非共聚食, 必不先嘗, 孜孜色貌, 相見如不足者. 及西臺陷沒, 玄紹以形體魁梧, 爲兵所圍; 二弟爭共抱持, 各求代死, 終不得解, 遂幷命爾.

【江陵】지명. 춘추시대 楚나라 도읍. 漢나라 때에는 江陵縣이었음. 南朝 梁나라 元帝가 建康(지금의 南京)을 함락한 후, 이곳을 도읍으로 삼았음.

【王玄紹】 자세히 알 수 없음. 그의 아우 孝英·子敏 역시 역사기록에 보이지 않음.

【西臺】 西魏가 江陵을 함락한 사건. 西臺는 江陵을 가리키며 建康以西 지역, 湖東王 蕭繹이 侯景의 난 이후, 강릉에서 즉위하여 연호를 承聖이라 하였으며, 이가 梁元帝임. 承聖 3年(554) 梁王 蕭詧이 西魏 군사를 이끌고 江陵을 함락하고 元帝를 살해함.

4. 후취後娶

본편은 후취의 문제에 특히 신중을 다할 것을 훈계하고 있다. 후취의 자녀와 자신의 전실 소생, 나아가 새로운 자녀로 인한 갈등 문제 등을 지적하였고, 이에 따라 애증의 문제, 자녀들의 장래 사회적 진출 문제까지를 현실감 있게 예증을 들어 거론하고 있다.

〈侍奉圖〉

016
(4-1)

백기伯奇와 증삼曾參의 효행

길보吉甫는 어진 아버지였으며, 그 아들 백기伯奇는 효성스러운 아들이었다. 어진 아버지로서 효성스러운 아들을 키움에 그 합함이 천성대로 끝을 얻을 수 있었으련만, 후처가 이간질하자 백기는 끝내 쫓겨나고 말았다.

증삼曾參이 자신의 아내가 죽자 아들들에게 이렇게 말하였다.

"나는 길보에게 미치지 못하고 너희는 백기에게 미치지 못한다."

왕준王駿이 상처하자 역시 이렇게 말하였다.

"나는 증삼에 미치지 못하고, 내 아들은 증화曾華나 증원曾元만 못하다."

이리하여 두 사람은 종신토록 새장가를 들지 않았으니 이런 예는 경계로 삼기에 족하다. 이 두 사람 이후에 그 어린아이들을 계속해서 참학慘虐하고 골육을 이간시켜 상심단장傷心斷腸하는 자들을 어찌 가히 헤아릴 수 있겠는가? 삼갈지니라! 삼갈지니라!

吉甫, 賢父也, 伯奇, 孝子也, 以賢父御孝子, 合得終於天性,
而後妻間之, 伯奇遂放. 曾參婦死, 謂其子曰:「吾不及吉甫, 汝不
及伯奇.」 王駿喪妻, 亦謂人曰:「我不及曾參, 子不如華・元.」
並終身不娶, 此等足以爲誡. 其後, 假繼慘虐孤遺, 離間骨肉,
傷心斷腸者, 何可勝數, 愼之哉! 愼之哉!

【吉甫】周宣王 때의 어진 신하 尹吉甫를 가리킴. 선왕을 도와 험윤(獫狁, 흉노)를 토벌함.

【伯奇】윤길보의 아들. 그 어머니가 죽고 아버지가 후처를 받아들이자 후처가 백기를 미워함. 윤길보가 노하여 백기를 들로 내쫓자, 백기는 〈履霜操〉라는 노래를 지음. 이에 윤길보가 잘못을 깨닫고, 백기를 불러들였으며 후처를 죽임. 《琴操》〈履霜操〉참조.

【曾參】춘추시대 魯나라 사람으로 孔子의 제자이며 효로써 이름이 났던 인물. 그의 아버지 曾點과 아들 曾元 등과의 효에 대한 일화가 널리 전함.《論語》 및《史記》仲尼弟子列傳 참조.

【王駿】漢나라 때 王吉의 아들. 御史大夫를 지냈던 능력 있는 신하였음.

【華·元】曾華와 曾元. 둘 모두 曾參의 아들로 효성이 있었음.《大戴禮記》曾子 疾病篇 참조. 한편《說苑》敬愼篇에는「曾子病, 曾元抱首, 曾華抱足」이라 함.

【假繼】繼母를 뜻함.

【慘虐】참혹하게 학대함.

【傷心斷腸】마음을 아파하고 창자가 끊어지는 듯한 고통.

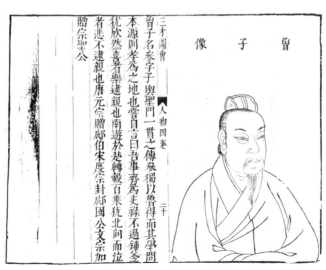

중자(曾參)《三才圖會》

017
(4-2) 서얼과 측실 출신

　강좌江左 사람들은 서얼庶孽이 가문을 잇는 것을 꺼리지 않아 정처가 죽은 후, 흔히 첩이나 잉처媵妻가 가사를 마무리 짓도록 한다. 마치 옴이나 모기·벌레는 피할 수 없는 것처럼 여기되, 큰 구분은 한계를 지어 놓는다. 그 때문에 서로 다투는 치욕이 적다.

　하북河北 사람들은 측실側室 출신들을 비루하게 여겨 사람으로 대해 주지도 않는다. 이 때문에 상처한 후에는 반드시 새장가를 들며 심지어 세 번, 네 번 맞이하여 그 어미 된 자가 그 아들보다 어린 경우도 있다. 후모後母가 낳은 아우와 전부前婦의 형에게 있어서 의복과 음식은 물론 결혼과 벼슬에 있어서도 사서士庶·귀천貴賤의 간격이 심하건만 풍속은 이를 당연한 것으로 여긴다. 그런데 그 남편 된 자가 죽은 후에는 소송이 공문公門에 가득하고, 비방이 도로의 사방에 드러나며 전처의 아들이 계모를 첩이라 욕하고, 아우는 그 형을 종놈이라 내쫓으며, 선인先人의 사적辭迹을 들춰내어 퍼뜨리고, 조고祖考의 장단長短을 폭로하고 다니며, 자신만이 곧다고 인정받으려 함이 왕왕 있어 왔다. 슬프도다. 자고로 간신과 영첩佞妾은 말 한마디로 사람을 함몰시킴이 많았도다. 하물며 부부 사이의 의義란 아침저녁으로 마음을 바뀌게 하는 법이요, 비복婢僕이 어여쁨 받으려 나서고, 서로 도와 달라고 유인한다. 이렇게 해가 쌓이고 달이 쌓이면 어찌 효자가 있을 수 있겠는가? 이는 가히 두렵게 여기지 않을 수 없는 것이로다.

江左不諱庶孽, 喪室之後, 多以妾媵終家事; 疥癬蚊虻, 或未能免, 限以大分, 故稀鬪鬩之恥. 河北鄙於側出, 不預人流, 是以必須重娶, 至於三四, 母年有少於子者. 後母之弟, 與前婦之兄, 衣服飮食, 爰及婚宦, 至於士庶貴賤之隔, 俗以爲常. 身沒之後, 辭訟盈公門, 謗辱彰道路, 子誣母爲妾, 弟黜兄爲傭, 播揚先人之辭迹, 暴露祖考之長短, 以求直己者, 往往而有. 悲夫! 自古姦臣佞妾, 以一言陷人者衆矣! 況夫婦之義, 曉夕移之, 婢僕求容, 助相說引, 積年累月, 安有孝子乎? 此不可不畏.

【江左】六朝시대 江東을 江左라 불렀음.
【媵妻】여자가 시집갈 때 데리고 가는 몸종을 媵이라 하며, 이가 후처가 됨을 뜻함.
【疥癬蚊虻】그 피해나 고통이 별것 아님을 비유함. 《國語》魯語에「申胥進諫曰:『夫齊魯, 譬諸疾疥癬也.』」라 하였고, 韋昭 註에「疥癬在外, 爲害微也」라 하였으며, 盧文弨의 補注에「疥癬比癰疽患輕, 蚊虻比蛇蝎之害小, 以言縱有所失, 不甚大也」라 함.
【側室】적자가 아닌 서얼 출신임을 뜻함.
【佞妾】말 잘하고 교활한 여자.
【人流】사람의 出身이나 流派. 王利器 注에「人流之流, 與士流, 學流, 文流, 某家者流之流義同」이라 함.

018
(4-3) 전처와 전실 아이를 학대하지 말라

　보통 사람의 성품이란 후부後夫는 대개 전부前夫의 어린아이를 사랑
하게 되지만, 후처는 틀림없이 전처의 자식을 학대하게 되어 있다. 이는
부인들이 품고 있는 질투의 심정 때문만이 아니라 장부가 가진 침혹沈惑의
편벽 때문이며, 역시 일의 형세가 그렇게 되도록 하기 때문이다.
　아비의 입장에서는 후처가 데리고 온 전 남편의 어린아이는 감히
자기의 친아들과 집안을 다투지 못할 것이라 여겨, 이끌어 주고 길러
주느라 습관이 쌓여 사랑이 싹트게 된다. 그 때문에 총애하게 되는
것이다. 그러나 여자 입장에서 전처의 자식은 매번 자신이 낳은 아들
위에 거하면서 벼슬과 공부, 혼인에 있어 방해가 되지 않을 수 없다고
여겨, 그 때문에 이를 학대하게 되는 것이다. 서로 성씨姓氏가 다른데
총애하면, 친아들은 부모를 원망하게 되고 계모가 전처의 자식을 학대
하면, 형제 사이가 원수로 변한다. 집안에 이러한 일이 있는 것은
모두가 가문의 화근이다.

　凡庸之性, 後夫多寵前夫之孤, 後妻必虐前妻之子; 非唯婦
人懷嫉妒之情, 丈夫有沈惑之僻, 亦事勢使之然也. 前夫之孤,
不敢與我子爭家, 提攜鞠養, 積習生愛, 故寵之; 前妻之子, 每居
己生之上, 宦學婚嫁, 莫不爲防焉, 故虐之. 異姓寵則父母被怨,
繼親虐則兄弟爲讐, 家有此者, 皆門戶之禍也.

【沈惑】깊이 빠지거나 혹함.

【宦學】환(宦)은 벼슬에 대한 일을 배우는 것, 學은 六藝(禮·樂·射·御·序·數)를 배우는 것.

【門戶】家門, 家族.

019
(4-4) 되돌아간 후취

　사로(思魯, 顔之推의 아들) 등의 종구從舅인 은외신殷外臣은 박달博達한
선비이다. 그 아들에 은기殷基와 은심殷諶이 모두가 이미 성인이 되어
자립하자, 다시 왕씨王氏 여인을 재취로 맞아들였다.
　은기가 매번 후모後母를 찾아 뵐 때면, 옛날 어머니가 그리워 오열하여
스스로 몸을 가누지 못하는 것이었다. 집사람들이 차마 쳐다볼 수
없을 정도였다. 왕씨 부인조차 오싹 소름이 끼쳐 어떻게 얼굴 표정을
지어야 할지 몰랐다. 그렇게 한 달이 지나자 그 여인은 친정으로 돌아가
겠다고 하였으며, 은외신은 곧 예를 갖추어 돌려보내 주었다. 이 역시
회한悔恨스러운 일이다.

　思魯等從舅殷外臣, 博達之士也. 有子基・諶, 皆已成立, 而再
娶王氏. 基每拜見後母, 感慕嗚咽, 不能自持, 家人莫忍仰視.
王亦悽愴, 不知所容, 旬月求退, 便以禮遣, 此亦悔事也.

【思魯】顔之推의 아들 이름. 顔思魯. 안지추에게는 思魯와 敏楚(愍楚)라는 두
　아들이 있었음.
【從舅】종친의 외삼촌뻘.
【殷外臣】思魯의 外堂叔 이름. 從舅는 어머니의 從兄弟를 뜻함.

020
(4-5)

혼정신성昏定晨省에 감복한 아버지

《후한서後漢書》에 이러한 기록이 있다.

"안제安帝 때 여남의 설포薛包는 자字가 맹상孟嘗으로 학문을 좋아하고 행동을 독실히 하였으며, 어머니를 잃고 지극한 효성으로 소문이 났다. 그런데 그 아버지는 후처를 맞아들이고 나서 설포를 미워하여 그를 분가하여 내보내게 되었다. 설포는 밤낮으로 목놓아 울며 집을 떠나려 하지 않아 몽둥이로 맞는 지경에 이르게 되었다. 그는 어쩔 수 없어 집 밖에 따로 여막을 치고 아침이면 들어가 물 뿌리고 청소하는 일을 계속하였다. 아버지가 노하여 다시금 내쫓자, 이번에는 마을 밖에 여막을 치고 살며 혼정신성昏定晨省을 그치지 않았다. 이렇게 한 해 남짓 되자, 부모는 그제야 부끄러이 여기고 그를 되돌아오게 하였다.

뒤에 부모가 돌아가시자 6년 동안 상복을 입었으며, 그 상喪에 너무 애통이 넘치도록 하였다.

얼마 지나 아우들이 재산을 나누어 따로 살기를 요구함에 설포는 저지할 수가 없어, 이에 그 재산을 고르게 나누어 주었다. 그리고 늙은 노비는 자신이 데리고 가겠다며 이렇게 말하였다.

'나와 함께 오랫동안 일하였으니, 너희들은 부릴 수가 없으리라.'

그리고 다시 농토와 집에 대하여는, 그중 황폐한 것은 자신이 갖겠다며 이렇게 말하였다.

'내가 어릴 때부터 관리하던 것으로 정이 들은 바이니라.'

다시 기물은, 낡고 깨어진 것을 갖겠다며 이렇게 말하였다.

'내 평소 쓰고 먹던 것이니 몸과 입이 편히 여기는 것들이기 때문이다.'

아우들은 여러 차례 그 재산을 날렸지만, 그래도 다시 진급賑給해 주었다.

건광建光 연간에 나라에서 공거公車를 보내 특별히 그를 찾아 시중侍中에 배임拜任하였다. 그러나 설포는 성격이 염허恬虛하여, 병이 들어 일어설 수 없다고 하면서 죽음을 기다리겠노라 극구 관직의 사양을 걸구乞求하였다. 황제도 어쩔 수 없이 조서를 내려 그의 귀가를 허락하였다.″

《後漢書》曰:「安帝時, 汝南薛包孟嘗, 好學篤行, 喪母, 以至孝聞. 及父娶後妻而憎包, 分出之. 包日夜號泣, 不能去, 至被毆杖. 不得已, 廬於舍外, 旦入而洒埽. 父怒, 又逐之, 乃廬於里門, 昏晨不廢. 積歲餘, 父母慚而還之. 後行六年服, 喪過乎哀. 旣而弟子求分財異居, 包不能止, 乃中分其財: 奴婢引其老者, 曰: 『與我共事久, 若不能使也.』田廬取其荒頓者, 曰: 『吾少時所理, 意所戀也.』器物取其朽敗者, 曰: 『我素所服食, 身口所安也.』弟子數破其産, 還復賑給. 建光中, 公車特徵, 至拜侍中. 包性恬虛; 稱疾不起, 以死自乞. 有詔賜告歸也.」

【汝南】郡 이름. 지금의 河南省 汝南縣.

【薛包】人名. 그의 자는 孟嘗이었음.《太平御覽》975에《汝南先賢傳》을 인용하여「薛包歸先人塚側, 種稻, 種芋, 稻以祭祀, 芋一充飢, 耽道說禮, 玄虛無爲」라 함.

【里門】마을 입구의 문.

【昏定晨省】저녁에는 잠자리를 보아드리고, 새벽에는 문안인사를 살핌. 효성을 뜻함.

【賑給】 진휼하고 공급함.

【建光】 東漢 安帝의 연호(121년 1년간).

【恬虛】 恬澹하고 謙虛함.

5. 치가治家

    본편은 가정을 이끌어 나가면서 발생할 각종 문제에 대하여 세심한 주의가 필요함을 가르치고 있다.

    가족 구성원 간 각자의 의무와 역할을 바르게 수행하기 위하여 준칙을 세워야 함과, 베풂과 인색의 차이까지 예증을 들어 바른 삶을 살도록 경계하고 있다.

〈晨起掃灑圖〉

021
(5-1) 천하의 흉민

　무릇 풍화風化라는 것은 위로부터 하여 아래로 실행되는 것이며, 먼저 하는 것으로써 뒷사람에게 베풀어지는 것이다. 이 까닭으로 아버지가 인자하지 못하면 자식이 효도할 수 없고, 형이 우애롭지 못하면 아우가 공손할 수가 없으며, 남편이 의롭지 못하면 아내가 순종할 수 없다.
　아버지가 인자한 데도 아들이 거역하거나, 형이 우애로운 데도 아우가 오만하거나, 남편이 의로운 데도 아내가 능멸한다면, 이는 천하의 흉민凶民으로 형륙刑戮이 무서운 줄 알게 해야 할 일이지, 훈도訓導하여 고칠 바가 아니다.

　夫風化者, 自上而行於下者也, 自先而施於後者也. 是以父不慈則子不孝, 兄不友則弟不恭, 夫不義則婦不順矣. 父慈而子逆, 兄友而弟傲, 夫義而婦陵, 則天下兇民, 乃刑戮之所攝, 非訓導之所移也.

【風化】 敎化를 뜻함. 풍속과 교화.
【攝】 懾과 같음. 《說文解字》에 「懾, 失氣也, 一曰服也」라 하였고, 王引之의 《經義述聞》에 「凡懼謂之懾, 使人懼亦謂之懾」이라 함.
【刑戮】 형벌과 육시. 벌을 받음을 뜻함.

022
(5-2)
자녀 교육은
관대함과 엄격함을 함께하라

매와 노기를 집안에서 없애면 어린아이의 과실이 즉시 나타난다.
형벌이 적당하지 않으면 수족을 둘 곳이 없다. 집안 다스림의 관대함과
엄격함은 역시 나라 다스림과 같다.

笞怒廢於家, 則豎子之過立見; 刑罰不中, 則民無所措手足.
治家之寬猛, 亦猶國焉.

《논어》 "刑罰不中" 부분

【竪子】 童子·僮僕을 가리킴.

【刑罰不中】《論語》子路篇에 『子路曰:「衛君待子而爲政, 子將奚先?」子曰:「必也正名乎!」子路曰:「有是哉, 子之迂也! 奚其正?」子曰:「野哉, 由也! 君子於其所不知, 蓋闕如也. 名不正, 則言不順; 言不順, 則事不成; 事不成, 則禮樂不興; 禮樂不興, 則刑罰不中; 刑罰不中, 則民無所錯手足. 故君子名之必可言也, 言之必可行也. 君子於其言, 無所苟而已矣.」』라 함.

.

023
(5-3) 검소함과 인색함의 차이

공자孔子는 이렇게 말하였다.

"사치를 부리게 되면 공손할 수 없고, 검약하기만 하면 고루하게 된다. 공손하지 못함보다 차라리 고루한 편이 낫다."

또 이렇게 말하였다.

"주공周公과 같은 아름다운 재주를 가진 자라 해도, 남을 부림에 교만하고 게다가 인색하기까지 하다면 그 이외의 것은 더 볼 것도 없다."

그렇다면 검소한 것은 가하나 인색해서는 안 된다. 검소함이란 줄여서 예에 합당하게 함을 말함이요, 인색함이란 궁급窮急히 하여 남을 긍휼히 여길 줄 모르는 것을 말함이다.

세상에 지금 베푸는 자는 사치하게 굴고, 검소하다는 자는 인색하게 군다. 능히 베풀되 사치를 부리지 아니하고, 검소하되 인색하지 않게 해야 되느니라.

孔子曰:「奢則不孫, 儉則固; 與其不孫也, 寧固.」又云:「如有 周公之才之美, 使驕且吝, 其餘不足觀也已.」然則可儉而不可 吝已. 儉者, 省約爲禮之謂也; 吝者, 窮急不卹之謂也. 今有施 則奢, 儉則吝; 如能施而不奢, 儉而不吝, 可矣.

주공(姬旦)《三才圖會》

【奢則不孫】《論語》述而篇에『子曰:「奢則不孫, 儉則固. 與其不孫也, 寧固.」』
라 함.

【周公之才】역시《論語》泰伯篇에『子曰:「如有周公之才之美, 使驕且吝, 其餘
不足觀也已.」』라 함.

024
(5-4) 가용을 절약하라

　사람을 살게 하는 근본은 의당 농사지어 먹어야 하고, 상마桑麻로써 옷을 해 입어야 하는 데에 있다. 채소와 과일의 비축은 숲과 농장에서 생산되는 바요, 닭과 돼지의 먹을거리는 닭장과 우리에서 생겨나는 것이다. 사는 집과 기물, 도구나 땔감과 불 밝히는 기름도 어느 것 하나 심고 가꾸는 물건에서 나지 않는 것이 없다. 능히 그 맡은 업을 잘 지켜내는 자라면, 문을 닫고도 삶에 필요한 것이 갖추어져 있어 모두가 족하리라. 오직 집에 염정鹽井만 없을 뿐인 정도이다.

　지금 북방 사람들의 풍속은 능히 몸소 검약하고 절용함으로써 의식衣食을 풍족히 하고 있는데, 강남江南에서는 사치하여 태반이 북방 사람에 미치지 못하고 있다.

　生民之本, 要當稼穡而食, 桑麻以衣. 蔬果之畜, 園場之所産; 雞豚之善, 塒圈之所生. 爰及棟宇器械, 樵蘇脂燭, 莫非種殖之物也. 至能守其業者, 閉門而爲生之具以足, 但家無鹽井耳. 今北土風俗, 率能躬儉節用, 以贍衣食; 江南奢侈, 多不逮焉.

【善】膳과 같음.《禮記》玉藻(下)의 注에 「膳, 美食也」라 함.
【塒圈】가축을 가두어 기르는 우리.《詩經》王風 君子于役에 「鷄棲于塒」라
하였고,《爾雅》釋宮에 「鑿垣而棲爲塒」라 함.

〈耕織圖〉(淸) 焦秉貞(畫)

025
(5-5) 집안 식구에게 너무 각박하게 굴지 말라

양梁나라 효원제孝元帝 시대에 어떤 중서사인中書舍人이 있었다. 집안을 다스림에 지나치게 엄격하고 각박하여, 처첩들이 드디어 함께 자객을 고용하여 그가 술 취한 틈을 엿보아 죽여버리고 말았다.

梁孝元世, 有中書舍人, 治家失度, 而過嚴刻, 妻妾遂共貨刺客, 伺醉而殺之.

【梁孝元世】南朝 梁나라, 蕭衍이 세웠으며 孝元帝는 蕭繹.
【中書舍人】관직 이름. 西晉 때부터 두었으며 機密을 관장하였고, 가끔 재상의 직무를 대신하기도 하였음.

026
(5-6) 집 안의 좀벌레

세간의 명사名士들은 다만 관대하고 인자하게 보이려고 힘쓴다. 그래서 손님 대접의 음식에 동복僮僕들이 이를 빼돌리기도 하며, 은혜를 베풀 일이나 이미 허락한 일에 처자가 그 양을 줄여버리고, 손님을 마구 대하고 모욕을 주기도 하며, 향당鄉黨을 침범하고 각박히 하기도 한다. 이것은 역시 집 안의 큰 좀벌레가 되고 만다.

世間名士, 但務寬仁; 至於飮食饟饋, 僮僕減損, 施惠然諾, 妻子節量, 狎侮賓客, 侵耗鄉黨: 此亦爲家之巨蠹矣.

【饟饋】 음식으로 남을 대접함을 말함.
【狎侮】 마구 친압하고 모욕함.

027
(5-7) 화를 낸 적이 없는 방문열房文烈

　제齊나라 이부시랑吏部侍郎 방문열房文烈은 일찍이 화를 낸 적이 없었다. 장마철을 맞아 식량이 떨어지자, 비녀婢女를 보내어 쌀을 사 오도록 하였다. 그런데 노비는 그 틈을 타 도망쳐 숨고 말았다. 3, 4일이 지나서 바야흐로 그가 다시 붙잡혀 오자 방문열은 천천히 이렇게 말하였다.

　"온 집안이 두루 굶고 있었는데 너는 어디에 있다가 왔느냐?"

　그리고는 끝내 그에게 회초리를 대지 않았다.

　또 한 번은 자기 집을 남에게 살도록 빌려 준 적이 있었다. 그런데 노비들이 그 집을 뜯어 땔감으로 때어 거의 다 없어지게 되었다. 이 소식을 듣고 그는 이마를 찡그릴 뿐, 끝내 한 마디도 하지 않았다.

　齊吏部侍郎房文烈, 未嘗嗔怒. 經霖雨絶糧, 遣婢糴米, 因爾逃竄, 三四許日, 方復擒之. 房徐曰:「擧家無食, 汝何處來?」竟無捶撻. 嘗寄人宅, 奴婢徹屋爲薪略盡, 聞之顰蹙, 卒無一言.

【房文烈】房法壽의 族子로 景伯이 있었으며, 그의 아들이 房文烈이었음. 文烈은 司徒左長史에 올랐었고, 성품이 온화하여 화를 낸 적이 없었다 함.《北史》房法壽傳 참조.

【霖雨】장마철.《左傳》隱公 9년 傳에「凡雨自三日以往爲霖」이라 함.

028
(5-8)

사위에게 너무 인색했던 장인

배자야裴子野는 멀고 가깝고 간에, 친속 중에 기한에 떨며 스스로 구제하지 못하는 자라면 모두 거두어 길러 주었다. 그 집안은 본디 청빈한데다가, 그때 마침 수재와 가뭄을 만나 쌀 두 섬으로 멀건 죽을 쑤어 겨우 두루 먹일 수 있었다. 그런데 그자신도 그들과 똑같이 하면서도 싫어하는 얼굴빛 한번 없었다.

그런가 하면 업하鄴下에 하나의 영군領軍 벼슬이 있었다. 재물 쌓기에 심히 탐욕을 부렸다. 가동家童이 8백이었지만 1천 명으로 채우리라 서약하였고, 조석朝夕으로 사람마다 반찬은 15전을 비율로 하였다. 우연히 손님이 있어도 결코 더 보태줌이 없었다. 뒤에 그가 사건에 연좌되어 죽게 되었을 때, 그 집 재산을 모두 헤아려 보았더니 삼으로 짠 신발이 집안 하나 가득하였고, 낡은 옷이 몇 개의 곳간에 찰 정도였으며, 그 밖의 재산과 보물은 말로 다할 수 없었다.

그리고 남양南陽의 어떤 사람은 삶이 널리 알려지지는 않았지만 재산 모으는 재주는 남달랐다. 그러나 성품이 지나치게 검약하고 인색하였다. 동지冬至 다음날 사위가 문안드리러 찾아오자 이에 구리 술동이에 술을 담아 내어오고, 몇 점의 저민 노루고기뿐이었다. 사위는 장인이 그토록 단솔單率함을 분하게 여겨 단번에 다 먹어치워 버렸다. 장인은 크게 놀라, 위아래 쳐다보며 더 가져오도록 명하였다. 이렇게 하기를 두 차례, 그리고는 물러나 그 딸을 책망하였다.

"너의 서방은 술을 좋아하는구나. 그 때문에 너는 늘 가난한 거야."

그 장인이 죽고 난 후에 그의 여러 아들들이 재물을 두고 다툼이
벌어졌고, 형이 드디어 아우를 죽이는 일이 벌어지고 말았다.

裴子野有疎親故屬飢寒不能自濟者, 皆收養之; 家素淸貧,
時逢水旱, 二石米爲薄粥, 僅得遍焉, 躬自同之, 常無厭色. 鄴下有
一領軍, 貪積已甚, 家童八百, 誓滿一千; 朝夕每人有膳, 以十五
錢爲率, 遇有客旅, 更無以兼. 後坐事伏法, 籍其家産, 麻鞋一屋,
弊衣數庫, 其餘財寶, 不可勝言. 南陽有人, 爲生奧博, 性殊儉吝,
冬至後女壻謁之, 乃設一銅甌酒, 數臠麞肉; 壻恨其單率, 一擧
盡之. 主人愕然, 俯仰命益, 如此者再; 退而責其女曰: 「某郎好酒,
故汝常貧.」 及其死後, 諸子爭財, 兄遂殺弟.

【裴子野】 자는 機原. 남조 梁나라 때 인물로 曾祖는 裴松之, 祖父는 裴駰이었으며,
  그의 4형제 裴黎·裴楷·裴綽도 함께 이름을 날려 당시 『四裴』라 불림. 《梁書》
  裴子野傳 참조.
【鄴下】 지명, 춘추시대 齊桓公이 鄴城을 쌓았던 곳. 北齊는 이곳을 도읍으로
  하였음. 지금의 河南省 臨漳縣.
【領軍】 관직 이름. 여기서는 구체적으로 庫狄伏連을 가리킴. 《北齊書》 慕容
  儼傳 참조.

029
(5-9) 남편보다 똑똑한 아내

부인이 집에서 하는 일은 오직 주식酒食, 의복衣服 등의 예禮에 관한 일일 뿐이다. 국가의 일은 그들에게 참여시켜서는 안 되며, 가정의 일도 중요한 일은 시켜서는 안 된다. 만약 총명하며 재주와 지혜가 있으며, 고금에 통달하여 박식하다면 마땅히 군자(君子, 남편)를 보좌하여 그의 부족한 점을 도와야 할 것이다. 암탉이 새벽에 울어 화禍를 부르는 일이 있도록 해서는 안 된다.

婦主中饋, 惟事酒食衣服之禮耳, 國不可使預政, 家不可使幹蠱; 如有聰明才智, 識達古今, 正當輔佐君子, 助其不足, 必無牝雞晨鳴, 以致禍也.

좌: 〈婦女滌器〉(宋) 雕磚. 우: 〈婦女剖魚〉 雕磚

【中饋】밥 짓고 빨래하는 家事를 뜻함.
【幹蠱】그 일을 주관함. 雙聲連綿語로 여겨짐.
【母鷄守晨】새벽에 암탉이 욺을 뜻함. 여자가 家事나 국가의 일을 농단함을 뜻함. 《書》牧誓에 「牝鷄無晨. 牝鷄之晨, 惟家之索」이라 함.

030
(5-10) 남북 부인의 적극성 차이

강동江東의 부녀자들은 대체로 바깥과 교유함이 없어, 그 친척과 인척의 경우라도 혹 십 수년 간 서로 알지 못하는 경우가 있다. 다만 사람을 보내어 안부를 묻거나 선물을 보내어 은근한 정을 표시할 뿐이다. 업하鄴下의 풍속은 오직 부인이 집안의 일을 전담한다. 그 여자들은 곡직曲直을 가리는 소송이나, 초청에 응하고 불러 맞이하는 일로 수레를 몰고 거리를 가득 메우며, 비단옷을 입은 여인들이 관청에 가득하고, 아들을 위해 대신 관직을 구하고, 남편을 위해 억울함을 하소연하기도 한다. 이는 바로 항주恒州·대군代君의 이민족이 끼친 풍속이리라!

남방 사람들은 가난하고 보잘것없는 경우라도 모두가 겉치레에 힘쓴다. 수레와 의복은 반드시 비싸고 가지런한 것이어야 한다. 그런 사람의 집안 식구나 처자는 기한飢寒을 면하지 못한다.

하북河北의 사람들 사정은 주로 여자들이 집안일을 맡아한다. 그 여자들을 위한 비단옷에 황금비취의 수식은 없어서는 안 된다. 파리한 말과 병든 노비에 대해서는 그저 그 숫자만 채우면 될 뿐이다. 창화倡和의 예는 혹 서로 너라고 부를 정도로 깔보는 경향도 있다.

江東婦女, 略無交遊, 其婚姻之家, 或十數年間, 未相識者, 惟以信命贈遺, 致殷勤焉. 鄴下風俗, 專以婦持門戶, 爭訟曲直, 造請逢迎, 車乘塡街衢, 綺羅盈府寺, 代子求官, 爲夫訴屈. 此乃恆·

代之遺風乎! 南間貧素, 皆事外飾, 車乘衣服, 必貴整齊; 家人
妻子, 不免飢寒. 河北人事, 多由內政, 綺羅金翠, 不可廢闕,
羸馬頹奴, 僅充而已; 倡和之禮, 或爾汝之.

【婚姻】《爾雅》釋親에 「壻之父爲姻, 婦之父爲婚」이라 하였고, 다시 「婦之父母,
   壻之父母, 相謂婚姻」이라 함.
【府寺】관청을 지칭하는 말. 《廣韻》에 《風俗通》을 인용하여 「府, 聚也. 公牧守道
   德之所聚也」라 하였고, 《釋名》에는 「寺, 嗣也. 治事者嗣續於其內也」라 함.
【恆代】恆은 恒으로도 쓰며, 恆州. 지금의 山西省 大同縣. 拓跋氏가 이곳을 平城
   이라 하여 도읍을 정했었음. 代는 代郡. 여기서의 恆代(恒代)는 이민족을 拓跋氏
   를 가리키는 말로 쓰였음.
【爾汝】인칭대명사의 卑稱. 「너」. 《孟子》盡心(下)에 「人能充無受爾汝之實, 無所
   往而不爲義也」라 하였고, 《孟子正義》에 「爾汝, 爲尊於卑, 上於下之通稱」이라
   하였음. 朱熹 注에 「卜爾汝, 人所輕賤之稱」이라 함.

031 북방 부인들의 솜씨
(5-11)

　하북河北의 부인은 길쌈, 바느질, 실잣기 등의 일과 보불黼黻, 비단
무늬자수, 비단 짜기 등의 솜씨에 있어서 강동江東의 부인들보다 훨씬
뛰어나다.

　河北婦人, 織絍組紃之事, 黼黻錦繡羅綺之工, 大優於江東也.

【絍組紃】좋은 실로 짠 허리 띠.《禮記》內則에「織絍組紃學女事, 以共衣服」
　이라 하였고, 疏에「組, 紃俱爲條也. ……薄闊爲組, 似繩者爲紃」이라 함.
【黼黻】雙聲連綿語. 고대 의복에 수놓은 무늬.

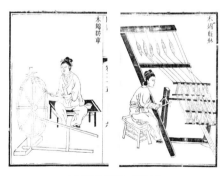

〈木棉紝床圖〉《農書》

032
(5-12) 딸 많은 집에는 도둑도 들지 않는다

태공太公은 이렇게 말하였다.

"너무 많은 딸을 기르려면 누구나 많은 비용이 든다."

그리고 진번陳蕃은 이렇게 말하였다.

"딸 다섯인 집 앞은 도둑도 지나가지 않는다."

딸이 집안에 걱정거리가 됨은 역시 깊다. 그러나 하늘이 만민을 내림에 선대부터 사람들이 몸을 전하여 주었으니 어찌할 수 있겠는가? 세상 사람들은 흔히 딸을 거두어 기르려 하지 않아 골육에게 적행賊行을 한다. 그렇게 하고도 어찌 하늘의 복 받기를 바랄 수 있겠는가?

나에게 먼 친척이 있어 집안에 기녀와 잉첩勝妾이 많아 그들 중 누구라도 아이를 곧 낳을 시기가 되면 곧 사람을 보내어 선 채로 이를 지키게 하였다. 산모의 몸이 태기가 있어 불안해지면 창문으로 엿보아 문 앞에 기다렸다가 만약 딸을 낳으면 곧바로 안고 달아나 아이를 버리도록 하였다. 어머니가 뒤따르며 울고불고하여 차마 그 소리를 들을 수는 없는 슬픈 일이다.

太公曰:「養女太多, 一費也.」陳蕃曰:「盜不過五女之門.」女之爲累, 亦以深矣. 然天生蒸民, 先人傳體, 其如之何? 世人多不擧女, 賊行骨肉, 豈當如此, 而望福於天乎? 吾有疏親, 家饒

妓媵, 誔育將及, 便遣閽豎守之. 體有不安, 窺窗倚戶, 若生女者,
輒持將去; 母隨號泣, 使人不忍聞也.

【太公曰】《藝文類聚》35와《太平御覽》485에《六韜》를 인용하여 「太公對武王曰:
　　養女太多, 四盜也」라 함.
【陳蕃曰】陳蕃은 東漢 때의 人物, 자는 仲擧. 그가 일찍이 上書를 올려 「諺云:
　　盜不過五女之門, 以女貧家也. 今後宮之女, 豈不貧國乎?」라 함.《後漢書》陳蕃傳
　　참조.
【媵妾】여자가 시집갈 때 데리고 가는 몸종.

033
(5-13) 장모의 사위 사랑

　부인들의 본성은, 대체로 사위는 총애하되 며느리는 학대하게 마련이다. 사위를 사랑하게 되면 형제(처남)들이 그 사위를 원망함이 싹트고, 며느리를 학대하면 자매(시누이)들의 고자질이 횡행하게 된다. 그렇다면 여인들의 행동은 모두가 그 집안에 죄를 얻게 된다. 어머니는 사실 이를 저지르고 있는 자인 셈이 된다. 심지어 속담에 "늙은 시어미는 찬밥 신세"라 하였으니, 이는 바로 그에 상응한 보답인 것이다. 가정마다 있는 폐단이니 가히 경계하지 않을 수 있으랴!

　婦人之性, 率寵子婿而虐兒婦. 寵婿, 則兄弟之怨生焉; 虐婦, 則姉妹之讒行焉. 然則女之行留, 皆得罪於其家者, 母實爲之. 至有諺云:「落索阿姑餐.」此其相報也. 家之常弊, 可不誡哉!

【落索】疊韻連綿語로 南北朝 시대의 언어. 冷落蕭索의 뜻. 혹은 綿綿不絶의
　뜻이라고도 함.

034
(5-14) 혼인은 엇비슷한 상대와 하라

혼인은 본디 엇비슷한 상대와 해야 한다. 우리 선조인 정후靖侯께서 만들어 놓은 규범이다. 근세의 시집장가 보내는 것을 보면, 끝내 딸을 팔아 재물을 얻고 며느리를 사려고 비단을 실어 보낸다. 아버지와 조부의 지위 권세를 비교하고, 재물의 과다를 눈금단위조차 비교하여, 많은 것을 요구하고 줄 때에는 적게 하려 하니, 시정市井의 무리와 다를 바가 없다. 그 때문에 혹 비천한 사위를 맞이하기도 하고, 혹 오만한 며느리를 맞아 집안을 휘젓게 하기도 한다. 허영과 이익에 탐욕을 부리다가 도리어 수치를 불러들이는 것이니, 가히 삼가지 않을 수 있겠는가!

婚姻素對, 靖侯成規. 近世嫁娶, 遂有賣女納財, 買婦輸絹, 比量父祖, 許較錙銖, 責多還少, 市井無異. 或猥媟在門, 或傲婦擅室, 貪榮求利, 反招羞恥, 可不愼歟!

〈聊齋圖〉(부분)

【索對】집안이 본디 淸白하여 혼인의 대상으로 맞는 상대.

【靖侯】顔含. 자는 宏都. 顔之推의 九世祖.《晉書》孝友傳 참조.

【成規】규범, 규칙으로 굳어짐. 혼인에 관한 顔含의 계율은 本書〈止足篇〉
154(13-1)를 볼 것.

035
(5-15)
빌려온 책은 더욱 소중히 다루어라

남에게 전적典籍을 빌렸을 때 모두가 모름지기 아끼고 잘 보관하여, 우선 먼저 찢어지거나 온전치 못한 부분이 있으면 이를 보수해야 하니, 이 역시 사대부로써 해야 할 백행百行 중의 하나이다. 제양濟陽 사람 강록江祿은 독서를 하다가 아직 마치지 않았을 때는 비록 급한 일이 있어도 반드시 책을 잘 말아 묶고 가지런히 하기를 기다린 연후에야 일어나서 행동하였다. 그 때문에 그 어떤 손패損敗도 없어, 그 누구도 책 빌려달라는 그의 요구를 싫어하지 않았다.

간혹 책상 위에 낭자하게 흩트려놓고 부질部帙을 분산해 놓는 경우가 있다. 이렇게 되면 어린아이나 비첩이 더럽히거나, 비바람이나 벌레, 쥐 등에 의해 훼상을 입게 된다. 이는 사실 덕에 누累를 끼치게 되는 것이다. 나는 매번 성인의 글을 읽을 때면 숙연하고 공경하게 대하지 아니한 경우가 없었다. 그 고지故紙에 오경五經의 사의詞議와 현달賢達의 성명이 적혀 있으니, 감히 마구 더럽혀 쓸 수 없었던 것이다.

借人典籍, 皆須愛護, 先有缺壞, 就爲補治, 此亦士大夫百行 之一也. 濟陽 江祿, 讀書未竟, 雖有急速, 必待卷束整齊, 然後 得起, 故無損敗, 人不厭其求假焉. 或有狼籍几案, 分散部帙, 多爲童幼婢妾之所點汙, 風雨蟲鼠之所毀傷, 實爲累德. 吾每讀

聖人之書, 未嘗不肅敬對之; 其故紙有五經詞義, 及賢達姓名,
不敢穢用也.

【典籍】 학업에 필요한 도서를 뜻함.
【百行】 여러 가지 품덕. 효도는 온갖 행동의 근본임을 뜻함.《白虎通》考黜에
「孝道之美, 百行之本也」라 함.
【濟陽】 晉나라 때 설치했던 郡. 지금의 山東省 定陶縣.
【江祿】 江夷의 玄孫으로 學은 彦遐.《南史》江夷傳 참조.
【累德】 德에 累가 됨을 말함.
【賢達】 현인과 달인. 학업과 덕을 이룬 선인을 뜻함.

036
(5-16)

굿하지 말라

우리 집안에서 무격巫覡에게 빌고 청하는 일이란 절대로 논의거리로 삼은 적도 없다. 서부(書符, 부적)나 장초(章醮, 굿) 역시 그것을 통해 기원祈願한 적이 없다. 이러한 일들은 너희들도 익히 보아온 바이다. 요망한 것을 위해 낭비하는 일이 없도록 하라.

吾家巫覡禱請, 絕於言議; 符書章醮亦無祈焉, 並汝曹所見也. 勿爲妖妄之費.

【巫覡】 무(巫)는 여자 무당, 격(覡)은 남자 무당, 박수무당을 뜻함.
【符書】 符籍.
【章醮】 道士나 무당이 신단을 설치하여 귀신에게 기도하는 것.

〈道教符錄〉 新疆 高昌 출토

6. 풍조風操

여기서는 사회생활에 풍조風操(風度와 節操)의 문제를 다루고 있다. 사대부로서의 규범은 물론, 자신의 남북 유랑 중에 느꼈던 풍습의 차이를 들어 그 취사선택에 주의를 기울여야 함을 지적하였다.

특히 본편은 남북조 시대의 사회 풍속과 예의 등을 연구하는 데에 아주 중요한 학술적 자료를 제공하고 있다.

〈騎驢歸家圖〉

037
(6-1)
삼밭에 쑥이 나면 저절로 곧게 자란다

　내가 《예경禮經》을 보니 성인聖人의 가르침은 이러하였다.

　아내 된 자가 수저를 어떻게 준비하고, 기침하고 대답하는 태도, 그리고 촛불 들고 술자리 모시는 방법, 어른의 세숫물 준비하는 태도 등이 모두가 절도와 갖춤이 있어, 역시 지극히 상세하였다. 다만 고전이란 이미 잔결殘缺되어, 온전한 책은 아니다. 그 책에 기록되지 않은 것은 세태에 따라 바꾸거나 고칠 수 있는 것으로, 학문에 통달한 군자가 스스로 그 정도를 조절하여 계속 이어오면서 실천한 것들이다. 그 때문에 세상에서는 이를 사대부의 풍조風操라 부르는 것이다. 그러나 가문마다 자못 다른 것이 있어 드러나는 바를 서로 그 장단에 따라 맞추고 있지만, 그러나 그 천맥阡陌은 확연하여 저절로 알 수 있다.

　지난날 내가 강남江南에 살 때에 눈으로 능히 의를 보았고, 귀로는 능히 이를 들을 수 있었다. 쑥이 삼밭에 나면 저절로 곧아지듯이, 또한 숙련된 일꾼은 한묵翰墨의 노고를 들이지 않아도 저절로 곧게 그을 수 있는 것과 같았다. 너희들은 융마戎馬의 시대에 태어나 밝지 못한 것을 보고 들으니, 그 때문에 힘써 이를 기록하여 자손에게 전하여 보여 주고자 한다.

　吾觀《禮經》. 聖人之教: 箕帚匕箸, 咳唾唯諾, 執燭沃盥, 皆有節文, 亦爲至矣. 但旣殘缺, 非復全書; 其有所不載, 及世事

變改者, 學達君子, 自爲節度, 相承行之, 故世號士大夫風操.
而家門頗有不同, 所見互稱長短; 然其阡陌, 亦自可知. 昔在江南,
目能視而見之, 耳能聽而聞之; 蓬生麻中, 不勞翰墨. 汝曹生於
戎馬之間, 視聽之所不曉, 故聊記錄, 以傳示子孫.

【禮經】 어린아이로서 기본적으로 행해야 할 掃灑・應對 등을 기록한 《禮記》를
　　뜻함.
【風操】 풍화(風化)와 절조.
【阡陌】 원래는 밭고랑의 가로 세로. 여기서는 대체와 줄기의 개황을 뜻함.
【蓬生麻中】 쑥이 삼밭에 자라면 저절로 곧게 자람을 뜻함. 《荀子》 勸學篇에
　　『蓬生麻中, 不扶而直. 白沙在涅, 與之俱黑. 蘭槐之根是爲芷, 其漸之滫, 君子
　　不近, 庶人不服, 其質非不美也, 所漸者然也. 故君子居必擇鄕, 游必就士, 所以防
　　邪僻而近中正也』라 함.
【翰墨】 먹줄과 도구. 혹은 학문을 뜻함.
【戎馬】 전쟁 터의 말. 인신하여 전쟁을 뜻함.

038
(6-2) 돌아가신 부모가 그립다고 삶을 폐할 수는 없다

《예기禮記》에 "돌아가신 부모와 비슷한 사람을 보게 되면 눈이 번쩍 뜨이고, 부모의 이름만 들어도 마음이 두근거린다"라 하였다. 이는 감촉한 바가 있어 그립고 안타까움에 마음과 눈이 그렇게 되는 것이다.

만약 조용히 평상대로 있는 경우라면 다행히 그 그리운 정을 펼 수 있겠지만, 반드시 불가피한 경우라면 역시 이를 참아내야 한다. 이를테면 백숙伯叔이나 형제가, 돌아가신 선친과 아주 심하게 닮았다고 해서 종신토록 볼 때마다 애끓는다고 그와 절교할 수 있겠는가?

《예기》에 다시 이렇게 말하였다.

"문장을 지을 때는 부모 이름을 휘諱하지 아니하며, 사당에서도 휘하지 아니하며 임금 앞에서도 사사로이 휘하지 아니한다."

이는 바로 부모님의 이름을 들었을 때는 모름지기 자신이 취할 태도를 짐작하여 반드시 까무러치고 달아나기까지는 기약하지 않는다는 것을 더욱 자세히 알려 주는 것이다.

양梁나라 때 사거謝擧는 대단한 명성이 있었지만, 부모님 이름을 들으면 반드시 곡哭을 하여 세상의 놀림을 받았다. 또 장봉세臧逢世라는 사람은 장엄臧嚴의 아들이었는데 독실히 공부하고 행동을 닦아 가문의 풍조를 실추시키지 않은 인물이었다.

원효제元孝帝, 梁元帝가 일찍이 강주江州를 다스릴 때, 장봉세를 건창建昌의 감독 업무를 맡겨 파견하였다. 그곳 현민縣民들이 많아, 다투어 서류를 올렸는데 아침저녁으로 폭주하여 책상 위에 수북이 쌓였다.

그런데 그 서류 중에 아버지 이름이 들어 있는 '엄한嚴寒'이란 글자만 보면, 반드시 이를 대하여 눈물을 흘리느라 이를 처리하지도, 기록하여 살피지도 못하는 것이었다. 그 때문에 자주 공무公務를 그르치게 되어 실정에 물의가 일어나고 원망이 생기고 말았다. 그는 끝내 일처리를 하지 못한다는 이유로 소환되고 말았다. 이상 두 가지 일은 지나친 경우의 사례이다.

《禮》云:「見似目瞿, 聞名心瞿.」有所感觸, 惻愴心眼; 若在從容平常之地, 幸須申其情耳. 必不可避, 亦當忍之; 猶如伯叔兄弟, 酷類先人, 可得終身腸斷, 與之絶耶? 又:「臨文不諱, 廟中不諱, 君所無私諱.」益知聞名, 須有消息, 不必期於顚沛而走也. 梁世謝擧, 甚有聲譽, 聞諱必哭, 爲世所譏. 又有臧逢世, 臧嚴之子也, 篤學修行, 不墜門風, 孝元經牧江州, 遣往建昌督事, 那縣民庶, 競修箋書, 朝夕輻輳, 几案盈積, 書有稱「嚴寒」者, 必對之流涕, 不省取記, 多廢公事, 物情怨駭, 竟以不辦而退. 此並過事也.

【見似目瞿】親喪이 끝난 후, 길에서 돌아가신 부모와 비슷한 용모를 보거나 이름을 들으면 놀라워함을 뜻함. 《禮記》雜記에 「免喪之外, 行於道路, 見似目瞿, 聞名心瞿」라 함.
【臨文不諱】아래의 내용과 같은 3가지 경우에는 부모의 이름을 피휘(避諱)하지 않음. 《禮記》曲禮(上)에 「君所無私諱」라 하였고, 鄭玄의 注에 「臣言諱君前, 不避家諱, 尊無二也」라 하였음. 그리고 역시 같은 곳 「臨文不諱」의 정현 주에는 「爲其失事正」이라 하였고, 「廟中不諱」에는 정현 주에 「有事於高祖, 則不諱曾祖以下, 尊無二也. 於下則諱上」이라 하였음.
【謝擧】南朝 梁나라 때 인물로 자는 言楊. 《梁書》謝擧傳 참조.

【臧逢世】臧嚴의 아들. 그러나《梁書》文學傳에 臧嚴은 실려 있으나 그 아들에
  대한 언급은 없음.
【孝元】梁元帝 蕭繹을 가리킴. 자는 世誠. 어릴 때의 자는 七符, 世祖(衍)의
  일곱째 아들.《梁書》元帝紀 참조.
【江州】지금의 江西省 九江縣.
【逢昌】지명. 지금의 湖南省 辰溪縣. 梁나라 때 縣을 설치했던 곳.

039 (6-3) 피휘避諱는 실정에 맞게 하라

근래 양도揚都의 어떤 선비는 심審자를 휘하였다. 그래서 같은 음인 심씨沈氏와 사귐이 아주 두터웠다. 그 심씨 친구는 그에게 편지를 보낼 때에는 이름만 쓰고 성씨는 쓰지 않았다. 이는 인정人情에 어긋난 것이다.

近在揚都, 有一士人諱審, 而與沈氏交結周厚, 沈與其書, 名而 不姓, 此非人情也.

【揚都】 揚州의 江都郡. 지금의 江蘇省 江都縣.

040
(6-4) 피휘로 바뀐 명칭들

무릇 피휘避諱라 하는 것은 모두가 모름지기 같은 뜻을 가진 글자로 이름을 바꾸는 것이다. 환공桓公의 이름이 백白이다. 그래서 박희博戱에서 오백五白을 오호五皓라 부르게 되었고, 여왕厲王의 이름이 장長이었기에 거문고琴에서 장단長短을 수단修短이라는 명목名目이 있는 것이다. 그러나 포백布帛을 포호布皓라 하거나 신장腎腸을 신수腎修라 부르는 경우는 듣지 못하였다. 양梁 무제武帝의 어릴 때 이름은 아련阿練이었다. 이 때문에 자손들은 모두 련練을 견絹이라 불러 소련물銷鍊物을 소견물銷絹物이라 하였으니, 그 뜻을 잘못되게 하는 것이 아닌가 한다. 혹 어떤 이는 운雲자를 휘하여 분운紛紜을 분연紛煙이라 하고, 또는 동桐자를 휘하여 오동수梧桐樹를 백철수白鐵樹라 하니, 이는 곧 우스개 놀이와 같을 뿐이다.

凡避諱者, 皆須得其同訓以代換之: 桓公名白, 博有五皓之稱; 厲王名長, 琴有修短之目. 不聞謂布帛爲布皓, 呼腎腸爲腎修也. 梁武小名阿練, 子孫皆呼練爲絹; 乃謂銷鍊物爲銷絹物, 恐乖其義. 或有諱雲者, 呼紛紜爲紛煙; 有諱桐者, 呼梧桐樹爲白鐵樹, 便似戱笑耳.

【桓公】春秋五霸의 首長의 齊桓公, 이름이 小白이었음.

【五皓】바둑(장기)의 기구 이름이라고 함. 梟, 盧, 雉, 犢, 塞 5종류가 있다 함.
　원래는「五白」이라 불렀음.

【梁武帝】《梁書》武帝紀에「高祖武皇帝諱衍, 學叔達, 小學練兒」라 함.

041
(6-5) 자녀를 개, 돼지로 부르지 말라

주공周公은 그 아들 이름을 금禽이라 하였고, 공자孔子는 아들 이름을 이鯉라 하되, 이는 부모형제와 연계되지 않고 그 자신에게 그치고 마는 것으로, 금하지 않아도 저절로 된다. 그러나 위후衛侯·위공자魏公子·초태자楚太子는 이름이 기슬蟣蝨이었다. 그리고 장경長卿은 이름이 견자犬子였고, 왕수王修의 이름은 구자狗子였으니, 이는 위로 그 부모형제에 연관되어 이치로 보아 통용될 수 없다.

주공

옛날 통용되던 바가 지금은 웃음거리가 된다. 북쪽 풍토는 흔히 아이의 이름을 여구驢駒, 돈자豚子라 지으니, 스스로 이름을 말하거나 형제들이 그의 이름 부르는 것을 어찌 견뎌낼 수 있겠는가? 전한前漢 때에 윤옹귀尹翁歸가 있었는데 후한後漢 때에는 정옹귀鄭翁歸가 있었고, 양梁나라 때에는 공옹귀孔翁歸가 있었다. 그리고 고옹총顧翁寵이란 이름도 있었다. 진晉나라 때에는 허사비許思妣, 맹소고孟少孤라는 이름도 있었다. 이와 같은 이름은 마땅히 피해야 할 것이다.

周公名子曰禽, 孔子名兒曰鯉, 止在其身, 自可無禁. 至若衛侯·魏公子·楚太子, 皆名蟣蝨; 長卿名犬子, 王修名狗子, 上有連及, 理未爲通, 古之所行, 今之所笑也. 北土多有名兒爲驢駒·豚子者, 使其自稱及兄弟所名, 亦何忍哉? 前漢有尹翁歸, 後漢有鄭翁歸, 梁家亦有孔翁歸, 又有顧翁寵; 晉代有許思妣·孟少孤: 如此名字, 幸當避之.

【周公】姬旦, 周나라 文王(姬昌)의 아들이며 무왕(姬撥)의 아우. 魯나라에 봉해졌으며 주공의 아들이 伯禽이었음. 禽은 날짐승을 뜻함.《史記》魯周公世家 참조.

【鯉】孔子의 아들. 이름이 鯉였음. 鯉는 잉어를 가리킴.《孔子家語》本姓解 및 《論語》참조.

【魏公子】韓公子의 오기.《史記》韓世家에「襄王十三年, 太子嬰死, 公子咎. 公子蟣蝨 爭爲太子」라 함. 구(咎)는 허물의 뜻. 『蟣蝨』은 '이'를 뜻함.

【長卿】漢나라 때의 유명한 문학가인 司馬相如.《史記》司馬相如傳에「蜀郡成都 人也. 字長卿, 少時好讀書, 學擊劍, 故其親之曰犬子」라 함. 犬子는 개를 빗대어 부른 비속어.

【王修】晉나라 때 王濛의 아들. 字는 敬仁이며 어릴 때 자가 狗子(개를 빗댄 비속어)였음.《晉書》王濛傳 참조.

【尹翁歸】漢나라 때 인물. 자는 子況. 옹귀는 늙어 돌아간다(죽는다)는 뜻.《漢書》尹翁歸傳 참조.

【許思妣】許柳의 아들로 이름은 永.《世說新語》政事篇에 그 이름이 보임. 죽은 어머니를 생각한다는 뜻.

【孟少孤】이름은 陋, 자는 少孤. 어려서 고아가 된다는 뜻.《晉書》孟陋傳 참조.

042
(6-6) 이름을 지어 줄 때는 그의 삶을 생각하라

　　오늘날 사람들의 피휘하는 태도는 옛 사람보다 더욱 급절하게 군다. 무릇 아들에게 이름을 지어 줄 때는 그 후손들 생각도 해야 한다. 나와 친하고 면식이 있는 이들 중에는 양襄, 우友, 동同, 청淸, 화和, 우禹 등의 글자를 피휘하는 이들이 있어, 교류가 소원한 상태에 갑자기 만나게 되면 한 자리에서 1백 번 휘를 범하게 된다. 듣는 자도 고생일 뿐더러 어디 기댈 데도 없다.

　　今人避諱, 更急於古. 凡名子者, 當爲孫地. 吾親識中有諱襄·諱友·諱同·諱淸·諱和·諱禹, 交疏造次, 一座百犯, 聞者辛苦, 無憀賴焉.

【親識】 친구를 뜻함. 六朝 시대의 習用語.
【襄, 友, 同, 淸, 和, 禹】 아주 흔히 쓰이는 글자로, 이를 피하다가는 말이나 글을 이어갈 수 없음을 뜻함.
【憀賴】 의탁함. 믿고 의지함. 雙聲連綿語.

043
(6-7) 훌륭한 선인을 흠모한다고
이름까지 같게 해서야

　옛날 사마장경司馬長卿은 인상여藺相如를 사모하여 그 때문에 이름을 상여相如라 하였고, 고원탄顧元歎은 채옹蔡邕을 흠모하여 이름을 옹雍이라 하였다. 그리고 후한後漢의 주창朱倀은 자를 손경孫卿, 荀子이라 하였고, 허섭許涉은 자를 안회顏回라 하였으며, 양梁나라 때에는 유안영庾晏嬰, 조손등祖孫登이 있어 옛 사람의 성씨조차 이름이나 자로 삼았으니 이역시 비루한 일이다.

　昔司馬長卿慕藺相如, 故名相如, 顧元歎慕蔡邕, 故名雍, 而後漢有朱倀字孫卿, 許涉字顏回, 梁世有庾晏嬰・祖孫登, 連古人姓爲名字, 亦鄙事也.

【相如】司馬相如. 長卿. 앞장 참조.
【藺相如】戰國시대 趙나라의 大夫「完璧」,「刎頸之交」,「兩虎相鬪」등의 고사를 남긴 인물.《史記》廉頗藺相如列傳 참조.
【雍】顧元歎은 이름이 雍이었으며 蔡伯喈(蔡邕)에게 학문을 배웠음. 채옹은 이를 아껴「卿必成致, 今以吾名與卿」이라 하였다 함. 邕과 雍은 고대 같은 음. 한편 채옹은 東漢 陳留 사람으로 자는 伯喈이며 문장・천문・점술・회화・음악 등에 두루 통달한 대학자였다. 특히 文字에 밝아 熹平 4년(175) 太學의 문 앞에 『石經(熹平石經)』을 세운 것으로도 유명하다.《後漢書》蔡邕傳 참조.

蔡邕(伯喈)《三才圖會》 　　　　　안자(顔回)《三才圖會》

【朱㝢】 東漢 때 인물.《後漢書》順帝紀에「永建元年二月, 長樂少府九江朱㝢爲
司徒」라 하였고, 주에「朱㝢, 字孫卿, 壽春人」이라 하였음. 여기서 자가 孫卿은
원래 荀卿으로 전국시대 趙나라 출신의 사상가 荀子(荀況). 荀子를 漢桓帝
劉詢을 피휘하여 孫子으로 바꾼 것임. 荀子의 傳은《史記》孟荀列傳에 실려
있으며, 그의 사상은《荀子》로 전해지고 있음.

【庾晏嬰】 南朝 梁나라 庾仲容의 아들.《梁書》庾仲容傳 참조. 여기서 晏嬰은
晏子(平仲)로 춘추 시대 齊나라의 뛰어난 재상.《史記》管晏列傳에 전이 실려
있으며, 그의 일화와 언론을 모은《晏子春秋》가 전함.

【祖孫登】 南朝 梁·晉 사이의 文士,《南史》文學傳 참조. 한편 孫登은 삼국시대
魏나라 汲郡 출신으로 자는 公和이며, 당시 이름난 隱士였음.《晉書》孫登傳
참조.

044
(6-8)

개, 돼지로 불리는 사람의 심정

　옛날 유문요劉文饒란 사람은 노예에게조차 차마 축산畜産이라 꾸짖지 못하였는데, 지금의 어리석은 사람들은 서로 놀릴 때 이렇게 말하고, 혹 그 이름을 가리켜 돈독豚犢이라 하기도 한다. 식자가 그 곁에서 보면 오히려 귀를 막고 싶을 정도인데 하물며 그 당사자에게 있어서랴?

　昔劉文饒不忍罵奴爲畜産, 今世愚人遂以相戲, 或有指名爲 豚犢者: 有識傍觀, 猶欲掩耳, 況當之者乎?

【劉文饒】《後漢書》劉寬傳에「寬字文饒, 嘗坐客, 遣蒼頭市酒. 迂久大碎而還; 容不堪之, 曰:『畜産!』寬使人親奴, 疑必自殺, 曰:『此人也, 言畜産, 故吾懼其 死也.』」라 하였다.
【畜産】짐승·가축을 들어 꾸짖은 비속어이다.
【豚犢】돼지와 송아지. 가축을 빗대어 부르는 것.

045
(6-9) 백대의 표준이 될 선례

근래 의조議曹에서 함께 모여 백관의 질서와 봉록을 평장平章할 때였다. 어떤 한 현귀顯貴하고 게다가 당세 명신인 자가 그 봉록을 지나치게 후하게 하려는 논의에 혐의를 두었다. 그때 제齊나라 시절 사족士族이었던 한두 사람이 이 사람을 보고 이렇게 말하였다.

"지금 천하가 통일되어 모름지기 이번 결정은 백대百代의 표준이 될 것입니다. 아직도 통일 전 관중關中의 옛 생각에 얽매어 있소? 명공明公께서 정하고자 하는 것은 도주공陶朱公의 큰아들과 같구려!"

서로가 즐겁게 웃었으며, 불쾌하게 여기지는 않았다.

近在議曹, 共平章百官秩祿, 有一顯貴, 當世名臣, 意嫌所議過厚. 齊朝有一兩士族文學之人, 謂此貴曰:「今日天下大同, 須爲百代典式, 豈得尚作關中舊意? 明公定是陶朱公大兒耳!」彼此歡笑, 不以爲嫌.

【議曹】고대 관청, 혹은 직함 이름.
【平章】唐代 이후에 쓰인 官職名.
【陶朱公】春秋 말기 越나라 대부 范蠡를 가리킨다. 그는 越王 句踐을 도와 천신만고 끝에 吳나라를 멸한 후, 즉시 家財를 모아 齊나라 陶땅으로 옮겨갔다. 그리고

스스로를 陶朱公으로 불렀으며 그곳에서 장사를 하여 큰 부자가 되었다. 그 뒤 그의 둘째 아들이 楚나라에서 살인죄를 저질러 갇히게 되었으며 이의 구출을 위해 많은 재물로 초나라 莊生이라는 元老에게 부탁을 하는 과정에서, 활달하고 씀씀이가 큰 막내아들이 적격이라 여겼으나 소심하고 원리원칙에 얽매인 장남이 아버지의 인정을 받고자 나서게 되었다. 결국 둘째 아들은 살아오지 못하였으며, 범려가 그 결과를 예견하고 탄식한 내용이다. 이의 자세한 내용은 《國語》越語(下)에 『反至五湖, 范蠡辭於王曰:「君王勉之, 臣不復入越國矣.」王曰:「不穀疑子之所謂者何也?」對曰:「臣聞之, 爲人臣者, 君憂臣勞, 君辱臣死. 昔者君王辱於會稽, 臣所以不死者, 爲此事也. 今事已濟矣, 蠡請從會稽之罰.」王曰:「所不掩子之惡, 揚子之美者, 使其身無終沒於越國. 子聽吳言, 與子分國; 不聽吾言, 身死, 妻子爲戮.」范蠡對曰:「臣聞命矣. 君行制, 臣行意.」遂乘輕舟以浮於五湖, 莫知其所終極. 王命工以良金寫范蠡之狀而朝禮之, 浹日而令大夫朝之, 環會稽三百里者以爲范蠡之, 曰:「後世子孫, 有敢侵蠡之地者, 使無終沒於越國, 皇天后土. 四鄉地主正之.」』라 하였고,《史記》越王句踐世家에『范蠡遂去, 自齊遺大夫種書曰:「蜚鳥盡, 良弓藏; 狡免死, 走狗烹. 越王爲人長頸鳥喙, 可與共患難, 不可與共樂. 子何不去?」種見書, 稱病不朝. 人或讒種且作亂, 越王乃賜種劍曰:「子教寡人伐吳七術, 寡人用其三而敗吳, 其四在子, 子爲我從先王試之.」種遂自殺. 范蠡事越王句踐, 旣苦身勠力, 與句踐深謀二十餘年, 竟滅吳, 報會稽之恥, 北渡兵於淮以臨齊·晉, 號令中國, 以尊周室, 句踐以霸, 而范蠡稱上將軍. 還反國, 范蠡以爲大名之下, 難以久居, 且句踐爲人可與同患, 難與處安, 爲書辭句踐曰:「臣聞主憂臣勞, 主辱臣死. 昔者君王辱於會稽, 所以不死, 爲此事也. 今旣以雪恥, 臣請從會稽之誅.」句踐曰:「孤將與子分國而有之. 不然, 將加誅于子.」范蠡曰:「君行令, 臣行意.」乃裝其輕寶珠玉, 自與其私徒屬乘舟浮海以行, 終不反. 於是句踐表會稽山以爲范蠡奉邑. ……范蠡浮海出齊, 變姓名, 自謂鴟夷子皮, 耕于海畔, 苦身戮力, 父子治産. 居無幾何, 致産數十萬. 齊人聞其賢, 以爲相. 范蠡喟然嘆曰:「居家則致千金, 居官則至卿相, 此布衣之極也. 久受尊名, 不祥.」乃歸相印, 盡散其財, 以分與知友鄉黨, 而懷其重寶, 閒行以去, 止于陶, 以爲此天下之中, 交易有無之路通, 爲生可以致富矣. 於是自謂陶朱公. 復約要父子耕畜, 廢居, 候時轉物, 逐什一之利. 居無何, 則致貲累巨萬. 天下稱陶朱公. 朱公居陶, 生少子. 少子及壯, 而朱公中男殺人, 囚於楚. 朱公曰:「殺人而死, 職也. 然吾聞千金之子不死於市.」告其少子往視之. 乃裝黃金千溢, 置褐器中, 載以一牛車. 且遣其少子, 朱公長男固請欲行,

朱公不聽. 長男曰:「家有長子曰家督, 今弟有罪, 大人不遣, 乃遣少弟, 是吾不肖.」
欲自殺. 其母爲言曰:「今遣少子, 未必能生中子也, 而先空亡長男, 奈何?」朱公
不得已而遣長子, 爲一封書遺故所善莊生. 曰:「至則進千金于莊生所, 聽其所爲,
愼無與爭事.」長男旣行, 亦自私齎數百金. 至楚, 莊生家負郭, 披藜藋到門, 居甚貧.
然長男發書進千金, 如其父言. 莊生曰:「可疾去矣, 愼毋留! 卽弟出, 勿問所以然.」
長男旣去, 不過莊生而私留, 以其私齎獻遺楚國貴人用事者. 莊生雖居窮閻, 然以
廉直聞於國, 自楚王以下皆師尊之. 及朱公進金, 非有意受也, 欲以成事後復歸之
以爲信耳. 故金至, 謂其婦曰:「此朱公之金. 有如病不宿誡, 後復歸, 勿動.」而朱公
長男不知其意, 以爲殊無短長也. 莊生閒時入見楚王, 言「某星宿某, 此則害於楚」.
楚王素信莊生, 曰:「今爲奈何?」莊生曰:「獨以德爲可以除之.」楚王曰:「生休矣,
寡人將行之.」王乃使使者封三錢之府. 楚貴人驚告朱公長男曰:「王且赦.」曰:「何
以也?」曰:「每王且赦, 常封三錢之府. 昨暮王使使封之.」朱公長男以爲赦, 弟固當
出, 重千金虛棄莊生, 無所爲也, 乃復見莊生. 莊生驚曰:「若不去邪?」長男曰:
「固未也. 初爲事弟, 弟今議自赦, 故辭生去.」莊生知其意欲復得其金, 曰:「若自入
室取金.」長男卽自入室取金持去, 獨自歡幸.

莊生羞爲兒子所賣, 乃入見楚王曰:「臣前言某星事, 王言欲以修德報之. 今臣出,
道路皆言陶之富人朱公之子殺人囚楚, 其家多持金錢賂王左右, 故王非能恤楚國
而赦, 乃以朱公子故也.」楚王大怒曰:「寡人雖不德耳, 奈何以朱公之子故而施
惠乎!」令論殺朱公子, 明日遂下赦令. 朱公長男竟持其弟喪歸.

至, 其母及邑人盡哀之, 唯朱公獨笑, 曰:「吾固知必殺其弟也! 彼非不愛其弟, 顧有
所不能忍者也. 是少與我俱, 見苦, 爲生難, 故重棄財. 至如少弟者, 生而見我富,
乘堅驅良逐狡兔, 豈知財所從來, 故輕棄之, 非所惜吝. 前日吾所爲欲遣少子, 固爲
其能棄財故也. 而長者不能, 故卒以殺其弟, 事之理也, 無足悲者. 吾日夜固以望其
喪之來也.」故范蠡三徙, 成名於天下, 非苟去而已, 所止必成名. 卒老死于陶, 故世
傳曰陶朱公』이라 하였다.

046
(6-10)

시대에 따라 바뀌는 호칭

　지난날 후패侯霸의 자손들은 그 조부조부를 가공家公이라 불렀고, 진사왕陳思王은 그 아버지를 가부家父로, 그 어머니를 가모家母라 불렀다. 그리고 반니潘尼는 그 할아버지를 가조家祖라 칭하였다. 이처럼 옛사람에게는 통행되던 것이 지금 사람에게 웃음거리가 된다.

　지금 남북의 풍속은 그 할아버지와 양친을 말할 때 가家를 쓰지 않는다. 그러나 궁벽한 농촌의 비천한 사람들에게는 아직도 이러한 말이 남아 있다. 무릇 남과의 대화 중에 자신의 세부世父, 伯父를 말할 때는 그 차례 항렬에 의해 칭하며 가家를 쓰지 않는 것이다. 고모 자매의 딸들은 이미 출가하였으면 그 남편의 성씨를 따라 칭하고, 아직 출가하지 않았다면 그 차례에 따라 칭한다. 이는 다른 족씨에게 예를 이루는 것이므로 가家를 칭할 수 없는 것이기 때문이다. 채옹蔡邕의 문집에는 그 고모와 누이를 가고家姑·가자家姊라 하였고, 반고班固의 문집에도 역시 가손家孫이라 말한 것이 있으나, 지금은 모두 그렇게 부르지 않는다.

　昔侯霸之子孫, 稱其祖父曰家公; 陳思王稱其父爲家父, 母爲家母; 潘尼稱其祖曰家祖: 古人之所行, 今人之所笑也. 今南北風俗, 言其祖及二親, 無云家者; 田里猥人, 方有此言耳. 凡與人言, 言己世父, 以次第稱之, 不云家者, 以尊於父, 不敢家也.

凡言姑姉妹女子子: 已嫁, 則以夫氏稱之; 在室, 則以次第稱之.
言禮成他族, 不得云家也. 子孫不得稱家者, 輕略之也. 蔡邕書集,
呼其姑姉爲家姑家姉; 班固書集, 亦云家孫: 今並不行也.

【侯霸】東漢 때 학자로 자는 君房. 학문을 좋아하였으며 光武帝 때 尙書令을
　　거쳐 大司徒를 지냈고, 關內侯에 봉해졌다. 《後漢書》侯霸傳 참조.
【陳思王】曹植을 가리킴. 三國시대 曹操의 셋째 아들로 자는 子建이며 陳王에
　　봉해졌고 시호가 思이다. 형 曹丕와의 알력으로 고통을 당했으며, 文學에 뛰어난
　　자질이 있었다. 《三國志》魏志, 陳思王植傳 참조.
【潘尼】西晉시대의 문학가. 자는 正叔. 아버지 潘岳과 함께 『兩潘』으로 불렸다.
　　《晉書》潘岳傳 참조.
【世父】伯父를 뜻함.
【蔡邕】자는 伯喈. 043 주 참조.
【班固】東漢 때의 유명한 史學者이며 文學家이다. 자는 孟堅이며 20여 년에
　　걸쳐 최초의 斷代史인 《漢書》를 지었다. 그 외에 〈兩都賦〉·〈幽通賦〉 등의
　　賦 작품이 있으며, 〈典引〉과 〈封燕然山銘〉 등도 유명하다. 《白虎通義》는
　　今古文派의 학술 대립을 白虎觀에서 토론한 내용을 기록한 것으로 學術史에
　　매우 중요한 저술이다. 《後漢書》班固傳 참조.

047
(6-11)

호칭에 오류가 없도록 하라

무릇 남과의 대화 중에 상대의 조부모·세부모世父母, 伯父母·부모·
장고모長姑母를 칭할 때는 모두가 존尊자를 덧붙인다. 그리고 숙부모
叔父母 이하라면 현賢자를 덧붙여 존비의 차등을 둔다. 왕희지王羲之의
글에 상대의 어머니를 칭함에 스스로 자신의 어머니와 같이 부르면서도
존尊자를 쓰지 않았으나, 지금으로 보면 그릇된 것이다.

凡與人言, 稱彼祖父母·世父母·父母及長姑, 皆加尊字, 自叔
父母已下, 則加賢字, 尊卑之差也. 王羲之書, 稱彼之母與自稱
己母同, 不云尊字, 今所非也.

【王羲之】 東晉 때 유명한 서예가.
자는 逸少. 右軍將軍을 지낸 적이
있어 王右軍으로도 불린다. 王導
의 아들이며 초서, 행서, 예서 등
에 뛰어나 『書聖』으로 칭해지며
〈蘭亭集序〉·〈黃庭經〉 등이 유
명하다. 《晉書》 王羲之傳 참조.

王羲之(逸少, 右軍) 《三才圖會》

048
(6-12) 남북의 손님맞이 풍습

　남쪽 사람들은 동지冬至와 세수歲首에 초상집에 가지 않는다. 만약 편지도 보낼 수 없을 경우라면 명절을 쇠고 나서 속대束帶하고 직접 가서 위로의 뜻을 밝힌다.

　북쪽 사람들은 동지나 세수 때에 조문하는 예를 중히 여긴다. 예禮에 글로 기록된 것이 아니라면 나는 이를 찬동하지 않는다. 남쪽 사람들은 손님이 찾아와도 맞이하지 아니하고, 서로 만날 때에도 손을 모으기만 할뿐 읍揖을 하지 않으며, 손님을 보낼 때에도 자리에서 내려올 뿐이다. 북쪽 사람들은 손님을 맞이하고 배웅할 때 모두 대문에까지 이르며 서로 만나면 읍을 한다. 모두가 옛날의 도이다. 나는 맞이하고 읍揖하는 것을 훌륭하다 여긴다.

　南人冬至歲首, 不詣喪家; 若不修書, 則過節束帶以申慰. 北人至歲之日, 重行弔禮; 禮無明文, 則吾不取. 南人賓至不迎, 相見捧手而不揖, 送客下席而已; 北人迎送並至門, 相見則揖, 皆古之道也, 吾善其迎揖.

【歲首】새해의 첫머리. 원단, 설을 뜻함.
【束帶】衣冠束帶, 즉 예의를 갖춤을 뜻함.
【歲至】冬至를 뜻함.

049
(6-13)

호칭의 남북 차이

옛날 왕후王侯는 스스로를 고孤·과寡·불곡不穀이라 불러 이후로부터 비록 공자孔子같은 성사聖師라 해도 문인들과 말을 나눌 때에는 모두가 이름을 칭하였다. 그 뒤 비록 신臣이니 복僕이니 하는 칭호가 있었으나 이를 실행하는 자가 대체로 적었다.

강남江南에서는 경중輕重에 관계없이 각각 부르는 호號가 있어《서의書儀》라는 책에 구체적으로 기록되어 있다. 북쪽 사람들이 흔히 이름을 부르는 것은 바로 옛날의 유풍遺風이다. 나는 그 이름을 칭하는 것이 옳다고 여긴다.

昔者, 王侯自稱孤·寡·不穀, 自玆以降, 雖孔子聖師, 與門人言皆稱名也. 後雖有臣僕之稱, 行者蓋亦寡焉. 江南輕重, 各有謂號, 具諸書儀; 北人多稱名者, 乃古之遺風, 吾善其稱名焉.

【孤·寡·不穀】《老子》39장에 『昔之得一者, 天得一以淸, 地得一以寧, 神得一以靈, 谷得一以盈, 萬物得一以生, 侯王得一以爲天下貞. 其致之. 天無以淸將恐裂, 地無以寧將恐發, 神無以靈將恐歇, 谷無以盈將恐竭, 萬物無以生將恐滅, 侯王無以貴高將恐蹶. 故貴以賤爲本, 高以下爲基. 是以侯王自謂孤·寡·不穀, 此非以賤爲本邪? 非歟? 故至譽無譽. 不欲琭琭如玉, 珞珞如石』라 함. 한편《淮南子》原道訓에「是故貴者必以賤爲號」라 하였고, 注에「貴者, 謂公王侯伯, 稱孤·寡·

不穀, 故曰以賤爲號」라 하였다.

【孔子聖師】《論語》의 여러 곳에 스승으로서의 훌륭한 공자의 모습을 뜻한다.

【書儀】 고대 私家에서 스스로 편찬한 儀禮書들을 뜻한다.

050
(6-14)
사는 곳의 언어와 풍습에 주의하라

　선친을 언급하게 되면 이치로 보아 당연히 감모感慕하게 된다. 그러나 옛 사람이 쉽게 여기던 바가 지금 사람으로서는 어려운 것이 있다.

　강남江南 사람들은 인사에서 제대로 처리되지 못하면 모름지기 문벌을 이야기하며, 반드시 편지로써 하고 얼굴을 맞대고 부탁하는 경우는 드물다.

　북쪽 사람들은 아무런 연고가 없어도 쉽게 말을 걸며, 서로 방문하여 해결한다. 이와 같은 일은 남에게 부담을 주지 않는 것이다. 남이 자신에게 부담을 주면 당장 피해 버린다.

　이름이나 지위가 높지 않으면서 만약 권세 있는 이에게 핍박을 받는다면 참고 쉬운 쪽으로 처리해야 하며, 서둘러 그 일을 끝마치도록 해야 한다. 그리고 번거롭게 일을 중복시켜 조상이나 아비에게 욕이 되도록 하지 말아야 한다. 만약 조부가 이미 죽고 없을 때 대화 속에 반드시 그 조부를 언급해야 한다면 용모를 가다듬고 정숙히 앉아 대문중大門中이라 칭하여야 하며, 세부世父·숙부叔父라면 종형제문중從兄弟門中이라 하여야 하며, 각기 그 존비와 경중으로써 용색容色의 절도를 삼되 모두가 평상시와 달라야 한다. 만약 임금과 이야기 할 때라면 비록 태도에 변화가 있더라도 오히려 망조亡祖·망백亡伯·망숙亡叔이라 말해야 한다. 내가 명사들을 보건대 임금 앞에서 말하면서 자신의 죽은 형이나 아우를 형자문중兄子門中·제자문중弟子門中이라 부르는 자가 있는데 역시 타당하다고 들리지 않는다.

북방의 풍속은 모두가 이렇게 하지 않는다. 태산泰山 사람 양간羊偘은 양梁나라 초기에 남으로 내려왔다. 내가 최근에 업鄴에 갈 일이 있었는데 양간 형의 아들인 양숙羊肅이 나를 찾아왔다. 그가 양간의 근황을 묻는 데에 이르자, 나는 그에게 이렇게 일러 주었다.

"그대 종문중從門中은 양梁나라 때에 이러이러하였다."

그러자 양숙은 "이분은 나의 친제칠망숙親第七亡叔이십니다. 종질從姪 사이가 아닙니다"라 하는 것이었다. 마침 조효징祖孝徵이 곁에 있었다. 그는 강남의 풍속을 먼저 알고 있었다. 이에 양숙에게 이렇게 일러 주었다.

"현종제문중賢從弟門中이란 말을 어찌 알아듣지 못하는가?"

言及先人, 理當感慕, 古者之所易, 今人之所難. 江南人事不獲已, 須言閥閱, 必以文翰, 罕有面論者. 北人無何便爾話說, 及相訪問. 如此之事, 不可加於人也. 人加諸己, 則當避之. 名位未高, 如爲勳貴所逼, 隱忍方便, 速報取了; 勿使煩重, 感辱祖父. 若沒, 言須及者, 則斂容肅坐, 稱大門中, 世父·叔父則稱從兄弟門中, 兄弟則稱亡者子某門中, 各以其尊卑輕重爲容色之節, 皆變於常. 若與君言, 雖變於色, 猶云亡祖亡伯亡叔也. 吾見名士, 亦有呼其亡兄弟爲兄子弟子門中者, 亦未爲安貼也. 北土風俗, 都不行此. 太山羊偘, 梁初入南; 吾近至鄴, 其兄子肅訪偘委曲, 吾答之云: 「卿從門中在梁, 如此如此.」肅曰: 「是我親第七亡叔, 非從也.」祖孝徵在坐, 先知江南風俗, 乃謂之云: 「賢從弟門中, 何故不解?」

【閥閱】 고대 고관귀족이 자신의 집 기둥에 조상이나 자신들의 공적을 써서
붙이는 것. 뒤에 귀한 門閥의 뜻으로 쓰였다.

【文翰】 글, 서찰. 公文書 등을 총칭하는 말.

【羊偘】 羊侃, 자는 祖忻, 널리 공부하여 《左氏春秋》, 《孫吳兵法》에 능하였음.
《梁書》 羊侃傳 참조.

【鄴】 지명, 춘추시대 齊나라 읍. 지금의 河南城 臨漳縣.

【肅】 양간의 조카. 양간의 형은 羊深이며 자는 文淵. 羊祉의 아들이며 羊州刺史를
지냄. 양심의 아들은 羊肅으로 武定 말년에 儀同開府東閤祭酒를 지냄. 《魏書》
羊深傳 참조.

【祖孝徵】 이름은 珽이며 字는 孝徵. 北齊 때의 인물. 《北齊書》 祖珽傳 참조.

051
(6-15) 질姪의 호칭

옛 사람들은 모두가 백부伯父, 숙부叔父라 칭하였으나, 지금 세대에는 흔히 단칭單稱으로 그저 백백, 숙叔이라 부른다. 종부從父의 형제·자매가 이미 그 어버이가 돌아가신 뒤라면 그 면전에서 대할 때 그 어머니를 백모伯母·숙모叔母라 부르게 된다. 이는 불가피해서 그런 것이다. 형제의 아이들이 이미 그 어머니가 돌아가신 뒤라면 남과 이야기할 때 고아가 된 자의 면전에서 형자兄子, 제자弟子라 하는 것은 자못 차마 그럴 수 없다.

북쪽에서는 흔히 질姪이라 부른다. 《이아爾雅》와 《상복경喪服經》·《좌전左傳》을 상고해 보건대 질姪은 비록 남녀가 함께 쓰는 것이지만 모두가 고모가 부를 때 쓰는 칭호이다.

진晉나라 이래로 비로소 숙질叔姪이란 칭호가 시작되었다. 지금 질姪이라 부르는 것은 이치로 보아 타당한 것이다.

古人皆呼伯父叔父, 而今世多單呼伯叔. 從父兄弟姊妹已孤, 而對其前, 呼其母爲伯叔母, 此不可避者也. 兄弟之子已孤, 與他人言, 對孤者前, 呼爲兄子弟子, 頗爲不忍; 北土人多呼爲姪. 案:《爾雅》·《喪服經》·《左傳》, 姪雖名通男女, 並是對姑之稱. 晉世已來, 始呼叔姪; 今呼爲姪, 於理爲勝也.

【姪雖名通男女】《爾雅》釋親에「女子稱兄弟之子爲姪」라 하였고,《儀禮》喪服
子夏傳에「姪者何也? 謂吾姑者, 吾謂之姪」이라 하였다.

052
(6-16) 북방은 이별을 대수롭게 여기지 않는다

사람이란 헤어지기는 쉬워도 만나기는 어렵다. 그래서 옛 사람들은 이를 중히 여겼다. 강남 사람들의 전송錢送에는 눈물을 흘리며 이별을 나눈다.

어떤 왕자후王子侯 중에 양梁 무제武帝의 아우가 동군東郡으로 출임出任하게 되어 무제와 이별하게 되었다.

무제가 "이미 나이가 많은데 너와 헤어지게 되니 심히 안타깝도다"라 하며 눈물을 흘렸다.

그런데 왕자후는 눈물을 흘리지 못하고 얼굴만 붉힌 채 떠났다.

양 무제 《三才圖會》

그는 이 일로 질책을 받아 배를 타고 내리지 못한 채, 1백여 일을 묶였다가 끝내 임지로 가지 못하였다.

북쪽 사람들의 풍속은 이별을 대수롭게 여기지 않는다. 서로 헤어지게 되면 이별의 말을 나누고는 웃으면서 머리를 돌린다. 그러나 사람의 성품에는 눈물이 적게 나오는 자가 있다. 창자가 비록 끊어질 듯해도 눈으로는 오히려 태연할 수가 있다. 이러한 사람에게 억지로 눈물을 책임지우는 것은 옳지 못하다.

別易會難, 古人所重; 江南餞送, 下泣言離. 有王子侯, 梁武帝弟,
出爲東郡, 與武帝別, 帝曰:「我年已老, 與汝分張, 甚以惻愴.」
數行淚下. 侯遂密雲, 赧然而出. 坐此被責, 飄飄舟渚, 一百許日,
卒不得去. 北間風俗, 不屑此事, 岐路言離, 歡笑分首. 然人性自
有少涕淚者, 腸雖欲絶, 目猶爛然; 如此之人, 不可强責.

【王子侯】皇帝의 宗室·列侯를 뜻함.
【東郡】建康(지금의 南京市)以東을 관할하던 군, 吳郡·會稽郡 등을 가리킴.
【密雲】눈물을 흘리지 않음을 뜻함.《周易》小畜에 「密雲不雨」라 하여 구름만
　가득하고 비는 내리지 않듯, 눈물을 흘리고자 하나 흘리지 못함을 비유함.
【赧然】부끄러워 얼굴이 붉어짐.
【分首】이별을 뜻함. 沈約의 〈襄陽白銅鞮詩〉에 『分首桃林岸, 送別峴山頭』라 함.

053
(6-17)

외조부, 외조모의 호칭

무릇 친속에 대한 명칭은 모두가 분식粉飾이 있어야 하지만 남용해서는 안 된다. 풍교風敎가 없는 자는 그 조부모가 돌아가 자신이 고孤가 되었는데 외조부, 외조모를 조부, 조모와 똑같이 불러 사람으로 하여금 귀에 거슬리게 하는 경우가 있다.

비록 외조부, 외조모의 얼굴 앞이라 해도 모두가 마땅히 외外자는 덧붙여 구별하여야 한다. 부모의 세부世父, 伯父, 숙부叔父는 모두가 그 차례 항렬에 따라 구별해야 하며, 부모의 여러 종세모, 종세부, 종숙부, 종숙모 및 종조부, 종조모도 모두가 의당 그 작위爵位나 성씨 같은 것은 덧붙여서 이를 구별하여야 한다.

하북河北의 사인士人들은 모두가 외조부, 외조모를 가공家公, 가모家母라 부르며, 강남江南의 편벽한 농촌에서도 역시 이렇게 부른다. 그러나 가家를 외外로 바꾸어야 하는데 왜 그렇게 되었는지 나는 알지 못하겠다.

凡親屬名稱, 皆須粉墨, 不可濫也. 無風敎者, 其父已孤, 呼外祖父母與祖父母同, 使人爲其不喜聞也. 雖質於面, 皆當加外以別之; 父母之世叔父, 皆當加其次第以別之; 父母之世叔母, 皆當加其姓以別之; 父母之輩從世叔父母及從祖父母, 皆當加

其爵位若姓以別之. 河北士人, 皆呼外祖父母爲家公家母; 江南田里間亦言之. 以家代外, 非吾所識.

【粉墨】 문장을 수식함을 뜻함.
【風敎】 風俗敎化를 뜻함.

054
(6-18)

족인族人이라는 호칭

　무릇 종친宗親의 세수世數에는 종부, 종조, 족조가 있다. 강남의 풍속은 이로부터 오랜 시간이 지나면 관직이 높은 선조는 통칭하여 존조尊祖라 한다. 소목昭穆의 경우에는 비록 1백 세대가 지났어도 그대로 형제라 하며, 만약 남에게 자신의 종족을 칭할 때에는 모두가 족인族人이라 소개한다. 하북의 사인들은 비록 30, 20세대가 지나도 오히려 종백, 종숙이라 부른다.

　양梁 무제武帝가 일찍이 중원中原 출신의 어떤 사인에게 "그대는 북쪽 사람인데 어찌하여 족인族人이라는 말을 모르는가?"라 물었다. 그는 이렇게 대답하였다.

　"골육 사이도 쉽게 멀어지니 차마 족인이란 말을 쓰지 못합니다."

　때맞추어 민첩하게 대답을 하였다고는 여길 수 있으나, 예禮에 있어서는 통할 수 없는 일이다.

　凡宗親世數, 有從父, 有從祖, 有族祖. 江南風俗, 自玆已往, 高秩者, 通呼爲尊, 同昭穆者, 雖百世猶稱兄弟; 若對他人稱之, 皆云族人. 河北士人, 雖三二十世, 猶呼爲從伯從叔. 梁武帝嘗問一中土人曰:「卿北人, 何故不知有族?」答云:「骨肉易疎, 不忍言族耳.」當時雖爲敏對, 於禮未通.

【從父】伯父를 가리킴. 혹은 父親의 형제들을 부르는 말.

【族祖】《儀禮》喪服 小功服에「族祖父母」라 하였고, 그 注에「族祖父者, 亦高祖
之孫」라 함. 그 疏에는「族祖父母者, 己之祖父從父昆弟也」라 함.

【秩】관직, 관직의 지위.

【昭穆】같은 조상을 두고 있음을 뜻함. 고대 宗廟 제도에 太祖의 사당을 가운데로
하고, 父를 그 왼쪽에 하여 昭라 부르며, 子의 사당을 오른쪽에 하여 穆이라
불렀음.《禮記》王制篇 참조.

【中土人】夏侯亶을 가리킴. 자는 世龍. 夏侯詳의 아들로 文史에 뛰어났었음.
《梁書》夏侯亶傳 참조.

055
(6-19) 장인丈人의 명칭 유래

내 일찍이 주홍양周弘讓에게 물었다.

"부모의 중외中外 자매를 어떻게 칭합니까?"

그러자 주홍양은 이렇게 대답하였다.

"역시 장인丈人이라 부르지요."

자고로 장인이라는 칭호는 부녀자에게 쓰는 경우는 보지 못하였다. 나의 친외사촌 댁의 항렬에 아버지와 같은 자가 있으면 이는 모성某姓의 고모라 부르고, 어머니와 같은 항렬은 모성某姓의 이모라 부른다. 중외中外 장인의 부인은 세속에 장모丈母라 부르며, 사대부의 아내일 경우 이를 왕모王母, 사모謝母라 부른다.

그런데 《육기집陸機集》에는 〈여장사고모서與長沙顧母書〉라는 글이 있는데, 여기서의 고모顧母는 종숙모從叔母, 堂叔母로써 지금은 통용되지 않는 명칭이다.

吾嘗問周弘讓曰:「父母中外姊妹, 何以稱之?」周曰:「亦呼爲丈人.」自古未見丈人之稱施於婦人也. 吾親表所行, 若父屬者, 爲某姓姑; 母屬者, 爲某姓姨. 中外丈人之婦, 猥俗呼爲丈母, 士大夫謂之王母·謝母云. 而《陸機集》有〈與長沙顧母書〉, 乃其從叔母也, 今所不行.

【周弘讓】 周弘正의 아우. 博學多知 하였음. 《陳書》 周弘正傳 참조.
【陸機】 자는 士衡. 晉나라 때 유명한 文人. 〈文賦〉·〈登樓賦〉 등이 유명함. 그의
〈與顧母書〉는 지금 전하지 않음. 《晉書》 陸機傳 참조.

056
(6-20)

복야僕射와 공公

　제齊나라 관리들은 모두가 조복야祖僕射를 조공祖公이라 불러 그에 관련 일에 전혀 꺼려함을 두지 않았다. 이에 대면하여 서로 놀리는 경우가 생긴 것이다.

　齊朝士子, 皆呼祖僕射爲祖公, 全不嫌有所涉也, 乃有對面以相戲者.

【趙僕射】祖珽을 가리킴. 복야(僕射)는 관직 이름.《北齊書》後主紀에「武平三年二月, 以左僕唐邕爲尙書令, 侍中祖珽爲左僕射」라 함.

057
(6-21)

이름과 자字

옛날에는 이름은 그 사람의 몸을 바로 지칭하는 것이요, 자字는 그 사람의 덕을 드러내는 것으로, 이름은 그 사람이 죽고 나면 이름을 휘하였으나, 자는 이에 그 자손의 성씨로도 쓸 수 있었다.

공자孔子의 제자들이 기록을 한 것에 모두가 공자는 중니仲尼라 썼으며 여후呂后가 황후가 되기 전에는 일찍이 고조高祖를 계季라 자를 불렀다. 한漢나라에 이르러 원종爰種은 그 숙부의 자를 사絲라 불렀고, 왕단王丹과 후패侯霸의 아들이 이야기를 나눌 때면 후패를 군방君房이라고 자를 불렀다.

강남에서는 지금에 이르도록 자를 휘하지 않는다. 그러나 하북河北의 사인士人들은 완전히 이를 변별하지 않고 모두 휘한다. 이름 대신 자字로도 부르되 다만 자는 언제나 자를 부른다.

상서尚書 벼슬을 지낸 왕원경王元景의 형제는 모두가 이름이 널리 알려진 인물이다. 그 아버지 이름은 운雲이요, 자는 나한羅漢이었다. 그런데 한결같이 이름과 자를 모두 휘하였다. 그러니 그 나머지 일반 사람은 괴이히 여길 바가 아니다.

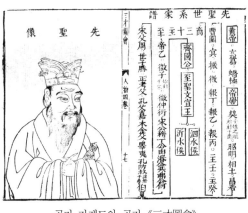

공자 가계도와 공자 《三才圖會》

古者, 名以正體, 字以表德, 名終則諱之, 字乃可以爲孫氏. 孔子
弟子記事者, 皆稱仲尼; 呂后微時, 嘗字高祖爲季; 至漢爰種,
字其叔父曰絲; 王丹與侯霸子語, 字霸爲君房; 江南至今不諱
字也. 河北士人全不辨之, 名亦呼爲字, 字固呼爲字. 尙書王元
景兄弟, 皆號名人, 其父名雲, 字羅漢, 一皆諱之, 其餘不足怪也.

【季】 漢高祖 劉邦의 字. 그의 처 呂氏는 유방의 자를 불렀음.《史記》高祖本紀
　　참조.
【爰】 爰盎을 가리킴. 원앙의 자는 絲였으며 그의 조카가 爰種이었음. 원앙이
　　齊相이었다가 다시 吳相으로 직책을 옮겨가자 조카 원종이 「吳王驕縱日久,
　　國多姦佞, 令絲欲要嚴加治理, 他若不上書告發爾, 卽將以利劍刺殺爾」라 하여
　　원앙의 字인 絲를 칭함.《漢書》爰盎傳 참조.
【王丹】 자는 仲回, 王丹과 侯霸의 交游 거절에 관한 고사는《後漢書》王丹傳에
　　실려 있음.
【王元景】 이름은 昕, 자는 元景,《北齊書》王昕傳 참조.

《史記》歸有光, 方苞 교정의 淸刻本

058
(6-22) 오복五服에서의 호號와 곡哭

《예기禮記》 간전閒傳에는 이렇게 기록되어 있다.

"참최斬縗의 곡은 마치 떠나서 다시 돌아올 수 없을 듯이 애절히 하고, 자최齊縗의 곡은 떠나되 다시 돌아올 수 있을 정도로만 한다. 대공大功의 곡은 세 번을 꺾어 여음을 남기고, 소공小功과 시마緦麻 때에는 슬퍼하는 모습으로도 가하다. 이것이 애통함이 성음聲音에서 발發하는 방식이다."

《효경孝經》에는 "곡하되 여음을 남기지 않는다"라 하였다. 이는 모두가 곡에도 경중과 질문質文의 서로 다른 소리가 있음을 논한 것이다.

예에는 곡하면서 말도 하는 것을 호號라 한다. 그렇다면 곡에는 역시 말이 있는 것이다.

강남의 상곡喪哭에는 때때로 애소哀訴하는 말을 한다. 그리고 산동山東에서는 중상重喪일 때면 오직 창천蒼天을 부르짖으며, 기공期功 이하는 오직 통심痛深한 소리만 낼 뿐이다. 이것이 호號하되 곡하지는 않는다라는 것이다.

《禮》閒傳云:「斬縗之哭, 若往而不反; 齊縗之哭, 若往而反; 大功之哭, 三曲而偯; 小功緦麻, 哀容可也, 此哀之發於聲音也.」 《孝經》云:「哭不偯.」 皆論哭有輕重質文之聲也. 禮以哭有言

者爲號; 然則哭亦有辭也. 江南喪哭, 時有哀訴之言耳; 山東重喪, 則唯呼蒼天, 期功以下, 則唯呼痛深, 便是號而不哭.

【閒傳】《禮記》의 편명. 『間傳』으로도 씀. 鄭玄의 注에 「名間傳者, 以其記喪服 之間, 輕重所宜也」라 함.

【斬縗】고대 다섯 종류의 喪服 중에 가장 무거운 것. 斬은 옷깃을 꿰매지 않은 것. 縗는 衰로도 쓰며 상복의 웃옷. 至親의 죽음을 애통히 여겨 입는 것. 자녀의 부모상·며느리의 시부모상·적장손의 조부모상·처의 남편상에 입으며 3년을 기한으로 삼음.

【齊縗】'자최'로 읽음. 五服 중 두 번째의 상복. 거친 삼베로 만들며 옷깃을 나란히 꿰맴. 1년을 기한으로 삼는 喪에 입음.

【大功】喪服 명칭. 熟麻로 만들며 9개월을 기한으로 하는 喪에 입음.

【小功】상복 이름. 5개월을 기한으로 하는 喪에 입음.

【緦麻】역시 상복 이름으로 五服 중 가장 가벼운 喪에 입음. 3개월을 기한으로 하는 喪에 입음.

【質文】본질과 형식.

【山東】지금의 河北 지역. 고대 太行山·恒山의 동쪽지역을 山東이라 불렀음.

《孝經》 십삼경주소본

059
(6-23) 문상을 가지 못할 경우

　강남江南에서는 무릇 중상重喪을 당하였을 때 서로 아는 사이이고, 같은 성읍에 살기까지 하면서 사흘 안에 조문을 오지 않으면 절교한다. 상이 끝나고 나서 비록 길에서 만나도 이를 피해 버리며 자신을 불쌍히 여기지 않았음을 원망한다.

　만약 사정이 있거나 길이 멀어 문상하지 못할 경우, 편지로 보내는 것은 가하다. 편지까지 없으면 역시 그와 같이 된다.

　북쪽의 풍속은 그렇지 않다. 강남에서는 조문하는 자는 주인 이외의 알지 못하는 자에게는 악수하지 않는다. 아는 사람의 경복輕服이 있음을 알기는 하나 그 상주를 모른다면 그 장소에까지 모여서 조문하지는 않는다. 다만 뒷날 명함을 그 집에 보낸다.

　江南凡遭重喪, 若相知者, 同在城邑, 三日不弔則絶之; 除喪, 雖相遇則避之, 怨其不己憫也. 有故及道遙者, 致書可也; 無書亦如之. 北俗則不爾. 江南凡弔者, 主人之外, 不識者不執手; 識輕服而不識主人, 則不於會所而弔, 他日修名詣其家.

【重喪】부모의 喪, 혹은 조부모 등 집안의 親喪을 뜻함.
【爾】'이와 같음'을 나타낸 말.

060
(6-24) 내 삶이 아깝다고 울지 않으랴

《음양설陰陽說》에 "진일辰日에 상이 나면 수묘水墓가 되며, 다시 토묘土墓
가 된다. 그러므로 곡哭해서는 안 된다"라 하였고, 왕충王充의《논형論衡》
에는 "진일에는 곡하지 않는다. 곡하면 거듭 상을 당한다"라 하였다.
그래서 지금 배우지 못한 자는 진일에 상이 나면 경중輕重을 묻지 않고,
온 집안을 조용히 하여 감히 울음소리를 내지 않고 조문객조차 사절
한다.

도서道書에는 다시 이렇게 말하였다.

"그믐날 노래하거나 초하룻날 곡하는 것은 모두 죄에 해당한다.
하늘이 그의 수명을 빼앗을 것이다."

상을 당한 집의 초하루, 보름이면 슬픈 감정이 더욱 깊어진다. 어찌
수명이 아깝다고 울지 않을 수 있겠는가? 이 역시 사리에 맞지 않는
것이다.

《陰陽說》云:「辰爲水墓, 又爲土墓, 故不得哭.」王充《論衡》
云:「辰日不哭, 哭則重喪.」今無教者, 辰日有喪, 不問輕重,
擧家淸謐, 不敢發聲, 以辭弔客. 道書又曰:「晦歌朔哭, 皆當有罪,
天奪其算.」喪家朔望, 哀感彌深, 寧當惜壽, 又不哭也? 亦不諭.

【辰爲水墓】陰陽家의 학설. 趙曦明의 주에「水土俱長生於申, 故墓俱在辰」이라 함.

【王充】《論衡》을 지은 학자. 東漢 때의 뛰어난 학술가로 자는 仲任. 班彪를 스승으로 삼아 經史百家에 박통했으며, 自然論 사상을 발전시켰음.《後漢書》 王充傳 참조.

【道書】道家의 書. 葛洪의《抱朴子》微旨篇에『若乃越井跨竈, 晦歌朔哭, 凡有 一事, 輒是一罪, 隨事輕重, 司命奪其算紀』라 함.

061
(6-25)
조상 귀신이 괴롭힌다는 속설을 믿지 말라

옳지 못한 편방偏傍의 책에 '사람은 죽고 나서 반드시 살던 집에 한 번 찾아온다'라 하였다. 자손들은 겁을 내어 도망하고 숨어, 누구 하나 집에 있으려 하지 않는다. 그리고 기와에 귀신을 그리고 부적을 만들며 여러 가지 압승厭勝을 만들기도 한다. 그리고 상여가 나가는 날에는 문 앞에 불을 피우고 집 밖에 재를 뿌린다. 그리하여 집 안의 귀신을 모두 내쫓으며 전염을 끊어달라 귀신에게 글을 올린다.

물론 이와 같은 여러 가지 일은 인정에도 가깝지 않을뿐더러 유학의 정통에도 죄를 짓는 사람의 짓이다. 탄핵과 의논을 거쳐 마땅히 제재를 가해야 할 것이다.

偏傍之書, 死有歸殺. 子孫逃竄, 莫肯在家; 畫瓦書符, 作諸厭勝; 喪出之日, 門前然火, 戶外列灰. 祓送家鬼, 章斷注連: 凡如此比, 不近有情, 乃儒雅之罪人, 彈議所當加也.

【偏傍之書】正書가 아님을 뜻함.
【厭勝】呪術로써 사람을 제압하여 굴복시킴.《漢書》王莽傳(下)에「威斗者, 以五石銅爲之, 若北斗, 長二尺五寸, 欲以厭勝衆兵」이라 함.
【戶外列灰】귀신이 들어오지 못하도록 문 밖에 재를 뿌림.《藝文類聚》86에 「莊子: 揷桃枝語戶, 連灰其下, 童子入不畏, 而鬼畏之. 是鬼智不如童子也」라 함.

062
(6-26) 부모 중 남은 한 분을 모실 때

부모 중에 한 분이 돌아가셔서 홀로 남겨졌을 경우, 세수歲首나 동짓날에 아버지가 없는 경우, 어머니·조부모·세숙부모·고모·형·누이에게 인사할 때는 반드시 읍泣을 해야 한다.

그리고 어머니가 없을 경우, 아버지·외조부모·외삼촌·이모·형·누이에게 인사할 때에도 역시 이와 같이 한다. 이것이 사람의 정이다.

己孤, 而履歲及長至之節, 無父, 拜母·祖父母·世叔父母·姑·兄·姊, 則皆泣; 無母, 拜父·外祖父母·舅·姨·兄·姊, 亦如之: 此人情也.

【履歲】일 년의 시작. 元旦을 뜻함.
【長至】冬至.

063
(6-27) 상복을 벗을 때

　강좌江左의 조신朝臣들은 죽고 나서 그 자손들이 상복을 벗을 때 이궁
(二宮, 황제와 태자)에게 알현하면서 모두가 당연히 울고 눈물을 흘렸다.
이궁은 이들을 위해 용모를 고쳐 숙연히 하였다. 그런데 피부색이
자못 충택充澤하고 애감의 태도가 없는 자에 대하여는 양梁 무제武帝는
그 사람됨을 야박하다고 여겨 퇴출시키곤 하였다.
　배정裴政이 상복을 벗게 되어 무제를 뵈러 갔을 때, 수척하고 마르기가
이를 데 없었고 눈물이 뒤범벅이 되어 있었다. 이에 무제는 목례目禮로서
그를 보내며 이렇게 말하였다.
　"그대의 부친 배지례裴之禮는 영원히 살아 계시리라."

　江左朝臣, 子孫初釋服, 朝見二宮, 皆當泣涕; 二宮爲之改容.
頗有膚色充澤, 無哀感者, 梁武薄其爲人, 多被抑退. 裴政出服,
問訊武帝, 貶瘦枯槁, 涕泗滂沱, 武帝目送之曰:「裴之禮不死也.」

【二宮】皇帝와 太子는 말함. 皇帝는 正宮에, 太子는 東宮에 거처함.
【裴政】자는 德表. 裴之禮의 아들로《承聖實錄》10권을 지음.《北史》裴政傳
　참조.
【裴之禮】자는 子義. 裴邃의 아들. 어머니가 죽어 그 효성을 다한 이야기가
　《南史》裴邃傳에 실려 있음.

064
(6-28) 부모가 지내던 재실과 침실

양친이 이미 돌아가시고 난 뒤에는 그 지내던 재실齋室과 침실을 아들이나 며느리가 차마 들어가 살지 못한다. 북조北朝 돈구頓丘의 이구 李構는 어머니가 유씨劉氏였다. 어머니가 돌아가신 후, 어머니가 살던 집을 종신토록 닫아놓고 차마 열고 들어가지 못하였다.

그의 어머니는 남조 송宋나라 때 광주자사廣州刺史를 지낸 유찬劉纂의 손녀였다. 그 때문에 이구는 강남의 풍교를 받았던 것이다.

그의 아버지 이장李奬은 양주자사揚州刺史가 되어 수춘壽春을 진수 하다가 해를 입어 죽고 말았다.

이구가 일찍이 왕송년王松年, 조효징祖孝徵 등 몇 사람과 함께 모여 담연談讌을 하게 되었다. 조효징은 그림을 잘 그렸는데 마침 지필이 있어 인물화를 그려내었다. 잠시 후 사슴꼬리의 좋은 음식이 나와 이를 자르게 되자, 그는 장난삼아 인물화 그림을 잘라 이구에게 보여 주었다. 그러나 별 뜻은 없었다. 그런데 이구가 슬픈 빛으로 얼굴색이 변하더니 곧바로 일어나 말을 타고 가 버리는 것이었다.

앉았던 사람이 모두 놀랐지만 그 이유를 알 수 없었다. 그러나 조효징은 이를 깨닫고, 깊이 반측反側하며 어찌할 바를 몰랐다. 당시 이를 감지한 자는 매우 적었다.

오군吳郡의 육양陸襄은 그 부친 육한陸閑이 사형을 당하자, 종신토록 포의布衣에 거친 밥을 먹으며, 생강이나 채소조차도 절단하여 자른 것은 차마 먹지 못하였다. 집에서도 오직 손으로 뜯거나 딴 것만 부엌에서

끓여 먹었다.

또 강녕江寧의 요자독姚子篤은 어머니가 불에 타죽자 종신토록 구운 고기는 차마 먹지 못하였고, 예장豫章의 웅강熊康은 아버지가 술에 취해 노비에게 살해당하자, 종신토록 다시는 술을 입에 대지 않았다. 그러나 예禮란 인정人情에 인연하는 것이며, 은혜란 의義에 의해서만 좋을 수 있는 것이다. 어버이가 목에 음식이 메어 죽었다고 해서 먹는 것을 끊을 수야 없는 것이다.

二親旣沒, 所居齋寢, 子與婦弗忍入焉. 北朝頓丘李構, 母劉氏, 夫人亡後, 所住之堂, 終身鏁閉, 弗忍開入也. 夫人, 宋廣州刺史 纂之孫女, 故構猶染江南風教. 其父獎, 爲揚州刺史, 鎮壽春, 遇害. 構嘗與王松年・祖孝徵數人同集談讌. 孝徵善畫, 遇有 紙筆, 圖寫爲人. 頃之, 因割鹿尾, 戲截畫人以示構, 而無他意. 構愴然動色, 便起就馬而去. 擧坐驚駭, 莫測其情. 祖君尋悟, 方深反側, 當時罕有能感此者. 吳郡陸襄, 父閑被刑, 襄終身 布衣蔬飯, 雖薑菜有切割, 皆不忍食; 居家惟以掐摘供廚. 江寧 姚子篤, 母以燒死, 終身不忍噉炙. 豫章熊康父以醉而爲奴所殺, 終身不復嘗酒. 然禮緣人情, 恩由義斷, 親以噎死, 亦當不可絶 食也.

【齋寢】 齋室과 침실을 뜻함. 齋室은 독서・휴식・명상・재계하는 학자의 방.
【頓丘】 지명 晉나라 때 頓丘郡을 두었던 곳. 지금의 河北省 淸豐縣.
【李構】 北齊 때의 인물. 字는 祖基. 武邑郡公을 지냄. 《北史》 李崇傳 참조.
【廣州】 지금의 廣東省・廣西壯族自治區 일대, 治所는 番禺(지금의 廣州市)였음.
【壽春】 지금의 安徽省 壽縣.

【反側】 잠을 이루지 못하여 뒤척임을 뜻함. 여기서는 후회하다의 뜻.

【王松年】 北齊 때 王遵業의 아들.《北齊書》王松年傳 참조.

【陸襄】 자는 師卿. 아버지(陸閑)의 참혹한 죽음으로 평생을 고행한 인물.《文苑英華》842에 江總의《梁故度支尙書陸君誄》를 인용하여『君諱襄, 字師卿, 吳人也. ……父閑, 揚州別駕, 齊永元紹际, 蕭遙光謀反伏誅, 閑以州職見害. 子絳, 其日幷命. 忠孝之道, 萃此一門. 襄時年十四, 號毁殆滅, 布衣蔬食, 終於身世』라 하였음.《南史》陸慧曉傳에도 이 일이 기록되어 있음.

【姚子篤】 人名. 구체적으로 알 수 없음. 일부 판본에는 姚子爲로 되어 있음.

【豫章】 揚州에 속한 君. 지금의 江西省 南昌市.

【熊康】 人名. 구체적으로 알 수 없음.

065
(6-29)

부모가 남긴 집기들

《예경禮經》에 이렇게 되어 있다.

"아버지의 쓰던 책이나 어머니가 쓰던 그릇은, 그 손과 입의 유택에 마음이 아파 감히 읽거나 사용하지 못한다."

이는 바로 부모가 평상시 강습하고 고치고 다듬으며 베껴 적어 사용하던 것으로, 흔적이 있어 가히 그리움을 자아내는 것일 따름이다. 만약 일상 쓰던 분전墳典이라거나 생활을 위한 집기들이라면 어찌 모두 폐할 수 있겠는가? 어차피 읽지도 사용하지 않을 것이라면 흩어지거나 사라지지 않도록 의당 이를 묶어 보관하여 후세에 남겨 주면 되는 것이다.

《禮經》: 「父之遺書, 母之杯圈, 感其手口之澤, 不忍讀用.」 政爲常所講習, 讐校繕寫, 及偏加服用, 有迹可思者耳. 若尋常 墳典, 爲生什物, 安可悉廢之乎? 旣不讀用, 無容散逸, 惟當緘保, 以留後世耳.

【禮經】《禮記》玉藻篇에『父命呼, 唯而不諾, 手執業則投之, 食在口則吐之, 走而 不趨. 親老, 出不易方, 復不過時. 親癠色容不盛, 此孝子之疏節也. 父歿而不能讀 父之書, 手澤存焉爾; 母歿而杯圈不能飮焉, 口澤之氣存焉爾』라 하였다.
【甚物】什物과 같음. 일상생활에 쓰이는 什器.
【墳典】고대 三墳五典의 책을 줄인 말로 책과 典籍, 문헌을 총칭하는 말.

066
(6-30) 창자가 끊어진 어린아이

사로思魯 등의 넷째 외숙모는 오군吳郡 장건張建의 딸이다. 그녀의
다섯째 여동생이 세 살 때에 어머니를 잃고 말았다. 당시 영상靈牀
위에 놓인 병풍은 평소 쓰던 옛 물건이었다. 그날 마침 집에 비가
새어 젖게 되자 이를 꺼내어 말리게 되었다. 그 어린 세 살짜리 딸이
이를 보고 영상에 엎드려 눈물을 흘리는 것이었다. 집안 사람들이
그가 끝내 일어나지 않는 것을 괴이히 여겨 다가가 안아 올렸다. 그랬더니
그 자리가 흥건히 젖어 있었고 정신이 상달하여 음식도 먹지 못하는
것이었다. 이에 의원에게 물었더니 진맥을 본 후 "창자가 끊어졌습니다!"
라는 것이었다. 이어서 그 아이는 곧바로 피를 토하고 며칠 만에 죽고
말았다. 안팎이 모두 불쌍히 여겨 비탄해 하지 않은 이가 없었다.

思魯等第四舅母, 親吳郡張建女也, 有第五妹, 三歲喪母. 靈牀
上屏風, 平生舊物, 屋漏沾溼, 出曝曬之, 女子一見, 伏牀流涕.
家人怪其不起, 乃往抱持; 薦席淹漬, 精神傷怛, 不能飲食. 將以
問醫, 醫診脈云:「腸斷矣!」因爾便吐血, 數日而亡. 中外憐之,
莫不悲歎.

【思魯】 顏之推의 長子. 《北齊書》 文苑傳(顏之推) 참조.
【靈牀】 靈座.

067
(6-31) 기일忌日에 삼갈 일들

《예禮》에 이렇게 기록되어 있다.

"기일忌日에는 즐길 일을 하지 않는다."

죽은 이에 대한 감모感慕가 망극하고 슬픔 때문에 애오라지 마음을 쏟을 일이 없기 때문이다. 그 때문에 외빈을 접대하지도 않고 여러 업무를 처리하지도 않는다. 그러나 반드시 능히 슬프고 참담한 마음으로 지내야 한다고 해서 어찌 깊은 방안을 한계로 해야 하는가?

세인은 혹 깊은 방에 단정히 앉아, 도리어 떠들고 웃는 데에 거리낌이 없이 맛있는 음식을 가득 준비하여 재사齋食를 넉넉히 차려 놓고 먹으면서, 급하고 갑작스러운 일이 생기거나 지극히 가까운 친구가 찾아와도 끝내 만나 줄 수 없다고 하니, 이는 아마 예의 본뜻을 모르는 것이리라!

《禮》云:「忌日不樂.」正以感慕罔極, 惻愴無聊, 故不接外賓, 不理衆務耳. 必能悲慘自居, 何限於深藏也? 世人或端坐奧室, 不妨言笑, 盛嘗甘美, 厚供齋食; 迫有急卒, 密戚至交, 盡無相見之理: 蓋不知禮意乎!

【忌日不樂】《禮記》祭義에 「君子有終身之喪, 忌日之謂也」라 함.
【奧室】 깊은 골방.

068
(6-32)

사일社日 행사까지 취소된 예

위魏나라 때 왕수王修의 어머니가 마침 사일社日에 죽었다.

이듬해 사일, 왕수는 어머니를 그리워 애달파하였다. 이웃사람들이 이를 듣고 이를 위해 사일의 행사를 취소해 버렸다.

지금 양친이 돌아가신 날이 우연히 복제伏祭, 납제臘祭, 춘분, 추분, 동지, 하지와 같은 경우 월소회月小晦에는, 기일 당일 이외에는 이러한 날은 경과하면서 오히려 추모의 정으로 다른 날과는 달리 보낸다. 즉 잔치에 참여하지 않고 음악을 듣는 일이나 놀이에도 나서지 않는다.

魏世王修母以社日亡; 來歲社日, 修感念哀甚, 鄰里聞之, 爲之罷社. 今二親喪亡, 偶值伏臘分至之節, 及月小晦後, 忌之外, 所經此日, 猶應感慕, 異於餘辰, 不預飮讌·聞聲樂及行遊也.

【王修】 자는 叔治. 7살에 어머니가 죽자 너무 슬피 울어 마을 社祭를 철회하였다 함. 《三國志》魏書 王修傳 참조.

【社日】 社神에게 제사지내는 날. 立春 후 다섯 번째 戊日에 지내는 것을 春社라 하고, 立秋 후 역시 다섯 번째 戊日에 지내는 것을 秋社라 함.

【伏臘】 伏日과 臘日. 夏至 후 세 번째 庚日부터 10일간으로 初伏·中伏·末伏이 있음. 이때 더위를 물리치기 위해 祭를 지냄. 그리고 음력 12월 8일을 臘日이라 하며, 이 때 지내는 祭를 臘祭라 함.

【分至】分은 春分과 秋分. 至는 夏至와 冬至.

【小晦】음력으로 큰 달(30)의 마지막 날을 晦라 하며, 小晦는 작은 달(29)의
  마지막 날을 뜻함.

069
(6-33)

피휘避諱의 비현실성

유도劉滔·유완劉緩·유수劉綏 삼 형제는 모두가 훌륭한 인물로 널리 알려져 있었으며, 그 아버지의 이름은 유소劉昭였다. 그 때문에 아들들은 일생을 두고 조照자를 쓰지 않고 단지 《이아爾雅》에 의해 「화火」방에 소召를 써서 소炤자를 썼다.

그러나 대체로 문장에는 그 아버지의 휘와 같은 경우라면 범할 수밖에 없으므로 의당 이를 피해야 하는 것이지, 모든 동음이자同音異字를 모두 그렇게 해야 하는 것은 아니다.

유劉자 아랫부분은 소釗로서 소昭의 음과 같다.

그리고 여상呂尙의 아들이라 해서 상上자를 쓸 수 없고, 조일趙壹의 아들이라 해서 일一자를 쓰지 못한다면 이는 곧 글을 쓸 때마다 걸려들어 이런 글은 모두가 피휘에 저촉되고 말 것이다.

劉縚·緩·綏, 兄弟並爲名器, 其父名昭, 一生不爲照字, 惟依 《爾雅》火旁作召耳. 然凡文與正諱相犯, 當自可避; 其有同音 異字, 不可悉然. 劉字之下, 卽有昭音. 呂尙之兒, 如不爲上; 趙壹之子, 儻不作一: 便是下筆卽妨, 是書皆觸也.

【劉綰·劉綏】 모두 劉昭의 아들로 綰는 자가 言明이며 三禮에 능통하였음. 劉綏는 자가 숨度이며 安西湘東王記室을 지냄. 그 다음의 綏자는 연문으로 보고 있음. 한편 劉昭는 자가 宣卿이며 老莊學에 깊었다 함. 그의 저서로는 《集注》180권, 《幼學傳》10권, 《文集》10권 등이 있음. 《梁書》 劉昭傳 참조.

【呂尚】 太公望, 姜子牙를 말함. 《史記》 齊世家 참조.

【趙臺】 자는 元叔, 《後漢書》 趙臺傳 참조.

070
(6-34) 말의 혼동

일찍이 어떤 갑甲이라는 사람이 잔치자리를 마련해 놓고 을乙이라는 사람을 손님으로 맞으려 하였다. 그런데 그 날 아침에 관청에서 을의 아들을 만나 이렇게 물었다.

"존후尊侯께서 어느 때나 우리 집에 오실 수 있겠는가?"

을의 아들은 자신의 아버지는 이미 돌아가셨다고 대답하여 당시의 웃음거리가 되었다. 이러한 사례에 비추어 볼 때 이렇게 저촉되는 경우가 있으니 조심하여 경솔함에 빠져서는 안 된다.

嘗有甲設讌席, 請乙爲賓; 而旦於公庭見乙之子, 問之曰:「尊侯早晚顧宅?」乙子稱其父已往. 時以爲笑. 如此比例, 觸類愼之, 不可陷於輕脫.

【讌席】宴席과 같음.
【已往】'이미 그 잔치에 가셨다'는 뜻인데, '죽다'의 뜻과 重意임을 말한 것.
【觸類】비슷한 사물을 만나게 됨.《周易》繫辭(上)에『觸類而長之』라 하였고, 孔穎達 正義에『謂觸逢事類而增長之, 若觸剛之事類, 以次增長於剛, 若觸柔之事類, 以次增長於柔』라 함.

071
(6-35)

돌잔치 풍속

    강남의 풍속은 아이가 태어나 돌이 되면 새 옷을 해 입히고, 세수와 목욕 그릇 및 장신구를 준비한다. 사내아이라면 활·화살·종이·붓을 준비한다. 그리고 계집아이라면 칼·자·바늘·실을 갖추고, 아울러 음식물과 진귀한 보물·놀잇감을 아이 앞에 차려놓고 그 아이가 무엇을 잡으려 하는가를 보고, 그 아이의 탐貪·염廉·우愚·지智를 헤아리려 한다. 이런 행사를 일러 시아試兒라 한다.

    이날엔 친척과 외사촌들이 모두 모여 잔치를 벌인다. 이로부터 이후에 양친의 살아 계신 때에만 매번 생일날이 오면 술과 음식을 마련하여 이와 같이 할 뿐이다. 그런데 배우지 못한 무리들은 그 아이가 이미 고아가 되었어도 생일이 되면 모두가 이렇게 한바탕 잔치를 벌여 실컷 마시고 노래 부르고 하니, 이는 그 아이가 부모를 그리워 가슴 아픈 바를 알지 못하는 것이다.

    양梁나라 효원제孝元帝는 소년 시절에 매년 8월 6일 자신의 생일날이면 항상 재실齋室에서 글을 읽었다. 그러나 어머니인 완수용阮修容이 죽고 나서는 이것조차 하지 않았다.

    江南風俗, 兒生一期, 爲製新衣, 盥浴裝飾, 男則用弓矢紙筆, 女則刀尺鍼縷, 並加飮食之物, 及珍寶服玩, 置之兒前, 觀其發意所取, 以驗貪廉愚智, 名之爲試兒. 親表聚集, 致讌享焉. 自玆已後,

二親若在, 每至此日, 嘗有酒食之事耳. 無教之徒, 雖已孤露, 其日皆爲供頓, 酣暢聲樂, 不知有所感傷. 梁孝元年少之時, 每八月六日載誕之辰, 常設齋講; 自阮修容薨歿之後, 此事亦絶.

【試兒】 돌 때 여러 가지 물건을 놓고 아이에게 잡도록 하여 장래 희망을 탐지하는 것. 지금은 흔히 '晬盤'이라 한다 함.

【供頓】 친구에게 宴飮을 베푸는 것.

【載誕】 생일을 뜻함. 載는 生과 같음.

【阮修容】 梁武帝(蕭衍)의 妃. 본성은 石氏. 元帝 蕭繹을 낳았음. 《梁書》高祖阮脩容傳 참조. 脩容(脩容)은 원래 女官名. 魏文帝 때부터 두었으며 九嬪의 하나.

〈洗兒圖〉

072
(6-36)

고통스러우면 어머니를 부른다

　사람이 근심이나 병이 있으면, 천지나 부모를 부르짖는 것은 예부터 그래 왔다. 지금 세상에는 피휘 때문에 하는 일마다 이에 절박하게 위배된다. 그런데 강동江東의 사서士庶들은 애통하면 녜禰라 한다. 녜禰는 아버지 사당을 일컫는 말로써 아버지가 살아 계시면 사당을 부르는 것이 용납되지 않는다. 그렇다면 아버지가 돌아가셨다고 해서 어찌 문득 그렇게 부르는 것이 허용되는가?

　《창힐편蒼頡篇》에 효㑶자가 있다. 이를 이렇게 풀이하였다.

　"애통하여 부르짖는 소리이다. 음이 '우죄반羽罪反'(외, 요, 효)이다."

　지금 북방 사람들은 고통스러운 때면 이와 같이 부르짖는다.

　《성류聲類》에는 음이 '우뢰반于耒反'(외)라 하여 지금 남방 사람들 중에 혹 이렇게 부르짖기도 한다. 이 두 가지의 음은 그 향속鄕俗에 따른 것으로 둘 모두 가히 통행될 수 있다.

　人有憂疾, 則呼天地父母, 自古而然. 今世諱避, 觸途急切. 而江東士庶, 痛則稱禰. 禰是父之廟號, 父在無容稱廟, 父歿何容輒呼? 《蒼頡篇》有㑶字, 訓詁云:「痛而謼也, 音羽罪反.」今北人痛則呼之. 《聲類》音于耒反, 今南人痛或呼之. 此二音隨其鄕俗, 並可行也.

【呼天地父母】사람이 아프면 천지나 부모를 부름.《史記》屈原傳에『夫天者,
人之始也; 父母者, 人之本也. 人窮則反本, 故勞苦倦極, 未嘗不呼天也; 疾痛慘怛,
未嘗不呼父母也』라 함.

【稱禰】禰는 嬭의 오기로 봄.《廣雅》에「嬭, 母也」라 하였으며 이는 어머니의
호칭임.

【蒼頡篇】원래 고대 字書. 秦나라 때 李斯가, 中國文字를 창제했다고 전해지는
蒼頡을 取名하여 쓴 것. 趙高의《爰歷篇》, 胡母敬의《博學篇》과 함께 小學
三書 · 三蒼으로 불림.《漢書》藝文志 참조.

【訓詁】원래 小學(文字學)의 一門, 訓故로도 씀. 漢나라 때 揚雄의《蒼頡訓纂》,
杜林의《蒼頡訓纂》과《蒼頡故》등이 있음.《漢書》藝文志 참조.

【羽罪反】反切法으로 표기한 것. 反切法은 漢字의 음을 聲과 韻으로 한 글자씩
모두 두 글자로 하나의 음을 표기하는 법.

【聲類】韻書 이름. 魏나라 때 李登이 편찬하였으며, 모두 10권 1만 천 520자를
수록한 중국 최초의 운서임.

倉頡

073
(6-37)
부모의 죄를 비는 방법

양梁나라 때 탄핵에 걸린 사람은 그 아들 손자·아우·조카 모두
궁궐에 찾아가 사흘 동안 관을 벗고 맨발로 죄를 빌었다. 그리고 아들은
짚신에 거친 옷을 입고 쑥대머리에 더러운 얼굴로 도로를 헤매며,
그 일을 맡은 집사를 기다렸다가 머리를 조아려 피를 흘리면서 아버지의
억울함을 호소한다. 만약 노예의 무리로 판결이 나면 여러 아들들은
함께 아버지의 일하던 관서의 문 앞에 초암草庵을 짓고 감히 편안한
자기 집에서 살지 못한 채, 이렇게 행동하기를 열흘, 관사官司에 의해
쫓김을 당한 연후에야 비로소 물러났다.

강남江南의 여러 헌사憲司는 인사人事를 탄핵할 때에 사안이 비록 중대
하지 않아 교의敎義로써 오욕을 당한 경우와, 혹은 가벼운 죄인데도
옥중에서 죽게 되는 경우가 있으면, 서로가 모두 원수가 되어 자손
3대에 이르기까지 서로 교통하지 않는다.

도흡到洽이란 사람이 어사중승御史中丞이 되어 처음 유효작劉孝綽을
탄핵하고자 하였다. 그런데 도흡의 형 도개到漑는 마침 유효작과 친한
사이였다. 이에 고간苦諫하였지만 뜻을 이루지 못하자, 유효작을 찾아가
울면서 결별을 고하고 떠날 수밖에 없었다.

梁世被繫劾者, 子孫弟姪, 皆詣闕三日, 露跣陳謝; 子孫有官,
自陳解職. 子則草屩麤衣, 蓬頭垢面, 周章道路, 要候執事, 叩頭

流血, 申訴寃枉. 若配徒隷, 諸子並立草庵於所署門, 不敢寧宅,
動經旬日, 官司驅遣, 然後始退. 江南諸憲司彈人事, 事雖不重,
而以敎義見辱者, 或被輕繫而身死獄戶者, 皆爲怨讐, 子孫三世
不交通矣. 到洽爲御史中丞, 初欲彈劉孝綽, 其兄溉先與劉善,
苦諫不得, 乃詣劉涕泣告別而去.

【周章】雙聲連綿語. 황급하여 놀라는 모습.
【到洽】人名. 梁나라 때 人物로 侍中을 추증받음.《梁書》到洽傳 참조.
【劉孝綽】본명은 劉冉. 자는 孝綽. 어릴 때부터 文才에 뛰어나 神童이라 불렸음.
《梁書》劉孝綽傳 참조.

銅啄(부분, 戰國) 兵器 雲南 江川縣 출토

074
(6-38)
가족이 전쟁에 나갔을 때

　병기는 흉한 것이며 전쟁은 위험한 것으로써 안전을 위한 도리는 아니다. 옛날 천자는 전쟁이 나면 상복을 입고 군대를 사열하였으며, 장군은 장례가 지나는 문인 북문을 통하여 출정하였다. 아버지나 할아버지, 백부, 숙부가 만약 진중에 있다면 남은 가족은 일상생활에서 줄이고 깎아, 결코 주악, 연회 및 관혼 등 길경사의 일은 벌이지 않았다. 만약 포위된 성 안에서 싸우고 있다면 초췌한 얼굴색에 장신구나 놀잇감도 모두 제거하여 항상 임심리박臨深履薄의 상태로 하였다.

　그리고 부모의 병환이 심하면, 치료해 주는 의사가 비록 천하고 어리다고 해도 눈물을 흘리면서 절을 하여 불쌍히 여겨 줄 것을 바랬다.

　양梁 효원제孝元齊가 강주江州에 있을 때 일찍이 생각지 못하였던 병에 걸리자, 세자世子 소방등蕭方等은 친히 중병참군中兵參軍 이유李猷에게 배례拜禮를 하였다.

兵凶戰危, 非安全之道. 古者, 天子喪服以臨師, 將軍鑿凶門而出. 父祖伯叔, 若在軍陣, 貶損自居, 不宜奏樂讌會及婚冠吉慶事也. 若居圍城之中, 憔悴容色, 除去飾玩, 常爲臨深履薄之狀焉. 父母疾篤, 醫雖賤雖少, 則涕泣而拜之, 以求哀也. 梁孝元在江州, 嘗有不豫; 世子方等親拜中兵參軍李猷焉.

【兵凶戰危】《漢書》鼂錯傳에「兵, 凶器; 戰, 危事也. 以大爲小, 以彊爲弱, 在俛卬
  之間耳」라 함.

【凶門】장례의 상여가 나가는 北門. 여기서는 죽기를 결심하고 出征함을 뜻함.
  《淮南子》兵略訓에「主親操斧鉞授將, 將辭而行, 乃爪設明衣, 鑿凶門而出」이라
  하였고, 王利器는 許愼의 주를 인용하여「凶門, 出北門也; 將軍之出, 以喪禮處之,
  以其必死也」라 함.

【臨深履薄】조심하고 두려워함을 뜻함.《詩經》小雅 小旻에「如臨深淵, 如履
  薄冰」이라 하였고, 毛傳에「如臨深淵, 恐墜, 如履薄冰, 恐陷也」라 함.

【不豫】황제나 천자의 병을 일컫는 말.

【方等】蕭方等. 자는 實相이며 梁元帝(世祖)의 長子. 어머니는 徐妃였음.
  《梁書》忠壯世子方等傳 참조.

吊人銅矛(서한) 1956 雲南 晉寧縣 滇王墓 출토

075
(6-39)

사람을 사귈 때는 예를 갖추어라

사해四海의 사람과 형제를 맺는다는 것이 어찌 쉬운 일이겠는가? 반드시 뜻이 같고 의義가 맞설만하여 끝이 처음과 같을 수 있어야 비로소 가히 이를 의논하여 결정할 수 있다. 일단 같이 한 후라면 아들에게 명하여 배복拜伏하게 하고 장인丈人이라 부르게 하여, 아버지의 친구를 공경하도록 밝혀 주며, 자신도 상대의 어버이를 섬김에 역시 응당 예를 갖추어야 한다.

그런데 북쪽 사람들을 보면 이런 예절을 심히 가볍게 여겨, 길 가다가 서로 만나도 곧바로 형, 아우로 정하되 나이나 생긴 모습만 볼 뿐, 옳고 그름은 가리지 않는다. 그래서 아버지뻘을 형으로 삼고 아들뻘을 동생으로 삼게 되는 경우도 생긴다.

四海之人, 結爲兄弟, 亦何容易? 必有志均義敵, 令終如始者, 方可議之. 一爾之後, 命子拜伏, 呼爲丈人, 申父友之敬; 身事彼親, 亦宜加禮. 比見北人, 甚輕此節, 行路相逢, 便定昆季, 望年觀貌, 不擇是非, 至有結父爲兄, 託子爲弟者.

【爾】'이와 같다'(如此)의 뜻.
【丈人】연장자를 부르는 말.

076
(6-40) 손님이 문 앞에서
기다리게 해서는 안 된다

옛날 주공周公은 한 번 머리감는 동안 세 번이나 감던 머리를 움켜쥐었고, 한 번 밥 먹는 사이 세 번이나 먹던 밥을 뱉어놓고 하찮은 선비일지라도 만나느라 바빴다. 이리하여 하루에 만나본 선비가 70여 명이나 되었다.

진晉 문공文公은 머리를 감다가 수두수豎頭須로부터 머리감느라 심장이 거꾸로 되어 도모함이 거꾸로 되었다는 꾸짖음을 들었다.

문 앞에 손님이 멈추어 기다리지 않도록 하는 것은 예로부터 귀히 여기던 바이다. 그런데 가르침을 놓친 집 안에서는 혼시(閻寺, 문지기)가 무례하여 주인이 잠자는 중이라느니, 밥 먹는 중이라느니, 화가 나 있다느니 하면서 손님을 막아 만날 수 없도록 한다. 강남에서는 이런 경우를 아주 깊이 부끄러움으로 여긴다.

황문시랑黃門侍郎 배지례裴之禮는 사대부들에게 아주 잘하였다. 만약 이런 못된 무리가 있으면 손님이 보는 앞에서 매질을 하였다. 그 때문에 그 집의 문생門生이나 동복僮僕은 남을 모실 때 절선부앙折旋俯仰과 사색응대辭色應對가 숙경肅敬하지 않음이 없어 주인을 모실 때와 차별이 없었다.

昔者, 周公一沐三握髮, 一飯三吐餐, 以接白屋之士, 一日所見者七十餘人. 晉文公以沐辭豎頭須, 致有圖反之誚. 門不停賓, 古所貴也. 失教之家, 閻寺無禮, 或以主君寢食嗔怒, 拒客未通,

江南深以爲恥. 黃門侍郞裵之禮, 號善爲士大夫, 有如此輩, 對賓
杖之; 其門生僮僕, 接於他人, 折旋俯仰, 辭色應對. 莫不肅敬,
與主無別也.

【一沐三握髮】周公이 국사에 열중하였음을 나타낸 말. 주공은 머리를 감는 사이
에도 선비가 찾아오면 감던 머리를 쥐고 만났다고 함. 아래의 「一飯三吐餐」도
같은 뜻. 주공이 아들 伯禽을 자신의 봉지인 魯나라로 보내면서 훈계한 것임.
《史記》魯周公世家에 『其後武王旣崩, 成王少, 在强葆之中. 周公恐天下聞武王崩
而畔, 周公乃踐阼代成王攝行政當國. 管叔及其群弟流言於國曰:「周公將不利
於成王.」周公乃告太公望·召公奭曰:「我之所以弗辟而攝行政者, 恐天下畔周,
無以告我先王太王·王季·文王. 三王之憂勞天下久矣, 於今而后成. 武王蚤終,
成王少, 將以成周, 我所以爲之若此.」於是卒相成王, 而使其子伯禽代就封於魯.
周公戒伯禽曰:「我文王之子, 武王之弟, 成王之叔父, 我於天下亦不賤矣. 然我一沐
三捉髮, 一飯三吐哺, 起以待士, 猶恐失天下之賢人. 子之魯, 愼無以國驕人.」』라
하였고,《十八史略》卷1에 『魯: 姬姓, 周公子伯禽之所封也. 周公誨成王, 王有
過則撻伯禽, 伯禽就封. 公戒之曰:「我文王之子, 武王之弟, 今王之叔父. 然我一沐
三握髮, 一食三吐哺. 起以待士, 猶恐失天下賢人. 子之魯, 愼無以國驕人.」』라
하였다.
【白屋】평민의 집. 여기서는 하찮은 백성을 뜻함.
【晉文公】진문공(重耳)이 유랑 생활 중 재물을 관리하던 豎頭須가 재물을 훔쳐
도망하였음. 뒤에 문공이 왕이 되자 이 자가 다시 나타나 만나기를 청하자
머리를 감고 있던 문공이 "무슨 낯으로 나를 보고자 하는가"라며 거절함. 이에
수두수가 "머리를 감느라 심장이 거꾸로 되어 말이 헛나오는 것이 아닌가?"라
소리치며 자신 같은 못된 자도 만나 등용함을 백성들이 알면, 그대 임금의
덕을 높이 보고 천하를 다스릴 수 있을 것이라 함. 문공이 이에 그를 수레에
태워 나라를 순회함.《左傳》僖公 24年에 『初, 晉侯之豎頭須, 守藏者也, 其出也,
竊藏以逃, 盡用以求納之, 及入, 求見. 公辭以沐, 謂僕人曰:「沐則心覆, 心覆則
圖反, 宜吾不得見也.」』라 하였으며《說苑》에도 자세히 실려 있다.

【門不停賓】 찾아오는 손님을 거절하지 않음. 《晉書》 王渾傳에 『渾撫循羈旅,
 虛懷綏納, 座無空席, 門不停賓, 故江東之士, 莫不悅附』라 함.
【闇寺】 闇人과 寺人의 합하여 부른 것. 둘 모두 고대의 관직 이름.
【裴之禮】 人名.(前出, 063참조)
【折旋俯仰】 허리를 굽히고, 돌아서고, 내려다보고, 쳐다보는 일체의 행동거지를
 뜻함.
【辭色應對】 말하는 것, 낯빛, 응하고 대함 등의 태도.

7. 모현慕賢

  본편은 인재人才의 문제를 집중적으로 거론하고 있다. 세상에 훌륭한 인물이 역사와 인류에게 미치는 영향은 실로 지대하며, 이를 바르게 파악하고 어진 이를 선모하여 따라 배우기를 힘쓰도록 면려한 것이다.

  특히 역사적인 고사는 물론, 당시 혼란한 사회상과 변화를 이 인재의 역할 문제와 연계하여 풀이하고 있다.

〈人物交談圖〉(彩畫磚) 漢

077
(7-1) 친구 사귐에 유의하라

옛 사람은 이렇게 말하였다.

"천 년에 한 번 성인을 만나도 이는 아침저녁 사이의 시간만큼 잦은 것이며, 오백 년에 한 번 어진 이를 만나도 이는 어깨를 나란히 하는 것만큼 바쁜 것이다."

이는 선현을 만나보기가 어렵고 멀기가 이와 같음을 말한 것이다. 그러니 만약 불세명달不世明達의 군자를 만났다면 어찌 그에게 매달리고 경앙하지 아니할 수가 있겠는가?

나는 난세에 태어나 전쟁 속에 자라면서 유리파월流離播越하느라 견문이 많았다. 그래서 명현을 만나면 심취하고 혼미魂迷하여 향모向慕하지 않은 적이 없었다. 사람은 어린 시절에는 신정神情이 아직 고정되지 않아 관심 가지고 사랑하는 바에 물젖고 물들게 마련이다. 그리하여 말소리와 웃음, 행동거지 모두 배우겠다고 마음을 두지 않아도 자신도 모르게 스며들고 암암리에 교화되어 자연스럽게 닮아 가는 것이다. 하물며 조리操履와 예능藝能은 비교적 명확하고 쉽게 습관이 될 수 있는 것들임에랴?

이 까닭으로 훌륭한 사람과 함께 거하면 마치 난초 향내 나는 방에 들어가 오래 있으면 저절로 향내가 나는 것과 같고, 악한 사람과 함께 있으면 마치 생선가게에 들어가 오래 있으면 저절로 비린내가 나는 것과 같다. 묵자墨子가 실을 물들이는 것을 보고 슬퍼하였다는 것은 이를 두고 말한 것이다. 그러니 군자는 모름지기 교유交遊에 신중해야 한다.

공자孔子는 이렇게 말하였다.

"자기와 같지 못한 자와는 벗하지 말라."

안연顏淵·민자건閔子騫 같은 이를 어찌 세상에서 쉽게 만날 수 있겠는가? 다만 나보다 나은 자라면 곧 그를 귀하게 여길 만한 것이다.

古人云:「千載一聖, 猶旦暮也; 五百年一賢, 猶比髆也.」言聖賢之難得, 疏闊如此. 儻遭不世明達君子, 安可不攀附景仰之乎? 吾生於亂世, 長於戎馬, 流離播越, 聞見已多; 所値名賢, 未嘗不心醉魂迷向慕之也. 人在年少, 神情未定, 所與款狎, 熏漬陶染, 言笑擧動, 無心於學, 潛移暗化, 自然似之; 何況操履藝能, 較明易習者也? 是以與善人居, 如入芝蘭之室, 久而自芳也; 與惡人居, 如入鮑魚之肆, 久而自臭也. 墨子悲於染絲, 是之謂矣. 君子必愼交遊焉. 孔子曰:「無友不如己者.」顏·閔之徒, 何可世得! 但優於我, 便足貴之.

【千載一聖】천 년에 하나의 성인만 나도 너무 잦다는 뜻.《戰國策》齊策(三)에「千里而一士, 是比肩而立; 百世而一聖, 若隨踵而至也」라 하였고,《呂氏春秋》觀世篇에「千里而有一士, 比肩也; 累世而有一聖人, 繼踵也」라 함.

【入芝蘭之室】《孔子家語》六本篇의 구절.「與善人居, 如入芝蘭之室, 久而不聞其香, 卽與之化矣. 與不善人居, 如入鮑魚之肆, 久而不聞其臭, 亦與之化矣」라 함.《說苑》에도 같은 내용이 있음.

【染絲】《墨子》所染篇의 고사. 묵자가 흰 천이 물감에 따라 변함을 보고 탄식한 것임.「子墨子言, 見染絲者而歎曰:『染於蒼則蒼, 染於黃則黃, 所入者變, 其色亦變, 五入必而已則五色矣. 故染不可不愼也.』」라 함.

【無友不如己者】《論語》學而篇에 『子曰:「君子不重, 則不威; 學則不固. 主忠信. 無友不如己者. 過則勿憚改.」』라 함.

【顔閔之徒】顔淵(回), 閔子騫(損)을 가리킴.《史記》仲尼弟子列傳 및《論語》·《孔子家語》弟子解 참조.

묵자(墨翟) "天下兼相愛則治, 交相惡則亂" 夢谷 姚谷良(그림)

078
(7-2) 공자孔子는 그저 옆집에 사는 늙은이

세상 사람의 흔한 병폐는 귀로 들은 것은 귀히 여기고 눈으로 직접
본 것을 천히 여기며, 멀리 있는 것을 중히 여기고 가까이 있는 것을
가벼이 여긴다는 점이다.

어려서부터 함께 자라 주선周旋하는 사이에, 그들 중에는 어질고
명철한 사람도 있으려니와 그런데도 매양 서로 친압하고 모욕하여,
예와 공경을 보태지 않는 경우가 있다. 다른 고을이나 다른 현에 사는
사람으로 조그만 명성의 풍문만 있다 해도 목을 매고 발돋움하여 목마를
때보다 심하다. 그 장단을 따져 보고 그 정추精麤를 살펴보면 간혹
그런 자들이 오히려 자신과 함께 자란 이만 못한 경우가 있다. 그래서
노魯나라 사람들은 공자를 동가구東家丘라 불렀고, 옛날 우虞나라 궁지기
宮之奇는 어려서 임금과 함께 자라, 임금이 그를 친압하기만 하여 그의
간언을 듣지 않았다가 나라를 망치는 지경에 이르게 되었다. 그러니
가히 마음에 담아 두지 않을 수 없는 것이다.

世人多蔽, 貴耳賤目, 重遙輕近. 少長周旋, 如有賢哲, 每相
狎侮, 不加禮敬; 他鄕異縣, 微藉風聲, 延頸企踵, 甚於飢渴.
校其長短, 覈其精麤, 或彼不能如此矣. 所以魯人謂孔子爲東
家丘, 昔虞國宮之奇, 少長於君, 君狎之, 不納其諫, 以至亡國,
不可不留心也.

【貴耳賤目】張衡의 〈東京賦〉에 「若客所謂末學膚受, 貴耳而賤目者也」라 하였고, 李善 주에 「世咸尊古卑今, 貴所聞賤所見」이라 하였다. 한편 《抱朴子》〈外篇〉 廣譬 에는 「貴遠而賤近者, 常人之用情也. 信耳而疑目者, 古今之所患也」라 함.

【孔子爲東家丘】공자를 동쪽 이웃집의 그저 仲尼라는 사람으로 여김. 먼 곳은 중히 여기고 가까운 사람은 하찮게 여김을 뜻함. 王利器는 蘇東坡의 〈代書答梁 先詩〉의 주에 인용된 《孔子家語》의 「魯人不識孔子聖人, 乃曰: 『彼東家丘者, 吾知之矣.』」를 들어 반증함.

【宮之奇】춘추시대 虞나라의 大夫. 晉나라 대부 荀息의 예물을 거절할 것을 간언함. 뒤에 과연 晉나라는 虢을 친 후 우나라를 정벌함. 《史記》晉世家 및 《左傳》僖公 2년·5년 참조. 『脣亡齒寒』의 고사와 관련이 있음. 《左傳》僖公 2年에 『晉荀息請以屈産之乘與垂棘之璧假道於虞以伐虢. 公曰:「是吾寶也.」對曰: 「若得道於虞, 猶外府也.」公曰:「宮之奇存焉.」對曰:「宮之奇之爲人也, 懦而不能 強諫. 且少長於君, 君暱之; 雖諫, 將不聽.」乃使荀息假道於虞, 曰:「冀爲不道, 入自顚軨, 伐鄍三門. 冀之旣病, 則亦唯君故. 今虢爲不道, 保於逆旅, 以侵敝邑之 南鄙. 敢請假道, 以請罪于虢.」虞公許之, 且請先伐虢. 宮之奇諫, 不聽, 遂起師. 夏, 晉里克, 荀息帥師會虞師, 伐虢, 滅下陽. 先書虞, 賄故也』라 하였고, 같은 《左傳》僖公 5年에 『晉侯復假道於虞以伐虢. 宮之奇諫曰:「虢, 虞之表也; 虢亡, 虞必從之. 晉不可啓, 寇不可翫. 一之謂甚, 其可再乎? 諺所謂輔車相依, 脣亡齒寒者, 其虞, 虢之謂也.」公曰:「晉, 吾宗也, 豈害我哉?」對曰:「大伯·虞仲, 大王之昭也; 大伯不從, 是以不嗣. 虢仲·虢叔, 王季之穆也, 爲文王卿士, 勳在王室, 藏於盟府. 將虢是滅, 何愛於虞? 且虞能親於桓·莊乎? 其愛之也, 桓·莊之族何罪? 而以 爲戮, 不唯偪乎? 親以寵偪, 猶尙害之, 況以國乎?」公曰:「吾享祀豐絜, 神必據我.」 對曰:「臣聞之, 鬼神非人實親, 惟德是依. 故周書曰:'皇天無親, 惟德是輔.' 又曰: '黍稷非馨, 明德惟馨.' 又曰:'民不易物, 惟德繄物.' 如是, 則非德, 民不和, 神不 享矣. 神所馮依, 將在德矣. 若晉取虞, 而明德以薦馨香, 神其吐之乎?」弗聽, 許晉使. 宮之奇以其族行, 曰:「虞不臘矣. 在此行也, 晉不更擧矣.」八月甲午, 晉侯圍上陽. 問於卜偃曰:「吾其濟乎?」對曰:「克之.」公曰:「何時?」對曰:「童謠云:'丙之晨, 龍尾伏辰; 均服振振, 取虢之旂. 鶉之賁賁, 天策焞焞, 火中成軍, 虢公其奔.' 其 九月·十月之交乎! 丙子旦, 日在尾, 月在策, 鶉火中, 必是時也.」冬十二月丙子, 朔, 晉滅虢. 虢公醜奔京師. 師還, 館于虞, 遂襲虞, 滅之. 執虞公及其大夫井伯, 以媵秦 穆姬, 而修虞祀, 且歸其職貢於王. 故書曰:「晉人執虞公」, 罪虞, 且言易也』라 함.

079
(7-3)

남의 미덕을 훔치지 말라

그 사람의 말을 신용하면서 그를 채용하지 않고 버려두는 것을 옛
사람들은 부끄럽게 여겼다. 무릇 말 한 마디, 행동 하나라도 남에게
도움을 얻은 것은 모두가 드러내어 칭찬해야 할 일이지, 남의 아름다움
을 몰래 훔쳐 자신의 공력功力인 양 여겨서는 안 될 것이다. 상대가
비록 경박하고, 천한 자라 해도 반드시 그 공을 돌려주어야 한다.

남의 재산을 훔치면 형벽刑辟의 처벌을 만날 것이요, 남의 미덕美德을
훔치면 귀신의 책망을 받게 될 것이다.

用其言, 棄其身, 古人所恥. 凡有一言一行, 取於人者, 皆顯稱之,
不可竊人之美, 以爲己力; 雖輕雖賤者, 必歸功焉. 竊人之財,
刑辟之所處; 竊人之美, 鬼神之所責.

【用其言, 棄其身】《左傳》定公 9년의 구절. 「鄭駟歂殺鄧析, 而用其竹刑. 君子謂
　　子然, 於是不忠, 用其道, 不棄其人. 詩云:『蔽芾甘棠, 勿剪勿伐, 召伯所茇』, 思其人,
　　猶愛其樹, 況用其道, 而不恤其人乎!」라 함.
【以爲其力】《左傳》僖公 24年의 구절. 「竊人之財, 猶謂之盜, 況貪天之功以爲
　　己力乎?」라 함.

080
(7-4) 실력이 알려지지 않은 예술가

양梁나라 효원제孝元帝가 전에 형주荊州에 있을 때 정점丁覘이란 자가 있었다. 홍정洪亭의 평민 신분일 뿐이었지만 자못 문장을 잘 지었고, 특히 초서草書와 예서隷書에 뛰어났다. 그가 원효제의 서기書記로서 모든 일이 한결같이 그에게 맡겨졌다. 군부軍府의 사람들은 그가 천한 신분이라 하여 그가 훌륭하다 여기지 않았다. 더구나 자신의 자제子弟들에게 글씨를 잘 쓰도록 가르치면서도 그의 글씨를 교본으로 삼는 것은 도리어 치욕으로 여겼다. 당시에는 "정점의 글씨가 10장이라도 왕포王褒의 몇 글자만 못하다"라 하였다.

그러나 나는 그의 수적手迹을 훌륭하다고 아껴 늘 보배로 여겨 가지고 있다.

원효제가 일찍이 전첨典籤 벼슬의 혜편惠編을 보내어 소좨주蕭祭酒, 蕭子雲에게 문장을 보여 준 적이 있었다. 소좨주가 이렇게 말하였다.

"군왕께서 근래에 내려주신 서한書翰과 시필詩筆을 받아 베낀 글씨는 아주 뛰어난 솜씨입니다. 그의 성명이 무엇입니까? 어찌하여 도대체 아직도 명성이 없는 것입니까?"

혜편이 사실대로 대답하자 소자운은 이렇게 탄식하였다.

"이 사람은 후생後生 중에 그 누구도 따를 수 없는데도 세상에 알려지지 않았으니 역시 기이한 일입니다."

이에 소문을 들은 자들이 조금씩 다시 괄목刮目하게 되었다. 얼마 후 그는 벼슬이 상서의조랑尙書儀曹郞에 올랐고, 마지막에는 진안왕

晉安王의 시독侍讀이 되어 왕을 따라 동쪽으로 옮겨오게 되었다. 그 뒤 서대西臺가 함락당할 때에 그의 간독簡牘은 인멸湮滅되어 흩어졌고, 정점 역시 양주揚州에서 소문 없이 죽고 말았다. 전에 그를 경솔히 여기던 자들이 종이 한 장이라도 얻고 싶어 하였지만 결국 불가능하게 되고 말았다.

梁孝元前在荊州, 有丁覘者, 洪亭民耳, 頗善屬文, 殊工草隸; 孝元書記, 一皆使之. 軍府輕賤, 多未之重, 恥令子弟以爲楷法, 時云:「丁君十紙, 不敵王褒數字.」吾雅愛其手迹, 常所寶持. 孝元嘗遣典籤惠編送文章示蕭祭酒, 祭酒問云:「君王比賜書翰, 及寫詩筆, 殊爲佳手, 姓名爲誰? 那得都無聲問?」編以實答. 子雲歎曰:「此人後生無比, 遂不爲世所稱, 亦是奇事.」於是聞 者稍復刮目. 稍仕至尚書儀曹郎, 末爲晉安王侍讀, 隨王東下. 及西臺陷歿, 簡牘湮散, 丁亦尋卒於揚州; 前所輕者, 後思一紙, 不可得矣.

【在荊州】孝元帝가 임금이 되기 전에 荊州(지금의 湖北省 江陵縣)의 刺史로 가 있었음을 뜻함. 《梁書》元帝紀에 「普通七年, 出爲使持節, 都督荊・湘・郢・ 益・寧・南梁六州諸軍事・西中郎將・荊州刺史」라 함.
【丁覘】隸書를 잘 썼던 인물. 智永과 동시대 인물이라 함. 王利器는 「張彦遠 《書法要錄》: 『丁覘與智永同時人, 善隸書, 世稱丁眞永草.』 此人與永師齊名, 則亦 非不爲世所知者矣」라 함.
【軍府】元帝가 湘東郡王이 되어 持節都督六州軍事로 갔을 때의 관서.
【楷法】글씨 쓰기의 표준으로 삼음을 뜻함. 楷는 표준의 뜻. 《梁書》王志傳에 「志善草隸, 當時以爲楷法」이라 함.

【王褒】당시 글씨로 이름을 날렸던 인물.《周書》王褒傳에「王褒字子淵. 琅邪臨沂
　人也, 褒, 美風儀, 善談笑, 博覽史傳, 尤工屬文. 梁國子祭酒蕭子雲, 褒之姑夫也,
　特善草隷. 褒少以姻戚, 去來其家, 遂相模範. 俄而名亞子雲, 並見重於世」라 함.
【典籤】官名, 文書를 관리하는 小吏.
【祭酒】관직 이름. 漢 平帝 때 두기 시작하였으며, 晉 이후 國子監의 높은 벼슬이
　됨. '좨주'로 읽음.
【晉安王】梁나라 簡文帝 蕭綱. 天監 5년에 晉安王에 봉해졌었음.
【侍讀】관직 이름. 여러 王의 經書를 가르치고 일러주는 일을 담당하였음.
【西臺】江陵의 별칭.《通鑑》144 胡三省 주에「江陵在西, 故曰西臺」라 함.

081
(7-5) 천하 양보와 한 푼의 이익 다툼

후경後景이 막 건업建業을 공격하여 들어왔을 때였다. 대문臺門이 비록 굳게 잠겨 있었으나, 성 안의 관리와 백성들은 놀라 허둥대면서 각기 스스로 안전하다 여기지 못하고 있었다.

이 때 태자좌위솔太子左衛率 벼슬이었던 양간羊侃이 동액문東掖門을 버티고 막아 부서를 나누고 경략經略하여 하룻밤 사이에 모두 처리, 드디어 1백여 일간 그 흉역兇逆에 맞서 항거할 수 있었다.

이때에 성 안에는 4만 명이 있었고, 왕공과 조정의 선비도 1백여 명 이하는 아니었건만 곧 이 양간 한 사람을 믿고 안녕을 얻었으니, 그들 서로의 차이가 이와 같았던 것이다.

옛 사람은 이렇게 말하였다.

"소부巢父·허유許由는 천하를 두고 양보하였으나, 시정 길가의 소인들은 한 푼의 이익을 두고 다툰다."

역시 차이가 그렇게 현격한 것이다.

侯景初入建業, 臺門雖閉, 公私草擾, 各不自全. 太子左衛率羊侃坐東掖門, 部分經略, 一宿皆辦, 遂得百餘日抗拒兇逆. 於時, 城內四萬許人, 王公朝士, 不下一百, 便是恃侃一人安之, 其相去如此. 古人云:「巢父·許由, 讓於天下; 市道小人, 爭一錢之利.」亦已懸矣.

【侯景】 자는 萬景. 魏末에 北方에 大亂이 일어나자, 변방 장수였던 爾朱榮에게 발탁되었음. 다시 高歡이 이주영을 주살하자 그에게 항복하여 고환의 부하가 됨. 고환이 그에게 10만 군으로 河南을 제압하도록 하였으나, 고환이 위독하자 太淸 元年(547) 梁에게 투항, 梁武帝가 그를 河南王에 봉했음. 그러나 그는 당시 北魏와 결탁하여 이듬해 반란을 일으켜 建業(당시 양나라 수도, 지금의 南京市으로 쳐들어옴.) 이를 侯景之亂이라 함. 《南史》賊臣傳 참조.

【衛率】 太子를 보위하는 임무를 맡은 군인.

【羊侃】 자는 祖忻. 梁나라 때 徐州刺史·尙書 등을 지냄. 《梁書》羊侃傳 참조.

【掖門】 궁궐 대문의 곁문. 《漢書》高后紀 주에 「非正門而在兩旁, 若人之臂掖也」라 함.

【巢父·許由】 상고시대의 은사 허유가 임금이 천하를 양위하려 하자 潁水 가에서 귀를 씻었다. 이를 본 소보가 상류로 올라가 소에게 물을 먹였다 함. 《高士傳》 참조.

082
(7-6)
나라의 존망이 이러한 사람에게

제齊 문선제文宣帝는 즉위한 지 몇 년이 되도록 주색에 침면沈湎하여, 방자하게 굴어 도대체 기강이란 없었다.

그럼에도 그나마 상서령尚書令 양준언楊遵彦에게 정치를 맡겼던 덕분에 내외가 조용하고 조야朝野가 편안하였으며, 각기 그 적소를 얻어 사물의 처리에 이의가 없이 천보天保 연간의 시대를 마칠 수 있었다.

그런데 뒤에 양준언이 효소제孝昭帝에게 죽음을 당하자, 형정刑政이 이로써 쇠락하기 시작하였다.

곡률명월斛律明月은 제齊나라 조정의 절충折衝의 신하였으나, 죄 없이 주살을 당하여 그가 거느린 선비는 흩어지고 말았다. 이에 북주北周 사람들이 이로써 제나라를 병탄할 뜻을 갖게 되었던 것이다.

관중關中 지역 사람들은 지금도 그를 기리고 있다. 이 사람의 용병이 만부萬夫가 바라는 정도에 그칠 따름이었겠는가? 나라의 존망은 이런 사람의 생사에 달려 있는 것이다.

齊文宣帝卽位數年, 便沈湎縱恣, 略無綱紀; 尚能委政尚書令楊遵彦, 內外淸謐, 朝野晏如, 各得其所, 物無異議, 終天保之朝. 遵彦後爲孝昭所戮, 刑政於是衰矣. 斛律明月 齊朝折衝之臣, 無罪被誅, 將士解體, 周人始有呑齊之志, 關中至今譽之. 此人用兵, 豈止萬夫之望而已也! 國之存亡, 係其生死.

【齊文宣帝】北齊의 첫 황제 高洋.《北齊書》文宣紀에 「顯祖文宣皇帝諱洋, 字子進, 高祖(高歡)第二子, 世宗(高澄)之母弟也. 受東魏禪, 卽皇帝位, 改武定 (東魏 靜帝의 연호)八年爲天保元年(551). 六七年間, 以功業. 自矜, 縱酒肆欲, 昏邪殘暴, 近世未有」라 함.

【楊遵彦】楊愔.《北齊書》楊愔傳 참조.

【孝昭】高演. 北齊의 황제.《北齊書》孝昭紀 참조.

【斛律明月】人名. 斛律金의 아들로 이름은 光. 자는 明月.《北齊書》斛律金傳 참조.

【萬夫之望】《周易》繫辭(下)의 구절.

서위와 북제에 관한 기사 《三才圖會》

083
(7-7) 제齊나라가 망한 이유

　장연준張延雋이 진주晉州 행대行臺의 좌승左丞이 되어 장수를 보필하고 기강을 세워 강역疆場을 진무하였다. 그는 기물과 비용을 저축하고 백성들이 살 수 있도록 아껴 적국이 있는 것처럼 위엄을 세워 놓았다. 그러나 여러 소인배들이 자신의 뜻을 펼 수 없게 되자, 힘을 합해 그를 좌절시키고 말았다. 그리고 그들이 그를 대신하고 나자, 공사公私 간에 소요와 혼란이 일어 주周나라 군대가 일거에 공격하여 이 진鎭이 제일 먼저 평정되고 말았다.

　제齊나라가 망한 발자취는 바로 여기에서부터 비롯된 것이다.

　張延雋之爲晉州行臺左丞, 匡維主將, 鎭撫疆場, 儲積器用,
愛活黎民, 隱若敵國矣. 羣小不得行志, 同力遷之; 旣代之後,
公私擾亂, 周師一擧, 此鎭先平. 齊亡之迹, 啓於是矣.

【張延雋】인명. 구체적인 사적은 알 수 없음.
【晉州】지명. 지금의 山西省 臨汾縣.
【行臺】외지 군대의 감독을 위한 현지의 관서. 王利器는『雲麓漫鈔(二): 南史,
　凡朝廷遣大臣督諸軍於外, 謂之行臺』라 함.
【疆場】疆域과 같음.

8. 면학勉學

　본편은 학문과 학습의 문제를 다루고 있다. 배움은 모든 학문의
기초가 됨은 물론, 실제 인격 형성이라는 큰 목표의 가장 중요한
단계임을 강조하고 있다.
　원론적인 주장을 넘어 당시 귀족 자제의 폐학廢學의 모습까지
예로 들었고, 나아가 자신의 학문적 소양을 내세워 언어, 문자 교육도
거론하고 있다.

〈孔子杏亶禮樂圖〉 조선시대 판화

084
(8-1) 공부는 때가 있다

예로부터 명왕성제明王聖帝라 해도 오히려 부지런히 공부하였는데 하물며 평범한 서민임에랴! 이러한 일은 경사經史에 두루 있으니 나역시 번거롭게 거듭 예를 들지 않겠다. 애오라지 근세의 절요한 사례를 들어 너희들을 깨우치고자 할 뿐이다.

사대부의 자제들은 몇 살 이상만 되면 교육을 받지 않는 자가 없다. 많게는 《예기禮記》, 《삼전三傳》등을 배우고, 적어도 《시詩》, 《논어論語》 정도는 빠뜨리지 않는다. 그리고 관례와 혼례의 나이쯤에 이르러 체성 體性이 조금씩 안정되면 이러한 자연의 기회를 이용해 두 배로 훈육하고 일깨워 주어야 한다. 그들 중에 뜻이 고상한 자는 드디어 갈고 닦아 소업素業을 이루게 되며, 이립履立이 없는 경우, 스스로 이에 태만하여 범인凡人이 되고 마는 것이다.

사람이 이 세상에 태어나 마땅히 해야 할 일이 있으니, 농민이라면 농사짓는 일을 계량計量하고, 장사꾼이라면 화회貨賄를 토론하며, 물건 만드는 자라면 그 기용器用을 정밀하게 함이다. 그리고 기예伎藝를 하는 자라면 법술法術을 깊이 생각하고, 무사라면 궁마弓馬를 익히고 연습하며, 문사文士라면 경서經書를 강의講議한다. 흔히 사대부라는 자들은 농상農商에 관여하는 일을 치욕으로 여기며, 공기工伎에 힘쓰는 일을 수치로 여기며, 활을 쏘면서 찰札을 뚫지도 못하고, 글을 쓴다면서 겨우 성명만 쓸 줄 알면서 배불리 먹고 술에 취하여 홀홀忽忽히, 하는 일없이 이로써 세월을 녹이고, 이로써 생애를 마친다.

간혹 가세家世의 여서餘緖 덕분에 하나의 반 푼짜리 벼슬이라도 얻으면 문득 스스로 족하다 여겨 공부할 생각을 모두 잊어버린다. 그러다가 길흉吉凶이나 대사를 만나 득실을 의논할 때면, 멍하니 입을 벌린 채 마치 운무雲霧 속에 앉은 듯 답답하다.

그리고 공사公私의 연회 모임에 옛일이나 시부詩賦를 담론할 때면 꽉 막혀 머리를 떨어뜨린 채 하품과 기지개만 할 뿐이다. 유식한 자가 곁에서 보면, 그런 자를 대신하여 땅 속으로라도 기어들어가고 싶다. 그러니 어찌 몇 년의 근학勤學을 시간 아깝다고 아니하다가 그 긴 일생의 부끄러움과 모욕을 받을 수 있겠는가?

自古明王聖帝, 猶須勤學, 況凡庶乎! 此事徧於經史, 吾亦不能鄭重, 聊擧近世切要, 以啓寤汝耳. 士大夫子弟, 數歲已上, 莫不被教, 多者或至《禮》·《傳》, 少者不失《詩》·《論》. 及至冠婚, 體性稍定; 因此天機, 倍須訓誘. 有志尚者, 遂能磨礪, 以就素業; 無履立者, 自玆墮慢, 便爲凡人. 人生在世, 會當有業: 農民則計量耕稼, 商賈則討論貨賄, 工巧則致精器用, 伎藝則沈思法術, 武夫則慣習弓馬, 文士則講議經書. 多見士大夫恥涉農商, 羞務工伎, 射則不能穿札, 筆則纔記姓名, 飽食醉酒, 忽忽無事, 以此銷日, 以此終年. 或因家世餘緖, 得一階半級, 便自爲足, 全忘修學; 及有吉凶大事, 議論得失, 蒙然張口, 如坐雲霧; 公私宴集, 談古賦詩, 塞黙低頭, 欠伸而已. 有識旁觀, 代其入地. 何惜數年勤學, 長受一生愧辱哉!

【傳】春秋三傳을 말함.《左傳》·《穀梁傳》·《公羊傳》.
【體性】體質과 같음.

【素業】舊業.

【貨賄】財物을 뜻함.《周禮》天官 大宰에「以九職任萬民, 六曰商賈, 阜通貨賄」
라 하였고, 주에「金玉曰貨, 布帛曰賄」라 함.

【代其入地】이는 顔之推가 許惇을 기록한 것으로 봄.《北齊書》許惇傳에「許惇,
字季良, 高陽新城人. 雖久處朝行, 歷官淸顯, 與邢邵·魏收·陽休之·崔劼·徐之
才之徒比肩同列, 諸人或談說經史, 或吟詠詩賦, 更相嘲戲, 欣笑滿堂, 惇不解
劇談, 又無學術, 或竟坐杜口, 或隱几而睡, 深爲勝流所輕」이라 함.

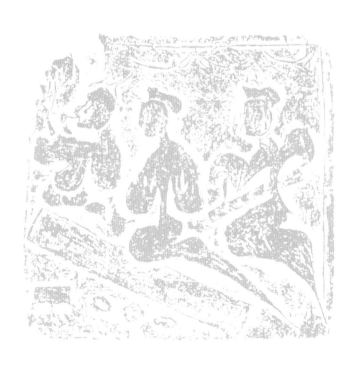

085
(8-2) 수레에서 굴러 떨어지지만
않아도 저작랑著作郎

양梁나라 전성시기 귀유자제貴遊子弟들은 거의가 학술이 없어, 심지어 속담에 이렇게 말하기까지 하였다.

"수레에서 굴러 떨어지지만 않아도 저작랑이요, 요사이 옥체 별일 없습니까 정도만 써도 비서랑은 된다."

그들이 외출할 때는 옷에 향기를 뿌리고 얼굴은 면도하고 분바르고 연지화장하고, 긴 장막을 친 좋은 수레 타고, 굽 높은 이빨 장식의 신발을 신고, 바둑판무늬 수놓은 방석에 앉아, 반점무늬 넣은 실로 된 은낭隱囊에 기대어 좌우에는 각종 놀이 기구를 진열해 놓고, 조용히 출입하니 멀리서 보면 마치 신선 같다. 그들이 명경과明經科에 급제하고 싶으면 사람을 고용하여 답책答策을 대신 지어 바치고, 삼공구경三公九卿의 잔치라면 남의 손을 빌려 가짜 부시賦詩를 내놓는다.

그러한 시대에는 역시 그렇게 하는 것이 훌륭한 선비였다. 그러나 전란이 있은 후에 조정에서는 변혁이

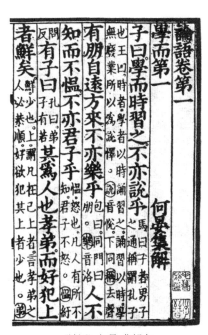

《論語》何晏 集解本

있었다. 선거選擧로 전형銓衡을 하게 되어 지난날의 친고親故로는 소용이 없게 된 것이다.

　중요한 길목의 권세를 잡은 이는 지난날의 아는 무리라고 해서 마음 놓고 방문할 수는 없게 되었다. 이 때 자신에게서 능력을 찾아보았으나 가진 것이 없었고, 세상의 쓰임에 나서보고자 하나 쓸모가 없었다. 거친 옷을 입고 집안의 보존을 잃게 되었으며, 지난날의 화려하였던 겉모습을 잃고 그 본래의 못난 바탕이 드러나 쓸쓸하기가 고목 같고, 얕은 물이 더 이상 흐를 수 없는 지경에 이른 것 같았다. 사슴이 홀로 융마戎馬 속에 죄인 모습으로 휩싸여 죽은 채 구렁텅이에 나뒹구는 신세였다. 이러한 때에 당해서는 진실로 노둔한 재목에 불과하였다.

　그러나 학술이 있고 기예가 있는 자는 밟는 땅이 곧 편안한 자리였다. 황란荒亂 이후 포로가 된 많은 사람들을 보니 비록 대대로 평범한 소인이 었지만 《논어論語》·《효경孝經》만 읽었더라도 그나마 남의 스승이 될 수 있었다. 그러나 비록 천 년을 두고 관면冠冕하였던 귀족 집안 자제라도 서기書記 정도의 일도 모른다면, 농사짓고 말먹이는 일 외에는 쓰일 수가 없었다.

　이로써 보건대 어찌 가히 스스로 힘쓰지 않을 수가 있겠는가? 만약 능히 평소에 수백 권의 책 읽기를 계속한다면 천 년이 지나도 끝내 소인으로 전락하지는 않을 것이다.

　梁朝全盛之時, 貴遊子弟, 多無學術, 至於諺云;「上車不落則著作, 體中何如則祕書.」無不熏衣剃面, 傅粉施朱, 駕長簷車, 跟高齒屐, 坐棊子方褥, 憑斑絲隱囊, 列器玩於左右, 從容出入, 望若神仙. 明經求第, 則顧人答策; 三九公讌, 則假手賦詩. 當爾之時, 亦快士也. 及離亂之後, 朝市遷革, 銓衡選擧, 非復曩者之親; 當路秉權, 不見昔時之黨. 求諸身而無所得, 施之世而無所用.

被褐而喪珠, 失皮而露質, 兀若枯木, 泊若窮流, 鹿獨戎馬之間,
轉死溝壑之際. 當爾之時, 誠駑材也. 有學藝者, 觸地而安. 自荒
亂已來, 諸見俘虜. 雖百世小人, 知讀《論語》·《孝經》者, 尚爲
人師; 雖千載冠冕, 不曉書記者, 莫不耕田養馬. 以此觀之, 安可
不自勉耶? 若能常保數百卷書, 千載終不爲小人也.

【貴遊子弟】관직이 없는 왕공 귀족의 자제.《周禮》地官 師氏에「掌國中失之事以
　教國子弟, 凡國之貴遊子弟學焉」注:「貴遊子弟, 王公之子弟. 遊, 無官司者」라 함.
【上車不落】수레에 올라 떨어지지 않는 재주만 있어도 著作郎 벼슬을 함.《太平
　御覽》23에《後魏書》를 인용하여「祕書郎, 自齊·梁之末, 多以貴遊子弟爲之,
　無其才實」라 하였고, 徐堅의《初學紀》12에는「祕書郎, 此職與著作郎自置
　以來, 多起家之選, 在中朝或以才授, 歷江左多仕貴遊, 而梁世尤甚. 當時諺曰:
　『上車不落爲著作, 體中何如則祕書.』言其不用才也」라 하였음.
【熏衣剃面】남자가 외출할 때 꾸미는 모습을 말함.《後漢書》李固傳에「固獨胡粉
　飾貌, 搔頭弄姿」라 하였고,《三國志》曹爽傳에《魏略》을 인용하여「何晏性自喜,
　動靜粉白不去手, 行步顧影」이라 하였으며,《北齊書》文宣紀에는「帝或袒露
　形體, 塗傅粉黛, 散髮胡, 雜衣錦綵」라 하여 당시 복장 풍습을 알 수 있음.
【長簷車】휘장을 길게 늘여 뜨려 덮는 수레. 王利器는《晉書》輿服志를 인용
　하여「通幰車. 駕牛, 猶如今犢車制, 但其幰通覆車上也」라 함.
【棊子方褥】바둑판무늬를 수놓은 네모난 깔개, 방석.
【明經】科學의 명칭. 六朝 때는 明經科와 明律令科가 있었음. 唐代 이후의 明經科
　는 經學을 중심으로 치르던 과거.
【三九】三公과 九卿.
【鹿獨】疊韻連綿語. 의지할 곳 없는 초라한 모습.《釋名》에「無子曰 獨, 獨, 鹿也.
　鹿鹿無所依也」라 하였고, 郝懿行은「鹿獨或當時方言, 流離顚沛之意」라 함.
【戎馬】전쟁을 뜻함.
【冠冕】벼슬을 하여 쓰는 모자. 인신하여 벼슬을 뜻함.

086
(8-3) 귀신도 숨길 수 없는 기록들

　무릇 육경六經의 가르침을 밝히 알고 백가百家의 책을 섭렵하기는 하였으나, 비록 능히 덕행을 증익시키거나 풍속을 돈려敦厲하게 하지 못한다 할지라도 오히려 하나의 기예技藝를 가지고 살면서 자신의 자질로 삼을 수는 있는 것이다.

　부형이 있다 해도 언제나 의지 할 수 있는 것은 아니며, 고을이나 나라라는 것도 언제나 보호해 주는 것은 아니다. 하루아침에 유리流離되어 누구 하나 보호해 줄 수 없게 되면, 의당 스스로 자기 자신에게서 찾아야 할 따름이다. 속담에 "재산을 천만금 쌓아 놓는다 해도, 자기 몸에 하찮은 기능하나 있느니만 못하다"라 하였다. 그 기능 중에 쉽게 익힐 수 있으면서도 가히 귀한 것으로, 독서를 넘어서는 것이 없다.

　세상 사람들은 우지愚智를 불문하고 많은 사람을 알고 일에 대한 견문을 넓히겠다고 하면서 도리어 독서하기는 즐겨하지 않으니, 이는 배부르기를 바라면서 음식 만들기에 게으르고, 따뜻하고자 하면서 옷 짓는 데 게으른 것과 같다.

　무릇 독서하는 사람은 복희伏羲 · 신농神農 이래 온 우주 아래 그들이 사귀어 알았던 몇 사람이건, 그들이 보았던 몇 가지 사건이건, 모두 알 수 있다. 일반 백성들의 성패와 호오好惡 등은 새삼 말할 필요도 없다. 천지가 능히 감출 수 있는 바가 아니며, 귀신이 능히 숨길 수 있는 바가 아니다.

夫明六經之指, 涉百家之書, 縱不能增益德行, 敦厲風俗, 猶爲一藝, 得以自資. 父兄不可常依, 鄉國不可常保, 一旦流離, 無人庇廕, 當自求諸身耳. 諺曰:「積財千萬, 不如薄伎在身.」伎之易習而可貴者, 無過讀書也. 世人不問愚智, 皆欲識人之多, 見事之廣, 而不肯讀書, 是猶求飽而嬾營饌, 欲暖而惰裁衣也. 夫讀書之人, 自羲·農已來, 宇宙之下, 凡識幾人, 凡見幾事, 生民之成敗好惡, 固不足論, 天地所不能藏, 鬼神所不能隱也.

【六經】詩·書·易·禮·樂·春秋를 말함. 六藝라고도 함.
【一藝】藝는 經과 같음.《漢書》藝文志 참조.
【羲農】伏羲와 神農. 고대 전설상의 帝王.

伏羲와 女媧(畫像石) 東漢 山東 嘉祥縣 武梁祠

087
(8-4)
옛 사람을 스승으로 삼아라

　어떤 자가 나에게 이렇게 힐난하여 물었다.

　"나는 강한 활과 긴 창을 들고 죄 있는 자를 주벌하여 백성들을 평안히 해 준 공로로 공후公侯의 벼슬을 얻은 자가 있음을 보았습니다. 그리고 도의를 해석하고 관리의 일을 익혀 시대를 바로잡고 나라를 부강하게 하였다는 공로로 경상卿相의 벼슬을 얻은 자가 있음도 보았습니다. 그런데 학문은 고금을 갖추었고, 재주는 문무를 겸비하였건만 자신은 봉록이나 지위가 없고, 처자는 굶주림에 떨고 있는 자가 헤아릴 수 없을 정도이니, 어찌 족히 배움을 귀한 것이라 할 수 있습니까?"

　나는 이렇게 대답하였다.

　"운명의 궁하고 달함은 금옥金玉이나 목석木石과 같은 것입니다. 이를 학예로써 수양함은 금옥을 갈고, 목석을 조각하는 것과 같습니다. 금옥을 가는 것은 자연히 그것이 갈기 전의 광물보다 아름다워지고, 나무를 그냥 자르거나 토막 채로 두면 이는 그것을 조각해 놓았을 때와 비교해 아름답지 못합니다. 그러나 어찌 목석의 조각이 금옥의 광물 그대로 일 때보다 낫다고 하겠습니까? 배웠으나 빈천한 경우는 배우지 않았는데도 부귀한 것과는 비교할 수 없는 것입니다. 하물며 무기를 둘러메고 병사가 된 자나, 붓을 입에 물고 낮은 벼슬아치가 된 그런 자들로써 몸이 죽은 후 이름이 사라지는 경우는 쇠털만큼이나 많습니다.

　그러나 뿔처럼 우뚝 솟아 걸출한 자는 마치 난초처럼 드물지만,

대신 비단에 글을 쓰고 황권黃卷을 뒤적이며 도와 덕을 읊조리고 노래하며 고생하는 데도 이익을 보지 못하는 자는 마치 일식처럼 적습니다. 그런가 하면 명예와 이익에 편히 즐기는 자는 가을 씀바귀처럼 흔합니다. 그러니 어찌 같은 반열에 놓고 논할 수 있겠습니까? 또 내가 듣기로 태어나면서 아는 자는 최상이요, 배워서 아는 자는 그 다음이라 하였습니다. 따라서 배움이란 많이 알아 밝히 통달하고자 함일 뿐입니다.

반드시 하늘이 내려준 재능이 있어 무리에 뛰어나고 같은 부류 중에 솟아난다면, 장수 중에는 손무孫武나 오기吳起처럼 저절로 같은 전술이 나올 것이요, 정치를 집행한다면 관중管仲이나 자산子産의 교화를 매달아 놓은 듯이 널리 퍼뜨릴 것입니다. 이런 경우 비록 글을 읽지 않았다 해도 나는 역시 배운 자라 말할 것입니다. 그런데 지금 그대는 그렇게 하지 못하면서 옛 사람의 발자취를 스승삼지 않는다면 이는 이불을 뒤집어쓰고 누워 있는 것과 같습니다."

有客難主人曰:「吾見彊弩長戟, 誅罪安民, 以取公侯者有矣; 文義習吏, 匡時富國, 以取卿相者有矣; 學備古今, 才兼文武, 身無祿位, 妻子飢寒者, 不可勝數, 安足貴學乎?」主人對曰: 「夫命之窮達, 猶金玉木石也; 脩以學藝, 猶磨瑩雕刻也. 金玉之磨瑩, 自美其鑛璞, 木石之段塊, 自醜其雕刻; 安可言木石之雕刻, 乃勝金玉之鑛璞哉? 不得以有學之貧賤, 比於無學之富貴也. 且負甲爲兵, 咋筆爲吏, 身死名滅者如牛毛, 角立傑出者如芝草; 握素披黃, 吟道咏德, 苦辛無益者如日蝕, 逸樂名利者如秋荼, 豈得同年而語矣? 且又聞之: 生而知之者上, 學而知之者次. 所以學者, 欲其多知明達耳. 必有天才, 拔羣出類, 爲將則闇與孫武・吳起同術, 執政則懸得管仲・子産之敎, 雖未讀書, 吾亦謂之學矣. 今子卽不能然, 不師古之蹤跡, 猶蒙被而臥耳.」

【主人】 顔之推 자신을 지칭함.

【咋筆】 '붓을 입에 물다'의 뜻. 小吏의 모습을 표현한 것.

【角立】 특출함을 뜻함.

【握素披黃】 비단에 베껴 붉은 천으로 말아서 싸는 것. 여기서는 부지런히 공부함을 뜻함. 盧文弨 補注에 「古者書籍 以絹素爲之.《太平御覽》六百六引《風俗通》曰: 『劉向爲孝成皇帝典校書籍十餘年, 皆先書竹, 改易刊定可繕寫者, 以上素也.』 黃者, 黃卷也. 古者書並作卷軸, 可卷舒. 用黃者. 取其不蠹」라 함.

【秋荼】 가을의 씀바귀. 아주 흔함을 비유함.

【生而知之】 聖人. '태어나면서 알다'의 뜻.《論語》述而篇에 『子曰:「我非生而知之者, 好古, 敏以求之者也.」』라 하였고, 季氏篇에는 『孔子曰:「生而知之者 上也, 學而知之者次也; 困而學之, 又其次也; 困而不學, 民斯爲下矣.」』라 하였다.

【孫武·吳起】 古代의 兵法家. 孫武는 자가 長卿이며《孫子》13편을 남김. 吳起는《吳子》48편을 남김.《史記》孫子吳起列傳 참조.

【管仲】 이름은 夷吾. 자는 仲. 춘추시대 齊桓公을 도와 패업을 이룬 名臣.《史記》管晏列傳 참조.

【子産】 춘추시대 鄭나라 大夫. 이름은 僑. 자는 子産, 시호는 成子.《史記》循吏傳 참조.

【雖未讀書】《論語》學而篇에 『子夏曰:「賢賢易色; 事父母, 能竭其力; 事君, 能致 其身; 與朋友交, 言而有信. 雖曰未學, 吾必謂之學矣.」』라 함.

088
(8-5)

성공한 자는 나름대로의 이유가 있다

사람은 이웃의 친척 중에 뛰어나고 총명한 자를 보게 되면, 자기 자제에게 앙모하며 따라 배우도록 하면서도 옛 사람을 따라 배우게 해야 함은 모르고 있으니, 그 폐단이 어찌 이렇게 되었는가?

세상 사람들은 단지 말 타고 갑옷 입고, 긴 창에 강한 활을 든 사람만 보아도 곧바로 나도 능히 장수가 될 수 있다 한다. 그러나 장수란 천도에 밝고 지리에 변별력이 있으며, 역리逆理와 순리順理를 비교하여 헤아릴 줄 알며, 흥망의 오묘함을 감달鑒達할 수 있어야 함은 알지 못하고 있다.

그리고 다만 윗사람 뜻을 이어받고 아랫사람의 요구를 접수하며 재물을 모으고 식량을 모으는 것만을 보고는, 곧바로 나도 재상이 될 수 있다고 한다. 그러나 재상이란 귀신을 공경하여 모시고 풍속을 고쳐 바로잡으며, 음양을 조절하고 어진 이와 성스러운 이를 천거해야 하는 데에 지극해야 함을 알지 못하고 있다.

정나라 자산 《三才圖會》

그리고 다만 사사로운 재물을 받지 않으며 공사公事를 이른 새벽부터 처리하는 것만을 보고는, 곧 나도 능히 백성을 다스릴 수 있다고 한다. 그러나 그러한 관리가 자신에게 성실히 하고 사물에는 냉정하며 고삐를 잡되 두 마리 말을 조절해야 하고 풍우를 그쳐 재앙을 없애며, 올빼미 같은 흉조 대신 봉황새 같은 길조가 나타나게 하는 통치술이 있어야 함은 알지 못하고 있다.

그리고 단지 명령과 법률을 잡고서 아침에는 형벌을 내리고 저녁에는 이들을 풀어 주는 것을 보고, 곧 나도 재판관이 될 수 있다고 한다. 그러나 이는 같은 수레를 타고 가면서도 누가 죄가 있는지 가려낼 줄 알며 유언으로 남긴 칼 하나 보고도 그 재물을 추적하는 능력이 있어야 하며, 거짓말 속에 간사함이 드러남을 살필 수 있어야 하며, 묻지 않고도 실정을 알아낼 수 있는 살핌이 있어야 함은 알지 못하고 있다.

농상공고農商工賈나 마구간에서 일하는 노예, 고기 잡는 이, 도살하는 백정, 소모는 이, 양치기 같은 천한 일을 하던 사람 중에도 모두 먼저 통달하는 자가 있으면, 가히 사표師表로 삼아 널리 배워 이를 찾는다면 사리에 이롭지 않은 것이 없다.

관이오(管仲)《三才圖會》

人見鄰里親戚有佳快者, 使子弟慕而學之, 不知使學古人,
何其蔽也哉? 世人但見跨馬被甲, 長矟彊弓, 便云我能爲將; 不知
明乎天道, 辨乎地利, 比量逆順, 鑒達興亡之妙也. 但知承上接下,
積財聚穀, 便云我能爲相; 不知敬鬼事神, 移風易俗, 調節陰陽,
薦擧賢聖之至也. 但知私財不入, 公事夙辦, 便云我能治民; 不知
誠己刑物, 執轡如組, 反風滅火, 化鴟爲鳳之術也. 但知抱令守律,
早刑晚捨, 便云我能平獄; 不知同轅觀罪, 分劍追財, 假言而姦露,
不問而情得之察也. 爰及農商工賈, 廝役奴隷, 釣魚屠肉, 飯牛
牧羊, 皆有先達, 可爲師表, 博學求之, 無不利於事也.

【執轡如組】《詩經》邶風 簡兮의 구절. 毛傳에「組, 織組也. 武力比於虎, 可以
御亂, 御衆有文章. 言能治衆動於近成於遠也」라 하였고, 鄭玄 箋에「碩人有御亂
御衆之德, 可任爲王臣」이라 함.

【反風滅火】비를 내리게 하여 화재를 그치게 하는 것. 이는 漢代 劉昆의 고사에서
비롯된 것임.《後漢書》(79) 劉昆傳에「劉昆字桓公, 陳留東昏(今河南省蘭封縣)人.
建武五年, 擧孝廉, 光武除爲江陵令. 時縣連年火災, 昆輒火叩頭, 多能降雨止風.
遷弘農太守, 先是崤, 黽驛道多虎災, 行旅不通, 昆爲政三年, 仁化大行, 虎皆負子
度河. 帝聞而異之. 詔問曰:『前在江陵, 反風滅火, 後守弘農, 虎北度河, 行何德政
而致是事?』昆對曰:『偶然耳.』帝歎曰:『此乃長者之言也.』」라 함.《搜神記》
에도 같은 내용이 실려 있음.

【化鴟爲鳳】흉악한 것을 상서로운 것으로 교화시킴. 漢代 仇覽의 고사에서
비롯된 것임.《後漢書》(76) 循吏列傳 仇覽傳에「仇覽字季智, 一名香, 陳留考城
(今河南省考省縣)人. 少爲書生淳默, 鄕里無智者. 年四十, 縣召補吏, 選爲蒲
亭長. 勸人生業, 朞年稱大化. 覽初到亭, 人有陳元者, 獨與母居, 而母詣覽告元
不孝. 覽乃親到元家, 與其母子飮, 因爲陳人倫孝行, 譬以禍福之言. 元卒成孝子.
鄕邑爲之諺曰:『父母何在在我庭, 化我鳲梟哺所生.』時孝城令河內王渙, 聞覽以
德化人, 署爲主薄, 謂覽曰:『主薄聞陳元之過, 不罪而化之, 得無少鷹鸇之志邪?』
覽曰:『以爲鷹鸇, 不若鸞鳳.』」이라 함.

【同轅觀罪】 법관의 죄인을 정확히 판별해 냄을 뜻함. 같은 수레에 타고 있어도 그 중 누가 죄인인가를 살펴 알아냄.《左傳》成公 17年에「郤犫與長魚矯爭田, 執而桎之, 與其父母妻子同轅」라 하였고, 杜預 注에「縶之車轅」라 하였으며 顔之推는 이에 근거한 것으로 보임. 그러나 자세한 근거는 알 수 없음.

【分劍追財】 遺言의 본뜻을 알아 유산을 되돌려 준 고사.《太平御覽》639에 《風俗通》을 인용하여「沛郡有富家公, 貲二千餘萬. 子纔數歲, 失母, 其女不賢. 父病, 令以財盡屬女, 但遺一劍, 云:『兒年十五, 以還付之.』其後又不肯與兒, 乃訟之. 時太守大司空何武也, 得其辭, 顧謂掾吏曰:『女性彊梁, 壻復食鄙, 畏害其兒, 且寄之耳. 夫劍者所以決斷; 限年十五者, 度其子智力足聞縣官, 得以見伸展也.』乃悉奪財還子」라 함.

【假言而姦露】 헛되고 간사한 말은 자신도 모르는 사이에 노출됨을 뜻함.《魏書》李崇傳에「……崇爲揚州刺史. 先是, 壽春縣人苟泰有子三歲, 遇賊亡失, 數年, 不知所在, 後見在同縣人趙奉伯家, 泰以狀告, 各言己子, 並有鄰證. 郡縣不能斷. 崇曰:『此易知耳.』令二父與兒各在別處, 禁經數旬, 然復遣人告之曰:『君兒遇患, 向已暴死.』苟泰聞, 卽號咷, 悲不自勝; 奉伯咨嗟而已, 殊無痛意. 崇察之知, 乃以兒還泰」라 함.

【不問而情得之察】 물어보지도 않고도 그 실정을 살펴 알아냄.《晉書》陸雲傳에「……雲爲浚儀令. 人有見殺者, 主名不立, 雲錄其妻而無所問. 十許日遣出, 密令人隨後, 謂曰:『不出十里, 當有男子候之與語, 便縛來.』旣而果然. 問之, 具服, 云:『與此妻通, 共殺其夫, 聞其得出, 故遠相要候.』於是一縣稱其神明」이라 함.

【爰及農商工賈】 趙曦明 注에「古聖賢如舜, 伊尹皆起於耕, 後世賢而躬耕者多, 不能以偏奉. 尸子曰:『子貢, 衛之賈人.』《左傳》數鄭商人弦高及賈人之謀出苟塋而以爲德者, 皆賢達也. 工如齊之斲輪及東郭牙; 廝役僕隷如兒寬爲諸生都養, 王象爲人僕隷而私讀書; 釣魚屠牛, 皆齊太公事; 飯牛, 審戚事; 卜式, 路溫舒, 張華, 皆嘗牧羊. 史傳所載, 如此者非一」라 함.『賈』는 '고'로 읽음.

089
(8-6) 독서하면 이렇게 변한다

　무릇 독서하고 학문하는 이유는 본래 마음을 열고 눈을 밝혀 행동에 이익이 되고자 함에 있을 뿐이다. 어버이를 봉양할 줄 모르던 자가, 옛 사람이 먼저 부모 뜻을 살펴 그 얼굴빛에 의해 행하며, 부드러운 소리로 기를 낮추고, 힘들고 어려움을 꺼리지 않으며 맛있는 육식으로 대접하면서도 안타깝게 여겨 부끄러워하고, 두려워하였음을 보게 되면 일어나 이를 실행하려 할 것이다. 또 임금을 섬길 줄 모르던 자가, 옛 사람이 직무를 지켜 남의 일을 침범함이 없고 위험을 보면 목숨을 내놓으며, 성실한 간언은 잊지 않아 사직에 이로움을 주면서도 모자란다고 여겨, 스스로 염려하였음을 보게 되면 이를 본받고자 하는 생각을 갖게 될 것이다.

　그런가 하면 평소 거만하고 사치하는 자가, 옛 사람이 공검하고 절용하며, 스스로 낮추어 자신을 수양하며 예禮를 가르침의 근본으로 하고, 공경을 자신의 기본으로 삼으면서도 혹시 과실이 있을까 두려워하였음을 보게 되면 용모를 여미고 뜻을 억제하려 할 것이다.

　그리고 평소 비루하고 인색한 자가, 옛 사람이 의를 귀히 여기고 재물을 가벼이 여기며 자신은 적게 갖고 욕심을 줄이며, 가득 찬 것을 꺼리고 싫어하며, 궁한 사람, 없는 자를 구휼하면서도 얼굴이 붉도록 후회하고 부끄러워하였음을 보게 되면, 모아서 이를 능히 흩어 쓰려고 하게 될 것이다.

그리고 평소 포악하고 못된 짓 하는 자가, 옛 사람이 조심하여 자신을 낮추고 이가 부러져도 혀가 있으면 된다 하고, 더러운 때를 머금고 병을 지닌 채 어진 이를 존경하고 무리를 용납하면서도 의기가 모자랐다고 상심하였음을 보게 되면 스스로도 마치 옷의 무게를 이겨낼 수 없을 듯하게 될 것이다.

평소 겁 많고 나약한 자라면 옛 사람이 삶에 통달하여 목숨을 맡기고, 강의정직彊毅正直하여 약속한 말은 반드시 지키며, 복을 구하겠다고 되돌아옴이 없음에도 발연히 분려하였음을 보게 되면 두려워하거나 겁냄이란 없이 하고자 할 것이다.

이상의 여러 가지 외에 백 가지 행동이 모두 그런 것이니, 비록 능히 온전히 그렇게는 못한다 해도 지나침이나 심한 것은 없앨 수 있다. 배워서 아는 바는 베풂에 통달하지 못할 것이 없다.

세상 사람들 중에 독서하는 자로써 단지 말로만 능히 그렇게 할 뿐, 이를 능히 실행하지 못하는 자가 있다. 그 때문에 충효도 들리는 소문이 없고, 인의에 대한 태도도 족하지 못하다. 그 때문에 어떤 한 가지 송사를 판단함에도 반드시 그 법리法理를 모두 터득하였다고 할 수 없으며, 그에게 천 호千戶의 현縣을 다스리게 하면 그 백성을 이치대로 다스렸다고 할 수 없으며, 그에게 집짓는 일을 물으면 문미門楣는 가로로, 기둥을 세로로 세워야 함을 다 아는 것은 아니며, 그에게 농사일을 물으면 피는 일찍 자라고 기장은 느리게 자람을 다 아는 것은 아니다.

이러한 사람은 그저 읊조리고 휘파람 불며 헛된 말장난이나 하여 사부辭賦를 외우고 읊으며, 일에는 나 몰라라 한가히 하며 한갓 우탄한 언론이나 증가시킬 뿐, 군국軍國의 경륜經綸에는 대체로 써먹을 데가 없다.

그러므로 무인武人이나 속리俗吏들에게 조차 한결같이 비웃음을 사는 것은 진실로 여기에서 말미암은 것이다.

夫所以讀書學問, 本欲開心明目, 利於行耳. 未知養親者, 欲其
觀古人之先意承顏, 怡聲下氣, 不憚劬勞, 以致甘腝, 惕然慙懼,
起而行之也; 未知事君者, 欲其觀古人之守職無侵, 見危授命,
不忘誠諫, 以利社稷, 惻然自念, 思欲效之也; 素驕奢者, 欲其
觀古人之恭儉節用, 卑以自牧, 禮爲教本, 敬者身基, 瞿然自失,
斂容抑志也; 素鄙吝者, 欲其觀古人之貴義輕財, 少私寡慾, 忌盈
惡滿, 賙窮卹匱, 赧然悔恥, 積而能散也; 素暴悍者, 欲其觀古
人之小心黜己, 齒弊舌存, 含垢藏疾, 尊賢容衆, 苶然沮喪, 若不
勝衣也; 素怯懦者, 欲其觀古人之達生委命, 彊毅正直, 立言
必信, 求福不回, 勃然奮厲, 不可恐懾也: 歷茲以往, 百行皆然.
縱不能淳, 去泰去甚. 學之所知, 施無不達. 世人讀書者, 但能
言之, 不能行之, 忠孝無聞, 仁義不足; 加以斷一條訟, 不必得
其理; 宰千戶縣, 不必理其民; 問其造屋, 不必知楣橫而梲豎也;
問其爲田, 不必知稷早而黍遲也; 吟嘯談謔, 諷咏辭賦, 事旣
優閑, 材增迁誕, 軍國經綸, 略無施用: 故爲武人俗吏所共嗤詆,
良由是乎!

【先意承顏】 부모의 마음을 헤아려 순종함을 뜻함.《禮記》祭義에「先意承志,
論父母於道」라 함. 盧文弨의 補注에《晉書》孝友傳을 인용하여「柔色承顏,
怡怡以樂」이라 함.
【怡聲下氣】《禮記》內則에「下氣怡聲, 問衣燠寒」이라 함.
【齒弊舌存】 이는 닳아 빠져도 혀는 남아 있음.《老子》의「柔弱勝剛强」의 뜻.
《說苑》敬愼篇에「……常摐有疾, 老子往問焉, 張其口而示老子曰:『吾舌存乎?』
老子曰:『然.』曰:『吾齒存乎?』老子曰:『亡.』常摐曰:『子知之乎?』老子曰:
『夫舌之存也, 豈非以其柔耶? 齒之亡也, 豈非以其剛耶?』常摐曰:『嘻, 是已.
天下之事已盡, 無以復語子哉!』라 함.

【含垢藏疾】 어려움을 참아 냄을 뜻함.《左傳》宣公 15년에 「川澤納汗, 山藪藏疾, 瑾瑜匿瑕, 國君含垢, 天之道也」라 함.

【尊賢容衆】 어진 이를 높이고 무리를 용납함.《論語》子張篇에 『子夏之門人問交於子張. 子張曰:「子夏云何?」對曰:「子夏曰:『可者與之, 其不可者拒之.』」 子張曰:「異乎吾所聞: 君子尊賢而容衆, 嘉善而矜不能. 我之大賢與, 於人何所不容? 我之不賢與, 人將拒我, 如之何其拒人也?」』라 하였다.

【求福不回】 복을 구하되 正道로써 함.《詩經》大雅 旱麓의 구절.

【去泰去甚】 지나치거나 심한 것을 제거하여 中庸의 도를 지킴.《老子》29장에 『將欲取天下而爲之, 吾見其不得已. 天下神器, 不可爲也, 不可執也. 爲者敗之, 執者失之. 故物或行或隨, 或歔或吹, 或强或羸, 或載或隳. 是以聖人去甚, 去奢, 去泰』라 함.

090
(8-7) 배우지 아니함만 못한 공부

무릇 배움이란 이익됨을 찾기 위한 것이다. 그런데 수십 권의 책을 읽기만 해도 문득 스스로 높고 위대하다 여겨, 어른을 능멸하며 같은 등급을 경시하고 거만하게 구는 경우를 볼 수 있다. 그래서 남이 그런 자를 질시하기를 원수 같이 여기며, 미워하기를 부엉이나 올빼미처럼 여긴다. 만약 이렇게 배움을 가진 것이 도리어 자신을 손상시키는 일이라면 이는 배우지 아니함만 못하다.

夫學者所以求益耳. 見人讀數十卷書, 便自高大, 凌忽長者, 輕慢同列; 人疾之如讐敵, 惡之如鴟梟. 如此以學自損, 不如無學也.

【鴟梟】올빼미·부엉이 등의 맹금류. 그 어미를 잡아먹는 새라 믿었음.
【自損】스스로 덜어 겸손히 함. 《周易》損卦 참조.

치효《毛詩品物圖攷》

091
(8-8) 배움이란 나무를 심는 것과 같다

옛날의 배우는 자는 자신을 위하되 부족한 바를 보충하였으나, 오늘날의 배우는 자는 남에게 보이려고 하여, 다만 입으로 떠드는 데에만 능하다. 옛날의 배우는 자가 남을 위해 배웠다 함은, 도를 행하여 세상을 이롭게 함이다. 오늘날 배우는 자가 자신을 위한다 함은, 제 몸을 닦아 세상에 나가 현달하고자 함이다.

무릇 배움이란 나무 심는 것과 같으니 봄에는 그 꽃을 즐기고, 가을에는 그 열매를 얻을 수 있다. 문장을 강론하는 것이 봄꽃이요, 자신을 수양하여 행동에 이롭게 함이 가을 열매이다.

古之學者爲己, 以補不足也; 今人學者爲人, 但能說之也. 古之學者爲人, 行道以利世也; 今人學者爲己, 脩身以求進也. 夫學者猶種樹也, 春玩其華, 秋登其實, 講論文章, 春華也, 脩身利行, 秋實也.

【古之學者爲己】《論語》憲問篇에『子曰:
「古之學者爲己, 今之學者爲人.」』이라
하였고, 漢代 孔安國이「爲己, 履而行之;
爲人, 徒能言之」라 하여 顔之推가 이를
근거로 말한 것으로 보임.

「春華秋實」 摩河 宣柱善(현대)

092
(8-9)
어릴 때 외운 것은
지금도 입에 붙어 있다

사람이 태어나 어릴 때에는 정신을 오로지 하여 날카롭지만, 장성한 이후에는 사려가 산일해진다. 진실로 모름지기 일찍부터 가르쳐 그 기회를 놓치지 말아야 한다. 나는 7살 때에 〈영광전부靈光殿賦〉를 외워 오늘에 이르도록 10년에 한 번만 보아도 아직 잊지 않고 있다. 그러나 20살이 넘어서 외운 바의 경서經書는 한 달만 던져두어도 곧바로 황무荒無한 지경에 이르고 만다. 사람들 중에는 곤궁함에 빠져 한창 때 배움을 잃는 경우도 있다. 그래도 오히려 늦게라도 배워야 하며 스스로 포기해서는 안 된다.

공자孔子는 "50에 《역易》을 배워 가히 큰 과실은 없었다"라 하였다. 위魏 무제武帝와 원유袁遺는 늙어서도 더욱 독실하게 하였으니, 이는 모두가 어려서부터 배웠으면서도 늙어서도 싫증을 느끼지 않은 예이다. 증자曾子는 70(17)에 배움을 시작하여 천하에 이름을 날려 석유碩儒가 되었으며, 공손홍公孫弘은 40 넘어 비로소 《춘추》를 배워 이로써 드디어 승상의 지위에 올랐다. 주운朱雲

위태조(曹操) 《三才圖會》

역시 40에 비로소 《역》·《논어》를 배우기 시작하였으며, 황보밀皇甫謐은 20에 비로소 《효경》·《논어》를 배웠다. 그런데 이들 모두 마침내 대유大儒가 되었으니, 이는 어려서는 미혹하였으나 만년에 깨닫게 된 이들이다.

　세상 사람들은 관례나 혼례의 나이가 되도록 아직 배우지 않았다가 이미 늦었다고 말하면서 그런 인습에 젖어 담장을 마주하고 무식한 채 살고 있으니, 역시 어리석은 일이다. 어려서 배우는 것은 마치 해가 났을 때의 빛과 같으나, 늙어서 배우는 것은 마치 촛불을 잡고 밤에 걷는 것과 같다. 그렇다 해도 까막눈에 아무 것도 볼 수 없는 것보다는 나으리라.

人生小幼, 精神專利, 長成已後, 思慮散逸, 固須早教, 勿失機也. 吾七歲時, 誦〈靈光殿賦〉, 至於今日, 十年一理, 猶不遺忘; 二十之外, 所誦經書, 一月廢置, 便至荒蕪矣. 然人有坎壈, 失於盛年, 猶當晚學, 不可自棄. 孔子云:「五十以學《易》, 可以無大過矣.」 魏武·袁遺, 老而彌篤, 此皆少學而至老不倦也. 曾子七十乃學, 名聞天下; 荀卿五十, 始來遊學, 猶爲碩儒; 公孫弘四十餘, 方讀《春秋》, 以此遂登丞相; 朱雲亦四十, 始學《易》·《論語》; 皇甫謐二十, 始受《孝經》·《論語》;

荀子(기원전 313~전 238)

皆終成大儒, 此並早迷而晚寤也. 世人婚冠未學, 便稱遲暮, 因循
面牆, 亦爲愚耳. 幼而學者, 如日出之光, 老而學者, 如秉燭夜行,
猶賢乎瞑目而無見者也.

【靈光殿賦】東漢 王延壽가 지은 賦 작품.《後漢書》文苑傳에「王逸子延壽,
　字文孝, 有俊才, 少遊魯國, 作靈光殿賦」라 함.《文選》에 수록되어 있음.
【坎壈】疊韻連綿語. 곤궁하여 뜻을 얻지 못함을 뜻함.
【五十以學易】《論語》述而篇에『子曰:「加我數年, 五十以學易, 可以無大
　過矣.」』라 하였다.
【魏武】三國 魏나라의 武帝 曹操. 자는 孟德.《三國志》魏書 武帝紀 注에「御軍
　三十餘年, 手不捨書, 晝則講武策, 夜則思經傳, 登高必賦, 及造新詩, 被之管絃,
　皆成樂章」이라 하였고,《吳書》呂蒙傳 注에《江表傳》을 인용하여「孟德亦自謂
　老而好學」이라 함.
【袁遺】後漢 때의 인물로 袁紹의 從兄. 자는 伯業. 長安令을 지냈으며 袁術에게
　패함.
【曾子七十乃學】曾子는 曾參을 가리킴. 孔子 弟子로 孝에 이름이 났던 人物.
　그러나 여기「七十」은「十七」의 오기로 봄(王利器). 고대「八歲入小學」이라
　하여 8살에 文字學을 공부하였으나, 증자는 17살에야 겨우 공부를 시작하여
　남보다 늦었으나 열심히 하여 성취를 이루었음을 강조한 것임.
【荀卿】荀況. 漢代 이후에는 흔히 漢宣帝 劉詢의 詢과 음이 같음을 피하여 孫卿으
　로 표기함. 그가 늦게 공부를 시작한 기록은《史記》孟荀列傳에「荀卿, 趙人,
　年五十, 始來遊學於齊」라 한 것을 근거로 한 것임.
【公孫弘】漢代의 大學者. 자는 季. 40이 되어서야《春秋》를 공부하기 시작하여
　武帝 때 博士가 되었으며, 丞相에까지 올랐음.《史記》公孫弘傳 참조.
【朱雲】漢代 인물로 젊어 任俠을 좋아하였으나 40에 비로소《周易》과《論語》를
　배워 대성함.《漢書》朱雲傳 참조.
【皇甫謐】晉나라 때 학자. 자는 士安 스스로『玄晏先生』이라 하였으며, 나이
　20에 학문을 시작하여 諸子百家에 통달함.《高士傳》·《帝王世紀》(失傳) 등을
　저작함.《晉書》皇甫謐傳 참조.

093
(8-10)

박사가 나귀를 사면서
나귀 「려驢」자도 모른다

　배움의 흥폐는 시대에 따라 경중輕重이 있다. 한漢나라 때의 훌륭한 학자들은 모두가 하나의 경經으로서 성인의 도를 넓혀, 위로는 천시天時에 통하고, 아래로는 인사人事를 포함하여, 이를 써서 경상卿相에 이른 자가 많았다.

　그러나 말속末俗 이래로 다시 그러한 풍조는 부흥되지 못하였다. 한갓 장구章句만을 고집하고 그저 스승의 말만 외워 이를 세상의 업무에 베풀었으나, 거의 한 가지도 쓸 만한 것이 없었다. 그 때문에 사대부의 자제는 모두가 널리 섭렵하는 것을 귀히 여겨, 한 가지만 전일專一하는 선비는 되지 않으려 하였다. 양梁나라는 황손皇孫 이하 머리를 묶은 총관總丱의 나이가 되면 반드시 먼저 학문에 들어가 그가 뜻 둔 바를 관찰하여, 출사出仕한 이후에도 곧 관리의 일을 익히게 하였으나, 대체로 끝까지 마친 자가 없었다. 사대부들 중에 이를 해낸 자는 하윤何胤·유환劉瓛·명산빈明山賓·주사周捨·주이朱异·주홍정周弘正·하침賀琛·하혁賀革·소자정蕭子正·유도劉縚 등으로, 이들은 문장과 관리官吏로서의 능력을 겸통하여 한갓 강설講說로만 한 것이 아니었다.

　낙양洛陽에도 최호崔浩, 장위張偉, 유방劉芳 등이 이름이 났었고, 업하鄴下에는 다시 형자재邢子才가 드러났으니, 이 네 사람의 선비는 비록 경술經術을 좋아하였으나, 역시 재주가 넓은 것으로도 이름을 떨쳤다.

　이와 같은 여러 선비는 그 때문에 상품上品이 될 수 있었으나 그 밖에는 거의가 농촌의 편벽한 사람들로, 음사音辭가 비루하고 풍조風操가

치졸稚拙하여, 서로 더불어 독단적이고 고집이 심해 견뎌낼 수가 없었다. 한 마디를 물으면 문득 수백 마디를 하고, 그 뜻의 귀결점을 파고들면 혹 설명을 해내지 못한다.

업하鄴下의 속담에 "박사란 자가 나귀 한 마리 사겠다고 계약서 3장 쓰면서 나귀 려驢자는 찾아볼 수 없다"라 하였다. 너희들에게 이런 사람을 스승으로 삼게 하였다면 사람이 숨조차 막히고 말게 되었을 것이다.

공자孔子는 "배움에는 그 가운데에 녹祿이 있다"라 하였다. 지금 무익한 일에 힘쓴다면 이는 아마 공자가 말한 그 본업이 될 수 없을 듯하다. 무릇 성인의 글이란 가르침을 설정한 것이다. 단지 경문經文을 밝혀 익히고, 주석注釋은 대략 통하여 일상생활 나의 언행에 터득함이 있도록 하면, 역시 사람 되기에 족한 것이다. 어찌 반드시 「중니거仲尼居」를 두고 두 장이나 되는 소의疏義를 지어내어 「거居」자를 연침燕寢이니 강당講堂이니 하며, 그곳이 어디를 뜻하는 것이라고 거듭 떠들 필요가 있겠는가? 시간은 가히 아껴야 할 것이니, 비유컨대 흐르는 물과 같다. 마땅히 그 기틀의 중요함을 널리 보아 이로써 공과 업적을 이루어야 한다. 필히 이 두 가지를 겸하여 함께 갖추어 훌륭히 할 수 있다면 나는 더 할 말이 없을 것이다.

學之興廢, 隨世輕重. 漢時賢俊, 皆以一經弘聖人之道, 上明天時, 下該人事, 用此致卿相者多矣. 末俗已來不復爾, 空守章句, 但誦師言, 施之世務, 殆無一可. 故士大夫子弟, 皆以博涉爲貴, 不肯專儒. 梁朝皇孫以下, 總丱之年, 必先入學, 觀其志尙, 出身已後, 便從文史, 略無卒業者. 冠冕爲此者, 則有何胤・劉瓛・明山賓・周捨・朱异・周弘正・賀琛・賀革・蕭子政・劉綽等, 兼通文史, 不徒講說也. 洛陽亦聞崔浩・張偉・劉芳, 鄴下又

見邢子才: 此四儒者, 雖好經術, 亦以才博擅名. 如此諸賢, 故爲上品, 以外率多田野閒人, 音辭鄙陋, 風操蚩拙, 相與專固, 無所堪能, 問一言輒酬數百, 責其指歸, 或無要會. 鄴下諺云: 「博士買驢, 書券三紙, 未有驢字.」 使汝以此爲師, 令人氣塞. 孔子曰: 「學也, 祿在其中矣.」 今勤無益之事, 恐非業也. 夫聖人之書, 所以設教, 但明練經文, 粗通注義, 常使言行有得, 亦足爲人; 何必「仲尼居」卽須兩紙疏義, 燕寢講堂, 亦復何在? 以此得勝, 寧有益乎? 光陰可惜, 譬諸逝水. 當博覽機要, 以濟功業; 必能兼美, 吾無閒焉.

【致卿相者多矣】漢代에는 한 가지 經만을 통달하여 승상에 오른 인물이 많았음을 뜻함. 公孫弘은 《春秋》에 통달하여 승상이 되었고, 平當과 孔光은 《尚書》의 대가로, 그리고 韋賢은 《詩》와 《禮》로써, 翟方進은 《春秋傳》으로 승상에 올랐음. 《漢書》儒林傳 참조.

【總丱】總角과 같음. 머리를 묶어 양쪽이 뿔처럼 한 것으로 청년으로서 결혼 전에 하던 남자의 두발 모습. 幼年의 뜻.

【何胤】南朝 梁나라 때 人物. 자는 子季. 何點의 아우이며 劉瓛에게 수학하여 《易》·《禮記》·《毛詩》에 통달하였음. 《周易注》10권, 《毛詩總集》6권, 《毛詩隱義》10권, 《禮記隱義》20권, 《禮答問》55권 등의 저작을 남김. 《梁書》處士傳 참조.

【劉瓛】南朝 齊나라 때의 학자. 자는 子珪. 五經에 박통하여 제자들을 가르쳤으며 彭城郡丞을 배수받기도 함. 《南齊書》劉瓛傳 참조.

【明山賓】南朝 梁나라 때의 학자로 자는 孝若. 《吉禮儀注》224권, 《禮儀》20권, 《孝經喪服儀》15권 등을 남김. 《梁書》明山賓傳 참조.

【周捨】南朝 梁나라 때의 학자. 자는 昇逸. 武帝가 그를 尚書祠部郎을 삼아 禮制를 정리하였음. 《梁書》周捨傳 참조.

【朱异】역시 梁나라 때의 학자로 자는 彦和. 五經에 박통하여 《禮》·《易講疏》·《儀注》등과 《文集》등 100여 편을 남김. 《梁書》朱异傳 참조.

【周弘正】남조 陳나라 때 인물로 周捨의 從子. 자는 思行, 시호는 簡子.《周易講疏》16권,《論語疏》11권,《莊子疏》8권,《老子疏》5권,《孝經疏》2권, 문집 20권 등을 남김.《陳書》周弘正傳 참조.

【賀琛】남조 앙나라 때의 학사. 자는 國寶. 三禮에 능통했으며《五經滯義》·《諸儀法》등 100여 편을 남김.《梁書》賀琛傳 참조.

【賀革】남조 梁나라 때의 人物. 자는 文明. 賀瑒의 아들. 三禮에 능통하였음.《梁書》賀瑒傳 참조.

【蕭子政】남조 梁나라 때 인물.《周易義疏》14권,《周易繫辭義疏》2권,《古今篆隷雜字體》1권 등을 남김.《隋書》經籍志 참조.

【劉紹】남조 梁나라 때 인물. 劉昭의 아들로 자는 言明이며 三禮에 박통하였음.《先聖本記》10권을 남김.《南史》文學傳(劉昭) 참조.

【崔浩】北朝 魏나라 때의 인물로 자는 伯淵. 太常卿·司徒 등을 지냈음.《魏書》崔浩傳 참조.

【張偉】北朝 魏나라 때의 인물로 자는 仲業. 經史에 능통하여 제자가 수 백명이었다 함. 平東將軍·營州刺史 등을 지냄.《魏書》儒林傳 참조.

【劉芳】북조 魏나라 때의 인물. 자는 伯文. 經史와 音韻에 두루 밝았다 함.《諸儒所注周官》,《儀禮音》,《尙書音》,《穀梁音》,《國語音》,《毛詩箋音義證》,《禮記義證》,《周官》,《儀禮證》등을 남김.《魏書》劉芳傳 참조.

【邢子才】북조 齊나라 때의 인물. 이름이 邵이며 자가 子才임.《文集》33권이 전함.《北齊書》邢邵傳 참조.

【祿在其中】열심히 공부하면 그 속에 녹이 있다는 뜻.《論語》衛靈公篇에『子曰:「君子謀道不謀食. 耕也, 餒在其中矣; 學也, 祿在其中矣. 君子憂道不憂貧.」』이라 하였고,《朱子集註》에『耕所以謀食, 而未必得食. 學所以謀道, 而祿在其中. 然其學也, 憂不得乎道而已; 非爲憂貧之故, 而欲爲是以得祿也. 尹氏曰:「君子治其本而不卹其末, 豈以自外至者爲憂樂哉?」』라 함.

【燕寢講堂】이는《孝經》의『仲尼居』를 두고 居자가 燕居(평상시)이니, 강당이니 하고 자질구레한 문제를 두고 다툼을 뜻함.

094
(8-11)
모르면서 남을 비방하지 말라

　세속의 선비들은 여러 책을 두루 섭렵하지 않고 그저 경서經書·
위서緯書 이외에 의소義疏만을 볼 뿐이다. 내가 처음 업鄴에 들어와
박릉博陵의 최문언崔文彦과 교유하게 되었을 때, 《왕찬집王粲集》 속에
있는 정현鄭玄의 《상서尚書》 주를 힐난함에 대한 토론을 벌이게 되었다.
　최문언이 여러 선비들에게 이를 차례로 설명하자, 다른 사람들은
장차 그가 입을 열려고 하면 그 의견을 꼬집어 배척하면서 이렇게
말하는 것이었다.
　"문집이란 다만 시부詩賦와 명뢰銘誄만을 싣는 것인데 어찌 경서를
논한 것이 있겠는가? 게다가 선유先儒 중에 왕찬이란 학자는 들어 보지도
못하였다."
　최문언은 이를 듣고 웃으면서 물러서되 끝내 《왕찬집》을 펴서 보여주
지 않는 것이었다.
　또 위수魏收란 사람이 의조議曹에 재직할 때 여러 박사들과 종묘宗廟에
관한 일을 의논하면서 "《한서漢書》를 근거로 인용하였다"라 하였다.
그러자 박사들이 웃으면서 "《한서》를 근거로 경술經術을 증거 한다는
말은 듣지 못하였소"라는 것이었다. 위수는 분노하여 더 이상 말을
하지 않고, 《한서》의 〈위현성전韋玄成傳〉을 찾아 이를 집어던지고 일어
섰다. 박사들이 밤새 서로 책을 뒤져 찾아내기 시작하였다. 이튿날
날이 밝자 그제야 위수에게 찾아와 이렇게 사과하였다.
　"위현성이 이와 같은 학문을 가졌는지 미처 몰랐습니다."

俗間儒士, 不涉羣書, 經緯之外, 義疏而已. 吾初入鄴, 與博陵崔文彦交遊, 嘗說《王粲集》中難鄭玄《尚書》事. 崔轉爲諸儒道之, 始將發口, 懸見排蹙, 云:「文集只有詩賦銘誄, 豈當論經書事乎? 且先儒之中, 未聞有王粲也.」崔笑而退, 竟不以《粲集》示之. 魏收之在議曹, 與諸博士議宗廟事, 引據《漢書》, 博士笑曰:「未聞《漢書》得證經術.」收便忿怒, 都不復言, 取〈韋玄成傳〉, 擲之而起. 博士一夜共披尋之, 達明, 乃來謝曰:「不謂玄成如此學也.」

【經緯】漢末에 성행했던 經書와 緯書의 논란을 뜻함. 당시 학자들은 經書가 있으면 당연히 緯書가 있어야 한다고 보아, 吉凶禍福의 사상을 여기에 附會하여 《易緯》·《書緯》·《詩緯》·《禮緯》·《樂緯》·《春秋緯》·《孝經緯》 등 7종을 지어냈음.

【博陵】지명. 지금의 河北省 安平縣.

【崔文彦】자세히 알 수 없음.

【王粲】삼국시대 문학가. 자는 仲宣. 短賦에 능했으며, 蔡邕의 칭찬을 받음. 《後漢侍中王粲集》11권이 《隋書》 經籍志에 저록되어 있음.

【鄭玄】東漢 말의 대학자. 經學과 數學에 뛰어났음. 자는 康成. 《易》, 《詩》, 《書》, 《周禮》, 《禮記》, 《儀禮》, 《論語》, 《孝經》, 《尙書大傳》 등 경서의 주석이 있으며, 《天文七政篇》, 《六藝論》, 《毛詩譜》 등의 저술이 있음. 《後漢書》 鄭玄傳 참조. 한편 《王粲集》에 鄭玄의 《尙書》를 두고 논란을 벌인 일에 대해 盧文弨는 《困學紀聞》(二)를 인용하여, 「粲集中難鄭玄《尙書》事, 今僅見於唐元行沖釋疑. 王粲曰:『世稱伊雒以東, 淮漢以北, 康成一人而已. 咸言先儒多闕, 鄭氏道備. 粲竊嗟怪, 因求所學, 得《尙書注》. 退思其意, 意皆盡矣, 所疑猶未喩焉.』凡有二篇」이라 하였음.

【魏收】北齊의 史學家. 자는 伯起. 《魏書》를 지었음. 《北齊書》 魏收傳 참조.

【韋玄成】漢나라 때의 인물. 자는 少翁. 韋賢의 막내아들로 아버지의 업을 이었으며, 元帝 때 丞相에 오름. 《漢書》 韋賢傳 참조.

095
(8-12) 나는 현학을 좋아하지 않는다

　무릇 《노자老子》・《장자莊子》의 책은 대체로 전진양성全眞養性하여 외물이 자신을 얽어매는 것을 싫어하는 내용들이다. 그 때문에 노자는 주사柱史라는 이름으로 자신을 숨겼다가 끝내는 유사流砂로 사라져 버렸다. 그런가 하면 장자는 칠원漆園에 종적을 숨겨 끝내 초楚나라 재상자리를 사양하였다. 이들은 임종任縱의 무리일 뿐이다.

　하안何晏과 왕필王弼은 이러한 현학玄學을 조종祖宗으로 삼아 서술하여 서로 이어가며 과장하고 숭상하여, 마치 영부초미景附草靡하듯 하였다. 모두가 신농神農・황제黃帝의 교화가 자신의 몸에 있다고 여겼으며, 주공周公과 공자의 업은 도외시하여 버리고자 하였다.

　게다가 하안何平叔은 당을 짓다가 조상曹爽에게 죽음을 당하였으니, 이는 권세의 법망에 걸려 죽음을 맞은 것이다.

　왕필王弼은 남 비웃기를 잘하여 사람들로부터 질시를 받았으니, 이는 남을 이기기 좋아하는 함정에 빠진 것이다.

　산도山濤는 재물 모으기에 힘써 비난을 입었으니, 이는 많이 모으면 많이 잃는다는 옛글을 위배한 것이다.

　하후현夏侯玄은 재능과 명망 때문에 죽음을 당하였으니, 이는 《장자》가 말한 지리옹종支離擁腫의 감계鑑戒가 없었기 때문이다.

　순봉천荀奉倩, 荀粲은 아내를 잃고 상심한 끝에 죽었으니, 이는 《장자》의 고부지정鼓缶之情과 차이가 있다.

　왕이보王夷甫, 王衍는 죽은 아들을 애도하다가 그 슬픔을 스스로 이겨내지 못하였으니, 이는 《열자》의 동문오東門吳와는 다르다.

혜숙야稽叔夜, 稽康는 풍속을 거슬렀다가 화를 당하였으니, 어찌 《노자》의 화광동진和光同塵의 유파라 할 수 있겠는가?

곽자현郭子玄, 郭象은 행동이 지나쳤고 권세를 전횡하였으니, 이것이 어찌 후신외기後身外己할 줄 아는 겸양의 모습이겠는가?

완사종阮嗣宗, 阮籍은 술에 절어 황미荒迷하였으니, 외도상계畏途相誡의 비유를 어그러뜨린 것이다.

사유여謝幼輿, 謝鯤는 뇌물을 받다가 쫓겨났으니, 《회남자》 여어餘魚의 본뜻을 저버린 것이다.

저들 여러 사람은 모두가 그 영수領首로써 현종玄宗이 귀의하는 바였다. 그 밖의 질곡桎梏과 진재塵滓 속에 묻혀 명리名利 아래에 엎어져 살던 이들이야 어찌 가히 갖추어 언급하겠는가?

곧바로 그 청담아론淸談雅論만을 취하고 현미玄微함만을 부석剖析하여 빈주賓主 사이에 주고받으면서 마음과 귀의 오락으로 삼는 것일 뿐, 세상을 구제하고 풍속을 이루는 요체는 아니다.

양梁나라 때에 이르러 이러한 풍조가 다시 드러나 《장자》·《노자》·《주역》을 묶어 『삼현三玄』이라 하였다. 양나라 무황제武皇帝와 간문제簡文帝가 몸소 스스로 강론하자, 주홍정周弘正이 이를 받들어 대유大猷를 찬술하였다. 이러한 풍조가 도읍마다 행해져 배우는 무리가 천여 명이나 되었으니 정말로 대단하였다.

원제元帝는 강릉江陵과 형주荊州에 있을 때에도 다시 이를 익히기를 즐겨하였다. 그리하여 학생을 불러 모아 친히 교수가 되었으며, 잠자는 것과 먹는 것조차 잊고 밤이 새벽이 되도록 열성이었다. 심지어 피곤이 극에 달하거나 근심으로 울적할 때면, 문득 강의로써 스스로 풀기도 하였다.

나는 당시 거의 그 말석末席에 참여하여 친히 그 음성과 요지를 들었으나, 타고난 성격이 이미 완고하고 노둔하였던 터라 역시 좋아하지는 않았다.

夫《老》·《莊》之書, 蓋全眞養性, 不肯以物累己也. 故藏名柱史,
終蹈流沙; 匿跡漆園, 卒辭楚相, 此任縱之徒耳. 何晏·王弼,
祖述玄宗, 遞相誇尙, 景附草靡, 皆以農·黃之化, 在乎己身,
周·孔之業, 棄之度外. 而平叔以黨曹爽見誅, 觸死權之網也;
輔嗣以多笑人被疾, 陷好勝之阱也; 山巨源以蓄積取譏, 背多
藏厚亡之文也; 夏侯玄以才望被戮, 無支離擁腫之鑒也; 荀奉
倩喪妻, 神傷而卒, 非鼓缶之情也; 王夷甫悼子, 悲不自勝, 異東
門之達也; 嵇叔夜排俗取禍, 豈和光同塵之流也? 郭子玄以傾
動專勢, 寧後身外己之風也? 阮嗣宗沈酒荒迷, 乖畏途相誡之
譬也; 謝幼輿贓賄黜削, 違棄其餘魚之旨也; 彼諸人者, 並其領袖,
玄宗所歸. 其餘桎梏塵滓之中, 顚仆名利之下者, 豈可備言乎!
直取其淸談雅論, 剖玄析微, 賓主往復, 娛心悅耳, 非濟世成俗
之要也. 泊於梁世, 玆風復闡, 《莊》·《老》·《周易》, 總謂三玄.
武皇·簡文, 躬自講論. 周弘正奉贊大猷, 化行都邑, 學徒千餘,
實爲盛美. 元帝在江·荊間, 復所愛習, 召置學生, 親爲教授,
廢寢忘食, 以夜繼朝, 至乃倦劇愁憤, 輒以講自釋. 吾時頗預末筵,
親承音旨, 性旣頑魯, 亦所不好云.

【老莊之書】《老子》와《莊子》의 책. 道家 학설을 뜻함.《史記》老莊申韓列傳
　　참조. 한편 唐代 道敎의 흥성으로 인해《老子》는《道德經》,《莊子》는《南華
　　眞經》,《列子》는《冲虛至德眞經》으로 이름이 격상됨.
【流沙】아주 먼 곳을 뜻함. 老子가 먼 북쪽 알 수 없는 곳으로 사라졌음을 말함.
　　《列仙傳》에「老子, 爲周柱下史. 關念尹喜者, 周大夫也, 善內學, 常服精華, 隱德
　　修行, 後與老子俱遊流沙, 莫知所終」이라 함.
【漆園】莊子가 일찍이 漆園吏를 지냈다 함.

【何晏】삼국시대 魏나라 人物. 자는 平叔. 老莊을 좋아하여 夏侯玄·王弼 등과 함께 玄學을 일으킴.《道德論》·《論語集解》등을 남김.《三國志》魏志 何晏傳 참조.

【景附草靡】『景』은『影』의 本字. 그림자가 실제를 붙어다님을 영부(景附)라 하며,『草靡』는 바람이 불면 풀이 눕듯이 영향 받음을 뜻함.《論語》顔淵篇에『季康子問政於孔子曰:「如殺無道, 以就有道, 何如?」孔子對曰:「子爲政, 焉用殺? 子欲善而民善矣. 君子之德風, 小人之德草. 草上之風, 必偃.」』이라 함.

【王弼】삼국시대 위나라 사람으로 자는 輔嗣.《老子》와《周易》의 注를 남김.《三國志》魏志 王弼傳 참조.

【農黃】神農氏와 黃帝 軒轅氏.

【曹爽】삼국시대 魏나라 사람. 자는 昭伯. 曹操의 族孫이며 明帝가 죽고 그 아들 齊王 曹芳이 제위를 잇자, 조상은 司馬懿와 함께 이를 보필, 武安侯에 봉해짐. 그러나 뒤에 사마의에게 모함을 입어 三族이 피살됨.《三國志》魏志 曹眞傳 참조.

【山巨源】竹林七賢의 하나인 山濤를 가리킴.《世說新語》등 참조.《晉書》山濤傳 참조.

【王戎】역시 죽림칠현의 하나.《晉書》王戎傳 참조.

【夏侯玄】자는 太初. 삼국시대 위나라 사람으로 玄風을 일으켰음.《三國志》魏志 夏侯尚傳 참조.

【支離疏】疏는 인명.《莊子》人間世篇 참조.

【擁腫】뒤틀리고 옹이가 많아 목재로 쓰기 어려운 나무.《莊子》逍遙遊 참조.

【荀奉倩】荀粲. 그의 아내가 죽자 심히 슬퍼하다가 1년 만에 죽음.《世說新語》에 惑溺篇 주에「粲別傳曰:『粲常以婦人才智不足論, 自宜以色爲主. 驃騎將軍曹洪女有色. 粲於是聘焉, 專房燕婉. 歷年後, 婦病亡, 粲不器而神傷, 歲餘亦亡.』」라 하였음.

【鼓缶之情】《莊子》至樂篇에『莊子妻死, 惠子弔之, 莊子則方箕踞鼓盆而歌. 惠子曰:「與人居, 長者·老·身死, 不哭, 亦足矣, 又鼓盆而歌, 不亦甚乎!」莊子曰:「不然. 是其始死也, 我獨何能无槪然! 察其始而本无生, 非徒无生也而本无形, 非徒无形也而本无氣. 雜乎芒芴之間, 變而有氣, 氣變而有形, 形變而有生, 今又變而之死, 是相與爲春秋冬夏四時行也. 人且偃然寢於巨室, 而我嗷嗷然隨而哭之, 自以爲不通乎命, 故止也.」』라 하였다.

【王夷甫】王衍. 王戎의 堂弟.《晉書》王戎傳 참조.

【東門】 東門吳를 가리킴.《列子》力命篇에『魏人有東門吳者, 其子死而不憂. 其相室曰:「公之愛子, 天下無有. 今子死不憂, 何也?」東門吳曰:「吾常無子, 無子 之時不憂. 今子死, 乃與嚮無子同, 臣奚憂焉?」』라 함.

【嵇叔夜】 嵇康. 竹林七賢의 하나로 성격이 曠達하여 청담을 즐겼으며 司馬氏의 부름을 거절했다가 鍾會의 모함으로 죽음.《晉書》嵇康傳 참조.

【和光同塵】《老子》4장에『道沖, 而用之或不盈. 淵兮似萬物之宗; 挫其銳, 解其紛, 和其光, 同其塵, 湛兮似或存. 吾不知誰之子, 象帝之先』이라 함.

【郭子玄】 郭象. 자는 子玄. 老莊學을 좋아하여 玄學을 일으킨 인물.《晉書》郭象傳 참조.

【後身外己】 忘我・薄己의 의미.《老子》7장에『天長地久. 天地所以能長且久者, 以其不自生, 故能長生. 是以聖人後其身而身先, 外其身而身存. 非以其無私耶? 故能成其私』라 함.

【阮嗣宗】 阮籍을 가리킴. 竹林七賢의 하나.《晉書》阮籍傳 참조.

【畏途相誡】 도적이 무서워 사람들이 어울려 길을 감.《莊子》達生篇에『田開之見 周威公. 威公曰:「吾聞祝腎學生, 吾子與祝腎游, 亦何聞焉?」田開之曰:「開之操拔篲 以侍門庭, 亦何聞於夫子!」威公曰:「田子无讓, 寡人願聞之.」開之曰:「聞之夫子 曰:『善養生者, 若牧羊然, 視其後者而鞭之.』」威公曰:「何謂也?」田開之曰:「魯有 單豹者, 巖居而水飲, 不與民共利, 行年七十而猶有嬰兒之色; 不幸遇餓虎, 餓虎 殺而食之. 有張毅者, 高門縣薄, 无不趨也, 行年四十而有內熱之病以死. 豹養其 內而虎食其外, 毅養其外而病攻其內, 此二子者, 皆不鞭其後者也.」仲尼曰:「无入 而藏, 无出而陽, 柴立其中央. 三者若得, 其名必極. 夫畏塗者, 十殺一人, 則父子兄 弟相戒也, 必盛卒徒而後敢出焉, 不亦知乎! 人之所取畏者, 袵席之上, 飲食之間; 而不知爲之戒者, 過也!」라 함.

【謝幼輿】 謝鯤을 가리킴. 자는 幼輿. 晉나라 때 人物로 老莊을 좋아하였음. 《晉書》謝鯤傳 참조.

【棄其餘魚】 사람의 탐욕이 끝이 없음을 뜻함. 장자가 사람의 탐심이 그칠 줄 모름을 보고, 가졌던 고기를 버림.《准南子》齊俗訓에『曾子曰:「擊舟水中, 鳥聞之而高翔, 魚聞之而淵藏. 故所各異而皆得所便.」故惠子從車百乘以過孟諸. 莊子見之, 棄其餘魚』라 함.

【三玄】《老子》・《莊子》・《周易》을 묶어 三玄이라 하였으며, 위진시대 玄學의 기본 연구 대상이었음.

【武皇·簡文】梁武帝와 簡文帝를 가리킴. 무제는 어려서 공부를 좋아하여 유학과
　현학에 통달하여《制盲孝經義》·《周易講疏》·《春秋答問》·《老子講疏》등 200여
　권을 남김. 간문제 역시 학문에 뛰어나《五經講疏》·《老子義》·《莊子義》등을
　저술함. 둘 모두《梁書》에 紀가 있음.

【周弘正】字는 思行.《晉書》周弘正傳 참조.

【江荊】江陵과 荊州.

唐寫本《세설신어》잔권

096
(8-13) 황후의 병간호로 죽은 황제

제齊나라 효소제孝昭帝는 어머니인 누태후婁太后의 병을 간호하느라 용색이 초췌해지고 먹는 것도 줄어들었다. 서지재徐之才가 태후에게 두 곳의 뜸을 놓을 때 황제가 어머니의 손을 잡고 그 통증을 대신하려 하였다. 그런데 어머니의 손톱이 손바닥 안을 파고들어 황제의 손에 피가 가득하였다.

태후는 나았지만 황제가 도리어 병이 들어 붕어하고 말았다. 그때 황제는 산릉지사山陵之事를 보지 못하고 죽는 것이 한스럽다고 유조遺詔를 남겼다.

그는 천성이 지효至孝함이 이와 같았지만 삼가고 꺼려야 할 일을 몰랐으니, 이는 배우지 못하였기 때문에 생긴 것이다.

만약 옛 사람이 '그 어머니가 일찍 죽어 이를 슬피 울자'라 한 것을 두고 비웃었다는 고사를 보았다면, 이러한 유조를 말하지는 않았을 것이다. 효란 백행의 으뜸이다. 그렇건만 모름지기 배워서 이를 잘 다듬어야 하거늘 하물며 그 나머지 다른 일에 있어서랴!

齊孝昭帝侍婁太后疾, 容色顦悴, 服膳減損. 徐之才爲灸兩穴, 帝握拳代痛, 爪入掌心, 血流滿手. 后旣痊愈, 帝尋疾崩, 遺詔恨不見山陵之事. 其天性至孝如彼, 不識忌諱如此, 良由無學

所爲. 若見古人之譏欲母早死而悲哭之, 則不發此言也. 孝爲
百行之首, 猶須學以脩飾之, 况餘事乎!

【齊孝昭帝】北齊 제5대 황제인 高演. 자는 延安, 高歡의 6째 아들이며, 高洋의
　아우.《北齊書》孝昭紀 참조.
【婁太后】高歡(神武皇帝)의 皇后로 성이 婁氏였음.《北齊書》婁后傳 참조.
【徐之才】北齊 때 人物로 醫術에 뛰어났음. 시호는 文明.《北齊書》徐之才傳
　참조.
【山陵】天子의 능묘, 무덤을 뜻함.《廣雅》釋丘에「秦名天子冢曰山, 漢曰陵」
　이라 함.
【欲母早死】《准南子》說山訓의 고사.「東家母死, 其子哭之不哀, 西家子見之,
　歸謂其母曰:『社何愛速死, 吾必悲哭死.』夫欲其母之死者, 雖死亦不能悲哭矣」
　(社는 母를 뜻함)라 하였음.

옴으로 고생하면서
독서로 이를 극복한 황제

양梁 원제元帝가 일찍이 나에게 이런 말을 해 준 적이 있다.

"지난날 내가 회계會稽에 있을 때 나이 열두 살에 곧 배움을 좋아하였지요. 그때 마침 옴이 올라 손으로는 주먹을 쥘 수 없었고, 무릎으로는 굴신할 수도 없었다오. 그래서 조용한 재실齋室에 칡으로 만든 휘장을 치고 파리를 막으면서, 혼자 앉아 은항아리에 산음山陰의 첨주甛酒를 담아놓고 때때로 이를 마시며 통증을 줄였지요. 그러면서 보고 싶은 대로 혼자 사서史書를 읽었는데 하루에 20권씩이나 보았소. 그러나 스승의 가르침이 없어 혹 한 글자를 모르거나, 혹 한 구절을 풀지 못하면 오직 스스로 거듭 읽으면서도 싫증은커녕 권태도 몰랐다오."

황제의 아들 같은 높은 지위에다가 놀기 좋아하는 어린아이 시절임에도 오히려 능히 이와 같았거늘 하물며 흔한 선비로써 스스로 통달하기를 바라는 자임에랴?

梁元帝嘗爲吾說:「昔在會稽, 年始十二, 便已好學. 時又患疥, 手不得拳, 膝不得屈. 閑齋張葛幬避蠅獨坐, 銀甌貯山陰甛酒, 時復進之, 以自寬痛. 率意自讀史書, 一日二十卷, 旣未師受, 或不識一字, 或不解一語, 要自重之, 不知厭倦.」帝子之尊, 童稚之逸, 尙能如此, 況其庶士, 冀以自達者哉?

【會稽】 지명. 지금의 江蘇省 紹興縣. 당시 山陰으로 불렀음.

【不知厭倦】 공부에 싫증을 느끼지 않음. 盧文弨는 梁元帝의《金樓子》自序를
인용하여 「五年十三, 誦百家譜, 雖略上口, 遂感心氣疾」이라 하였고, 다시 「吾小
時夏夕中, 下絳紗蚊幬, 中有銀甌一杖, 貯山陰甛酒, 臥讀, 有時至曉, 率以爲常.
又經病瘡, 肘膝盡爛. 比來三十餘載, 泛玩衆書」라 함.

098
(8-15) 가난을 이겨낸 고학苦學들

옛 사람은 배움에 부지런히 하여 송곳으로 찌르기도 하고, 도끼를 던져 점을 치기도 하였고, 흰 눈에 책을 비추어 읽고, 반딧불이를 모아 공부한 사람이 있으며, 김매면서도 경經을 휴대하고, 양치면서도 부들을 간편簡編으로 만들어 글씨를 쓴 사람도 있으니, 역시 부지런하고 독실하였던 사례이다.

《漢書》 북송 경우(1034-1037)연간에 간행된 판본

양梁나라 때 팽성彭城의 유기 劉綺는 교주자사交州刺史 유발 劉勃의 손자였는데 어려 고아가 되어 집이 가난하였다.

촛불조차 구하기 어려워 늘 갈대줄기를 사서 이를 마디마디 끊어 태워 밝히며 밤에 글을 읽었다.

효원제孝元帝가 회계會稽 태수로 출임出任하여 관리를 가려 뽑을 때, 유기는 재능이 훌륭하다 하여 나라의 상시겸기실常侍兼記室의 벼슬이 되어 특별히 예우를 입었으며, 금자광록金紫光祿으로 벼슬을 마치게 되었다.

그리고 의양義陽의 주첨朱詹은 대대로 강릉江陵에 살다가 뒤에 양도揚都로 나온 자로써, 배움을 좋아하였으나 집이 가난하여 먹을 것이 없었다. 며칠을 밥 지을 불도 지피지 못한 채, 때때로 종이를 삼켜 배를 채우곤 하였다. 겨울에는 깔고 덮을 것도 없어 개를 껴안고 자기도 하였다. 개 역시 춥고 허기가 지자 밖으로 나가 훔쳐먹기에 이르고 말았다. 주첨이 소리쳐 불렀지만 그 개는 돌아오지 않아 슬피 부르는 소리가 이웃을 감동시켰다. 그러나 끝내 학업을 그만두지 않아 마침내 학사學士가 되어 벼슬이 진남록사참군鎭南祿事參軍에 올라 효원제孝元帝의 예우를 받았다. 이는 가히 해낼 수 없는 일이었으니, 역시 부지런히 공부한 사람 중의 하나이다.

동완東莞의 장봉세臧逢世는 나이 스물이 넘어 반고班固의 《한서漢書》를 읽고 싶었지만 남에게 빌린 책을 오래 가지고 있을 수 없었다. 이에 매형 유완劉緩에게 남으로부터 받은 명함이나 편지의 빈자리가 있는 종이를 구걸하여 손으로 그 책 한 권을 모두 베꼈다. 군부軍府에서 그 뜻의 고상함에 감복하였고, 마침내 《한서》의 대가로 이름을 날리게 되었다.

古人勤學, 有握錐投斧, 照雪聚螢, 鋤則帶經, 牧則編簡, 亦爲勤篤. 梁世彭城劉綺, 交州刺史勃之孫, 早孤家貧, 燈燭難辦, 常買荻尺寸折之, 然明夜讀. 孝元初出會稽, 精選寮案, 綺以才華, 爲國常侍兼記室, 殊蒙禮遇, 終於金紫光祿. 義陽朱詹, 世居江陵, 後出揚都, 好學, 家貧無資, 累日不爨, 乃時呑紙以實腹. 寒無氈被, 抱犬而臥. 犬亦飢虛, 起行盜食, 呼之不至, 哀聲動鄰, 猶不廢業, 卒成學士, 官至鎭南錄事參軍, 爲孝元所禮. 此乃不可爲之事, 亦是勤學之一人. 東莞臧逢世, 年二十餘, 欲讀班固

《漢書》, 苦假借不久, 乃就姊夫劉緩乞丐客刺書翰紙末, 手寫一本, 軍府服其志尚, 卒以《漢書》聞.

【握錐】 송곳을 쥐고 있음. 이는 蘇秦이 어려움을 무릅쓰고 공부한 내용을 두고 이른 것. 《戰國策》 秦策에 「蘇秦讀書欲睡, 引錐自刺其股, 血流至足」라 함.

【投斧】 《北堂書鈔》 97 好學의 「投斧受經」에 「盧江七賢傳云:『文黨字翁仲, 未學之時, 與人俱入叢木, 謂侶人曰: 吾欲遠學, 先試投斧高木上, 斧當掛, 乃仰投之, 斧果上掛, 因之長安受經.』」라 함.

【照雪】 晉나라 孫康이 집이 가난하여 눈에 책을 비추어 읽은 고사. 『螢雪之功』을 뜻함. 《蒙求》 「孫康映雪」에 「康家貧無油, 常映雪讀書; 少小淸介, 交遊不雜, 後至御史大夫」라 함.

【聚螢】 東晉 때 車胤이 반딧불이를 모아 책을 읽은 고사. 《晉書》 車胤傳을 볼 것. 위의 孫康과의 고사를 엮어 『螢雪之功』의 성어를 낳음.

【鋤則帶經】 西漢 때의 兒寬이 책을 구할 돈을 마련하기 위해 남의 고용살이를 하면서도 일하러 나갈 때면 경을 지닌 채 농사일을 하였다는 데에서 나온 말. 《漢書》 兒寬傳 및 《西京雜記》 참조.

【牧則編簡】 西漢의 路溫舒는 아버지가 소를 돌보도록 하자, 소가 풀을 뜯는 사이 부들(蒲)를 잘라 簡을 만들이 이에 글씨를 쓰며 공부하였다 함. 《漢書》 路溫舒傳 참조.

【孝元初出會稽】 孝元帝가 처음 會稽太守로 부임할 때의 일(514년). 《梁書》 元帝紀 참조.

【義陽】 지명. 지금의 河南省 桐柏縣.

【揚都】 지금의 南京市.

【東莞】 지명. 지금의 山東省 莒縣.

오랑캐 출신이면서 학업을 이룬 인물

제齊나라 때 환관 벼슬의 내참內參에 전붕란田鵬鸞이란 자가 있었는데 본래 오랑캐 출신이었다. 나이 열다섯에 처음 혼시閽寺가 되었으며 학문을 좋아하여 품에 책을 가지고 다니며 아침저녁으로 외우곤 하였다. 그는 지위가 낮고 말단이었기 때문에 고생이 심하였지만 때때로 틈을 엿보아 두루 돌아다니며 묻고 가르침을 청하였다. 매번 문림관文林館에 이르면 숨이 차고 땀을 흘리면서 책의 내용을 묻는 것 외에는 다른 잡담을 할 겨를이 없었다. 옛 사람의 절의지사節義之事를 볼 때마다 감격하여 오랫동안 침잠하여 읊지 않은 적이 없었다.

나는 그를 매우 아끼고 불쌍히 여겨 더욱더 깨우쳐 주고 격려해 주었다. 뒤에 그는 임금의 상으로 경선敬宣이란 이름을 하사받았고, 지위가 시중개부侍中開府에까지 올랐다.

후주後主가 청주靑州로 피신할 때, 그를 서쪽으로 보내어 주周나라의 동정을 살피는 임무를 맡게 되었다. 그러나 그 때 그만 주나라 군대에게 잡히고 말았다. 그들이 "제나라 임금이 어디 있느냐?"라 묻자 그는 거짓으로 "이미 멀리 떠났소. 계산해 보면 지금쯤 의당 국경을 넘었을 것이오"라 하였다. 주나라 군대는 그의 말을 믿을 수 없다고 의심하여 구타하여 그를 굴복시키려 하였다. 그는 매번 사지 하나가 부러질 때마다 말씨와 얼굴색이 더욱 굳건하였고, 결국 사지가 절단당한 뒤 죽고 말았다. 만이蠻夷 출신의 어린 총각도 오히려 능히 학문으로써 충성을 이루었는데, 제나라의 장상將相은 경선의 노비에 비해도 그만 못하였다.

齊有宦者內參田鵬鸞, 本蠻人也. 年十四五, 初爲閹寺, 便知好學, 懷袖握書, 曉夕諷誦. 所居卑末, 使彼苦辛, 時伺間隙, 周章詢請. 每至文林館, 氣喘汗流, 問書之外, 不暇他語. 及觀古人節義之事, 未嘗不感激沈吟久之. 吾甚憐愛, 倍加開奬. 後被賞遇, 賜名敬宣, 位至侍中開府. 後主之奔青州, 遣其西出, 參伺動靜, 爲周軍所獲. 問齊主何在, 紿云:「已去, 計當出境.」疑其不信, 歐捶服之, 每折一支, 辭色愈厲, 竟斷四體而卒. 蠻夷童丱, 猶能以學成忠, 齊之將相, 比敬宣之奴不若也.

【田鵬鸞】齊(北齊) 때의 환관.
【閹寺】閹人과 寺人. 閹人은 궁궐의 문지기. 寺人은 내시와 궁녀를 관리하는 직책.
【文林館】北齊 後主 高緯가 설립한 기관. 문인을 모아 待詔를 담당하도록 하던 곳.《北齊書》文苑傳 참조.
【後主】北齊의 황제 高緯. 재위 11년.
【青州】後魏 때 설치한 州.
【以學成忠】王利器는「家訓忠字皆作誠, 避隋諱, 序致篇: 聖賢之書, 敎人誠孝, 是其證, 比當作『以學著誠』.」이라 함.

100
(8-17) 나를 모신다고 너희들 학문을 폐할 수야

업鄴이 평정된 후 북제北齊의 왕실이 모두 관중關中으로 붙들려 가게 되었다. 그 때 나의 맏이 사로思魯가 나에게 이렇게 말하였다.

"우리는 조정에 아무런 직위를 가진 것이 없고, 집 안에는 쌓아놓은 재물이 없으니 의당 근력을 다하여 아버님을 봉양해 드리고자 합니다. 그러나 매번 과거에 쫓기어 힘써 경사經史를 공부해야 하니, 모르겠습니다. 아들 된 자가 가히 편안한 마음으로 해낼 수 있을지?"

그때 나는 이렇게 명하였다.

"아들 된 자는 의당 봉양하는 일을 마음으로 삼아야 하고, 아비 된 자는 의당 학문으로써 가르침을 삼아야 한다. 너로 하여금 학문을 버리고 재물을 좇게 한다면 나에게 의식을 풍족하게 해 준들 먹는 것이 어찌 달겠으며, 입는 것이 어찌 따뜻하겠느냐? 만약 선왕先王의 도에 힘써 우리 집안을 대대로 이어 준다면 여갱藜羹을 먹고 온갈縕褐을 입더라도 나는 스스로 그렇게 하고자 한다."

鄴平之後, 見徙入關. 思魯嘗謂吾曰:「朝無祿位, 家無積財, 當肆筋力, 以申供養. 每被課篤, 勤勞經史, 未知爲子, 可得安乎?」吾命之曰:「子當以養爲心, 父當以學爲敎. 使汝棄學徇財, 豈吾衣食, 食之安得甘? 衣之安得暖? 若務先王之道, 紹家世之, 藜羹縕褐, 我自欲之.」

【鄴平之後】北齊가 北周에게 멸망한 후, 北齊의 後周와 幼主, 太后, 諸王 등이 모두 長安으로 압송되어 溫國公에 봉해졌다가 피살됨. 鄴은 북제의 도읍지. 지금의 河南省 臨漳縣.《北齊書》後主幼主紀 참조.

【思魯】顔之推의 長子.

【藜羹縕褐】거친 음식과 낡은 옷. 가난을 뜻함.《說苑》立節篇에「曾子布衣縕袍未得完, 槽糠之食, 藜藿之羹未得飽, 義不合則辭上卿, 不恬貧窮, 安能行此?」라 함.

101
(8-18) 남에게 묻기를 좋아하면 부자가 된다

《서書》에는 "남에게 묻기를 좋아하면 부유해진다"라 하였고, 《예禮》에는 "홀로 배워 친구가 없으면 고루孤陋하여 들음이 적게 된다"라 하였다. 대체로 모름지기 절차切磋하여 서로 명철함을 일으켜 주어야 한다. 내 보건대 문을 닫고 독서하여 자기 마음 가는 것이 곧 스승이라 옳게 여기다가, 사람이 모여 둘러앉아 토론할 때 오류와 차실差失을 드러내는 자가 많다.

《곡량전穀梁傳》에 공자우公子友와 거나莒挐가 서로 싸우자, 좌우가 「맹로孟勞」라는 말을 들어 공자우에게 일러 주었다. 「맹로」란 노魯나라의 보도寶刀 이름으로 《광아廣雅》에도 보인다. 그런데 근래 제齊나라 때에 강중악姜仲岳이란 사람은 "「맹로」란 공자를 모시고 있는 측근으로 성은 맹씨요 이름은 노勞이다. 힘이 센 인물로 나라의 보배로 여겨졌다"라 하여, 나와 괴로운 논쟁을 벌였다. 당시 청하군수淸河郡守 형치邢峙가 있었는데 당대의 석학으로 나를 도와 이를 증명해 주자, 그는 얼굴이 붉어진 채 굴복하였다.

다시 《삼보결록三輔決錄》에 "한漢나라 영제靈帝가 궁전 기둥에 『당당하다. 자장子張이여, 경조京兆의 전랑田郎이 그와 같도다』라 썼다"라는 기록이 있다. 대체로 《논어》를 인용하여 사언四言으로 짝을 맞추어 경조 사람 전봉田鳳을 품평한 것이다. 그런데 어떤 한 재사才士가 이를 두고 "당시 장경조張京兆와 전랑田郎 두 사람만이 모두 당당할 뿐이다"라 말하였다. 그런데 그가 나의 풀이를 듣고 처음에는 크게 놀라더니 나중에는 부끄러움을 금치 못하였다.

강남江南에 어떤 권세 있는 귀족이 잘못된 판본의 〈촉도부蜀都賦〉주를 읽어 "준치蹲鴟는 토란芋이다"라는 해석에서 우芋를 양羊자인 줄 알았다. 그래서 어떤 이가 그에게 양고기를 보내오자 답장에 "준치를 나누어 주신 은혜"라 썼다. 온 조정이 모두 놀랐지만 그 뜻을 알 수가 없었다. 한참 후에 그 일의 내용을 찾아보고서야 비로소 이와 같았음을 알게 되었다.

북위北魏시대 낙양洛陽에 있을 때 하나의 재학才學 중신重臣이 새로이 《사기음史記音》이라는 책을 얻었는데 자못 오류가 많았다. 그래서 「전욱顓頊」이라는 글자 중에 욱頊자는 의당 「허록반許錄反」(혹)이어야 하는데 잘못하여 「허연반許緣反」(현)이라 되어 있었다. 이에 드디어 조정의 선비들은 "종래 잘못하여 「전욱顓旭」으로 읽어 왔으나 의당 「전현顓翾」으로 읽어야 한다"라 하였다. 이 사람은 원래부터 높은 명성이 있어 모두들 흡연히 믿고 따르게 되었다. 1년 후 또 다른 석유가 고심하여 연구해 본 결과 비로소 오류였음을 알게 되었다.

《한서漢書》 왕망전王莽傳 찬贊에 "자색을 정색正色으로 삼고, 음성淫聲을 정성正聲으로 삼았으며 윤달을 정위正位로 삼았다"라 하여 거짓으로써 진실을 어지럽힐 뿐임을 말하였다. 옛날 내가 여러 사람과 이 책을 논하면서 이야기가 왕망의 생김새에까지 언급되게 되었다. 그때 하나의 준사俊士가 스스로 사학史學에 대하여 자신이 있고 명성도 심히 높았는데 "왕망은 생김새가 치목호문鴟目虎吻의 모습일 뿐만 아니라 보랏빛 피부에 개구리 울음 같은 목소리였다"라 풀이하는 것이었다.

또 《예악지禮樂志》에 「급태관동마주給太官挏馬酒」라는 구절에 이기李奇는 "말의 젖으로 만든 술이다. 종동撞挏하여 만든다"라 주注를 달았다.

여기서 종동撞挏 두 글자는 모두가 수手를 따르고 있다. 종동이란 당도정동撞擣挺挏하는 작업을 말하며 지금 낙주酪酒를 만들 때 역시 이와 같이 한다.

지난날 학사들은 오동나무를 심을 때 태관太官이 마주馬酒를 담가 이에 숙성시키는 것이라 여겼다. 그 고루孤陋함이 드디어 여기에까지 이르게 된 것이다.

　태산太山 사람 양숙羊肅도 역시 학문으로 이름이 난 자로서, 반악潘岳의 〈한거부閑居賦〉의 「주문약지지조周文弱枝之棗」의 지枝를 장책杖策의 장杖으로 읽었으며, 《세본世本》의 「용객조력容成造歷」의 력歷을 대마確磨의 마磨자로 잘못 읽었다.

《書》曰:「好問則裕.」《禮》云:「獨學而無友, 則孤陋而寡聞.」蓋須切磋相起明也. 見有閉門讀書, 師心自是, 稠人廣坐, 謬誤差失者多矣.《穀梁傳》稱公子友與莒挐相搏, 左右呼曰「孟勞」.「孟勞」者, 魯之寶刀名, 亦見《廣雅》. 近在齊時, 有姜仲岳謂:「『孟勞』者, 公子左右, 姓孟名勞, 多力之人, 爲國所寶.」與吾苦諍. 時淸河郡守邢峙, 當世碩儒, 助吾證之, 赧然而伏. 又《三輔決錄》云:「靈帝殿柱題曰:『堂堂乎張, 京兆田郎.』」蓋引《論語》, 偶以四言, 目京兆人田鳳也. 有一才士, 乃言:「時張京兆及田郎二人皆堂堂耳.」聞吾此說, 初大驚駭, 其後尋媿悔焉. 江南有一權貴, 讀誤本〈蜀都賦〉注, 解「蹲鴟, 芋也」, 乃爲「羊」字; 人饋羊肉, 答書云:「損惠蹲鴟.」擧朝驚駭, 不解事義, 久後尋迹, 方知如此. 元氏之世, 在洛京時, 有一才學重臣, 新得《史記音》, 而頗紕繆, 誤反「顁頊」字, 頊當爲許錄反, 錯作許緣反, 遂謂朝士言:「從來謬音『專旭』, 當音『專翻』耳.」此人先有高名, 翕然信行; 期年之後, 更有碩儒, 苦相究討, 方知誤焉.《漢書》王莽贊云:「紫色蠅聲, 餘分閏位.」謂以僞亂眞耳. 昔吾嘗共人談書, 言及王莽形狀, 有一俊士, 自許史學, 名價甚高, 乃云:「王莽非直鴟目

虎吻, 亦紫色蛙聲.」又《禮樂志》云:「給太官挏馬酒.」李奇注:
「以馬乳爲酒也, 挏挏乃成.」二字並從手. 挏挏, 此謂撞擣挺挏之,
今爲酪酒亦然. 向學士又以爲種桐時, 太官釀馬酒乃熟. 其孤陋
遂至於此. 太山羊肅, 亦稱學問, 讀〈潘岳賦〉:「周文弱枝之棗」,
爲杖策之杖;《世本》:「容成造歷.」以歷爲碓磨之磨.

【好問則裕】《尙書》仲虺之誥의 구절.
【獨學而無友】《禮記》學記의 구절.
【穀梁傳】이는 僖公 元年의 傳文임.
【邢峙】자는 士峻. 北齊 때 인물. 三禮와《左傳》에 밝았다 함.《北齊書》儒林傳
　　참조.
【三輔決錄】책 이름. 1권으로 되어 있으며 漢나라 때 趙岐가 썼으며, 晉나라
　　때 摯虞가 注를 달았다 하나 지금은 전하지 않으며 淸代 輯佚本이《五朝小說》
　　제6책에 들어 있음.
【京兆】수도를 지칭하는 말. 여기서는 長安을 가리킴.
【田郞】田鳳을 가리킴. 東漢 때 人物. 자는 季宗. 매번 궁궐에 들었다가 나올
　　때마다 靈帝가 目禮로서 보냈다 함.
【蜀都賦】左思가〈三都賦〉·〈蜀都賦〉를 지었는데 그 표현 중에「蹲鴟所伏」의
　　구절을 두고 注에「蹲鴟, 大芋也, 其形類蹲鴟」라 하여, 芋를 羊으로 잘못 읽은
　　것.《文選》〈三都賦〉·〈蜀都賦〉를 볼 것.
【元氏】北魏의 拓跋氏를 가리킴. 孝文帝 太和 20년 正月에 법령을 내려 모든
　　탁발씨의 성을 元氏로 고쳤음.《魏書》高祖孝文皇帝紀 참조.
【洛京】洛陽.
【史記音】梁나라 때 鄒誕生이 지었다 함.《隋書》經籍志 참조.
【紫色蛙聲】《論語》陽貨篇에『子曰:「惡紫之奪朱也, 惡鄭聲之亂雅樂也, 惡利口之
　　覆邦家者.」』라 하였고,《漢書》王莽傳(中)에「莽爲人侈口蹙顄, 露眼赤精, 大聲
　　而嘶. ……或問以莽形貌, 待詔曰:『莽所謂鴟目虎吻, 豺狼之聲者也.』」라 함.

【挏馬酒】馬乳酒.《漢書》百官公卿表 應劭 주에「太官……, 主乳馬, 取其汁挏
治之, 味酢可飲, 因以名官也」라 하였고,《說文解字》에「挏, 推人也, 漢有挏馬官
作馬酒」라 함, 한편 王利器는 鄧廷楨의《雙硏齋筆記》(4)를 인용하여「此法至今
西北兩路蓍俗猶然, 其法以革囊盛馬乳, 一人抱持之, 乘馬絶馳, 令乳在囊中自相
撞動, 所謂挏也. 往復數十次, 卽可成酒」라 함.

【羊肅】羊深의 아들.《魏書》羊深傳 참조.

【潘岳】西晉시대의 文學家. 자는 安仁.〈閑居賦〉로 유명함.《文選》참조.

【世本】책 이름. 黃帝 때부터 春秋시기까지를 기록한 것. 南宋 때 없어졌음.

【容成】人名. 黃帝시대의 史官. 曆法을 처음 만들었다 하며 容成公으로 불림.
歷은 曆과 같음.

102
(8-19) 귀로 들은 것은 믿지 말라

　이야기를 나누거나 문장에서 옛일을 끌어들여 인용하고자 할 때는 반드시 눈으로 직접 본 것이어야 한다. 귀로 들은 것을 믿지 않도록 하라. 강남江南의 향리에서는 사대부라도 학문을 제대로 하지 못하였으면서 비루하고 질박한 말을 한다면 이를 부끄럽게 여긴다. 그런데도 도청도설道聽塗說한 것을 억지로 수식하여 말 맞추기를 좋아하는 사람이 있다. 전당잡히거나 인질이 되는 것을 주정周鄭이라 하고, 곽란霍亂을 박륙博陸이라 하며, 형주荊州에 가는 것을 섬서陝西에 간다라 하고, 양주揚州에 가는 것을 해군海郡에 간다라 하며, 밥을 말할 때면 호구餬口라 하고, 동전을 말할 때면 공방孔方이라 하며, 이사 가는 사람을 위문할 때 초구楚丘라 하고, 혼인을 논할 때는 연이宴爾라 하며, 왕씨王氏라면 중선仲宣이라 하지 않는 경우가 없고, 유씨劉氏라면 무조건 공간公幹이라 말한다.

　이런 예가 무릇 1, 2백 건이나 되며 계속 전해져 이어오되, 그 이유를 물으면 원래의 유래는 모른 채 인용할 때마다 거듭 잘못을 저지른다. 《장자莊子》의

때를 만나 까치처럼 날아오르다　　　　　　　乘時鵲起

라는 말이 있다. 이에 사조謝脁의 〈시〉에

까치가 날아 오대에 오르다 　　　　　　　　鵲起登吳臺

라는 것이 있다. 외사촌 중에 한 분이 〈칠석七夕〉이라는 시에

오늘 밤 오대의 까치도 역시 함께 은하수에 다리 놓으러 갔구나.
　　　　　　　　　　　　　今夜吳臺鵲, 亦共往塡河

라는 시가 있다. 〈나부산기羅浮山記〉에는

평지의 나무들이 마치 냉이풀처럼 작게 보이네 　望平地樹如薺

라는 구절이 있어 그 때문에 대호戴暠의 〈시〉에

장안의 나무들이 냉이 같도다 　　　　　　　長安樹如薺

라 하였다. 그런데 업하鄴下의 어떤 사람의 〈영수詠樹〉라는 시에

멀리 장안의 냉이 풀을 보도다 　　　　　　遙望長安薺

라 하였다. 내 일찍이 보건대 긍탄矜誕을 과비夸毗와 같은 뜻인 줄 잘못 알고 있는가 하면, 나이 많은 이를 두고 부유춘추富有春秋라 하니, 이는 모두가 이학耳學 때문에 생긴 과오이다.

談說製文, 援引古昔, 必須眼學, 勿信耳受. 江南閭里間, 士大夫或不學問, 羞爲鄙朴, 道聽塗說, 强事飾辭: 呼徵質爲周·鄭, 謂霍亂爲博陸, 上荊州必稱陝西, 下揚都言去海郡, 言食則餬口, 道錢則孔方, 問移則楚丘, 論婚則宴爾, 及王則無不仲宣,

語劉則無不公幹. 凡有一二百件, 傳相祖述, 尋問莫知原由, 施安
時復失所. 莊生有乘時鵲起之說, 故〈謝脁詩〉曰:「鵲起登吳臺.」
吾有一親表, 作〈七夕詩〉云:「今夜吳臺鵲, 亦共往塡河.」〈羅浮
山記〉云:「望平地樹如薺.」故〈戴暠詩〉云:「長安樹如薺.」又鄴
下有一人〈詠樹詩〉云:「遙望長安薺.」又嘗見謂矜誕爲夸毗,
呼高年爲富有春秋, 皆耳學之過也.

【鄙朴】雙星連綿語. 鄙朴으로 쓰며 박실하고 粗俗을 뜻함.
【道德塗說】근거 없는 말.《論語》陽貨篇에『子曰:「道聽而塗說, 德之棄也」』라 함.
【荊州稱陝西】남조시대 영토가 축소되어 서북쪽 형주를 옛 섬서 지역인 양
지칭함.《太平御覽》167에「成弘之〈荊州記〉:『元嘉中以京師根本之所寄, 荊楚爲
重鎭, 上流之所總, 擬周之分陝·晉·宋以降, 以爲西陝.』라 하였고,《資治通鑑》
130 注에「蕭子顯曰:『江左大鎭, 莫過荊, 揚, 弘農郡陝縣, 周世二伯主諸侯: 周公
主陝東, 召公主陝西, 故稱荊州爲陝』라 함.
【孔方】동전의 별칭. 모가 난 구멍이 있어 붙여진 이름. 晉나라 魯褒의〈錢神論〉에
「親愛如兄 字曰孔方」이라 함
【楚丘】《左傳》閔公 2년 傳에「齊桓公遷刑于夷儀, 封衛于楚丘. 刑遷如歸, 衛國
忘亡」이라 함.
【宴爾】婚姻을 달리 부르는 말.《詩經》谷風에「宴爾新昏, 如兄如弟」라 함.
【仲宣】王粲. 三國시대 魏나라 文學家 建安七子의 하나. 이를 王氏의 대표인
양 부름.
【乘時鵲起】《困學紀聞》10에《莊子》逸篇이 실려 있음.「鵲上高城之垝, 而巢於高
楡之顚, 城塊巢折, 凌風而起, 故君子之居世者, 得時則義行, 失時則鵲起」라 함.
한편《文選》謝玄暉의〈和伏武昌登孫權故城〉시에「鵲起登吳山」이라 하고, 그
주에 위의 문장이 인용되어 있음. 아울러 司馬彪의 注에「垝, 最高危限之處;
起, 飛也」라 하였음.
【謝脁】자는 玄暉. 남조 齊나라 때의 시인.《謝宣城集》이 있음.
【鵲起】이는 文朝시대 즐겨 쓰던 표현으로 謝靈運의〈述征賦〉에「初鵲起於富春,
果鯨躍於川湄」등이 있음.

【塡河】 河는 天河(銀河水). 7월 7석에 까치가 烏鵲橋를 놓는다는 속설을 말함. 《白帖》에 「烏鵲塡河成橋而渡織女」라 하였고, 《歲華紀麗》에는 《風俗通》을 인용하여 「織汝七夕當渡河, 使鵲爲橋」라 함.

【羅浮山記】 책 이름. 晉나라 袁彦伯(袁宏)이 지었다 함. 《晉書》 袁宏傳 참조.

【戴嵩】 남조 梁나라 때 人物.

【遙望長安薺】 薺는 냉이. 옛 사람들은 이를 멀리 있어 작게 보이는 나무로 비유하였음. 明나라 楊愼의 《升庵集》56에 「『望平地樹如齊.』自是俊語. 梁, 戴嵩詩: 『長安樹如齊.』用其語也. 後人翻之益工, 薛道衡詩: 『遙原樹若齊, 原水舟如葉.』 孟浩然詩 『天邊樹若齊.』」라 함.

【夸毗】 나약함을 뜻함. 矜誕과 상대되는 말. 《爾雅》 釋訓에 「夸毗, 體柔也」라 함.

【富有春秋】 《後漢書》 樂恢傳에 「上疏諫曰: 陛下富於春秋」라 하였고, 주에 「春秋, 謂年也. 言年少, 春秋尙多. 故稱富」라 함.

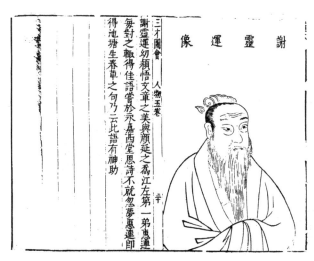

사령운 《三才圖會》

103
(8-20)

문자는 책을 연구하는 근본이다

　무릇 문자文字라 하는 것은 분적墳籍을 연구하는 근본이다. 세상에 학문한다는 무리들은 대체로 글자에 대하여 잘 모른 채, 오경五經을 읽는 자가 서막徐邈은 옳게 여기면서, 허신許愼은 그르다 한다. 그리고 부賦와 송誦을 익히는 자라면서 저전褚詮을 믿으면서, 여침呂忱을 홀시한다.

　《사기史記》에 밝다는 자가 서광徐廣과 추탄생鄒誕生은 오로지하면서 전서篆書와 주서籒書는 팽개치고, 《한서漢書》를 배우는 자가 응소應劭와 소림蘇林의 책은 즐겨하면서 《창힐서

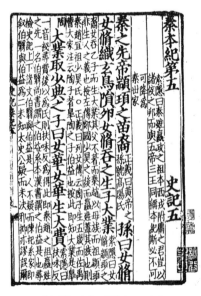

《史記》 南宋 黃善夫 교간본

蒼頡書》와 《광아廣雅》는 별 것 아니라 여긴다. 글자의 음이란 지엽枝葉일 뿐이요, 소학小學이 그 종계宗系가 된다는 사실을 모르고 있는 것이다.

　심지어 복건服虔 장읍張揖의 음의音義에 관한 것이라면 귀중한 것으로 여기면서, 그들의 《통속문通俗文》이나 《광아》를 얻으면 별것 아닌 것으로 여긴다. 같은 한 사람의 손에서 나온 이론도 향배向背가 이와 같거늘, 하물며 시대가 다르거나 사람이 다른 경우에야 어떠하겠는가?

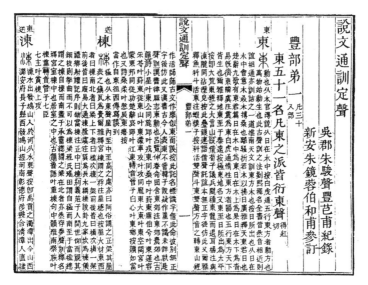

《說文通訓定聲》朱駿聲

夫文字者, 墳籍根本. 世之學徒, 多不曉字: 讀五經者, 是徐邈而非許慎; 習賦誦者, 信褚詮而忽呂忱; 明《史記》者, 專徐·鄒而廢篆籀; 學《漢書》者, 悅應·蘇而略《蒼》·《雅》. 不知書音是其枝葉, 小學乃其宗系. 至見服虔·張揖音義則貴之, 得《通俗》·《廣雅》而不屑. 一手之中, 向背如此, 況異代各人乎?

【墳籍】고대에 書籍을 부르던 명칭. 『三墳五籍』이 있었다 하여 이를 줄여서 도서, 서적으로 이렇게 불렀음.

【徐邈】晉나라 때 학자. 《五經音訓》을 지어 許慎의 《五經異義》와 《說文解字》를 비판함. 《晉書》儒林傳 참조.

【許慎】동한 때의 경학자. 文字學에 깊어 《說文絳字》와 《五經異義》를 지음. 《後漢書》儒林傳 참조.

【褚詮】 褚詮之를 가리킴. 宋나라의 학자.《隋書》經籍志에「《百賦音》十卷」이
  저록되어 있고, 주에「宋御史褚詮之撰」이라 함.
【呂忱】《字林》7권을 지었으며,《隋志》에「晉弦今呂忱撰」이라 함.
【徐鄒】 徐廣과 鄒誕生.《隋書》經籍志에「《史記音義》十二卷」이라 하고, 주에
  「宋中散大夫徐野民撰」이라 함. 그리고「《史記普》三卷」이라 하고, 주에「梁輕車
  錄事參軍鄒誕生撰」이라 함.
【應蘇】 應蘇(東漢人)와 蘇林(三國魏人). 應蘇는《漢書集解音義》24권이
  있으며, 소림은《字指》라는 책을 지었음.
【蒼雅】 古代 文字學書인『三蒼』을 가리킴. 李斯의《倉頡篇》, 趙高의《爰歷篇》,
  胡母敬의《博學篇》을 漢初에는『三倉』이라 하였고, 魏晉 때에는《倉頡篇》과 西漢
  말 揚雄의《訓纂篇》, 그리고 東漢 賈魴의《滂喜篇》을『삼창』이라 하였음.
【雅】 張揖의《廣雅》와 孔鮒의《小爾雅》를 가리킴.
【服虔】 남조 梁나라 때의 학자(漢나라 때의 服虔과 同名異人임).《杜預音》3권.
  《魏高貴鄕公春秋左氏傳音》3권이 있음.
【張揖】 後魏 때의 인물로 자는 稚讓.《埤蒼》·《古今字詁》 등이 있었다하나
  지금은 失傳되었고《廣雅》만 전함.
【通俗文】 南朝 梁나라 복건이 지음.

104
(8-21) 견문을 넓혀라

무릇 배우는 자는 능히 견문을 넓히는 것을 귀히 여겨야 한다. 군국郡國의 산천과 관위官位·족성族姓, 그리고 의복·음식·기명器皿과 제도制度에 대하여는 모두 그 뿌리를 찾아 그 원본原本을 밝히고자 해야 한다.

문자文字에 이르러서는 소홀히 하여 의심을 품지 않고 있다가는, 자기의 성명조차도 간혹 괴천乖舛하는 경우가 있다. 하면 비록 오류를 범하지 않더라도 역시 그 유래를 모르는 경우가 흔하다.

근래 어떤 사람이 아들 이름을 지으면서 형제 모두에게 「산山」자를 편방으로 하여 글자를 짓느라 이름에 치峙가 들어가기도 하고 형제 모두에게 「수手」를 편방으로 짓느라 기機자 이름이 있게 되었으며, 형제 모두에게 「수水」의 편방을 넣어 짓느라 응凝자 이름이 있었다.

명유석학名儒碩學이면서도 이러한 예가 심히 많다. 만약 '종소리 음이 맞지 않다는 나의 말을 아는 자가 있으리라'한 고사를 알게 된다면 얼마나 우스운 일이 되겠는가?

夫學者貴能博聞也. 郡國山川, 官位姓族, 衣服飲食, 器皿制度, 皆欲根尋, 得其原本; 至於文字, 忽不經懷, 己身姓名, 或多乖舛, 縱得不誤, 亦未知所由. 近世有人爲子制名: 兄弟皆山傍立字, 而有名峙者; 兄弟皆手傍立字, 而有名機者; 兄弟皆水傍立字,

而有名凝者. 名儒碩學, 此例甚多. 若有知吾鍾之不調, 一何可笑?

【機】撥자의 오기.

【乖舛】잘못되고 어그러짐. 오류를 뜻함.

【鍾之不調】《呂氏春秋》長見篇에「晉平公鑄爲大鐘, 使工聽之, 皆以爲調矣. 師曠曰:『不調, 請更鑄之.』平公曰:『工皆以爲調矣.』師曠曰:『後世有知音者, 將矣. 鐘之不調也』」라 함.《淮南子》脩務訓에도 역시 이 문장이 인용되어 있으나 鐘을 鍾으로 썼음.

105
(8-22) 두 지명의 유래

　내가 일찍이 제齊 문선제文宣帝를 모시고 병주幷州에 가면서, 정형관
井陘關으로부터 상애현上艾縣에 오르게 되었다. 그 현의 동쪽 수십 리에
엽려촌獵閭村이라는 곳이 있었다. 뒤에 조정의 백관들이 진양晉陽의
동쪽 1백여 리쯤에 있는 항구성亢仇城이란 곳에서 말먹일 풀을 거두어
받고 있었다. 그러나 이 두 곳이 어느 지역인지 알 수 없어 고금의
기록을 널리 찾아보았지만 누구하나 아는 자가 없었다.

　그러다가《자림字林》과《운집韻集》을 찾아보고서야 엽려촌은 바로
옛날 엽여취㩵餘聚란 곳이요, 항구성은 옛날의 만구정㽘釳停이었던
곳으로, 모두가 상애현에 속하였던 지역임을 알게 되었다.

　당시 태원太原 사람 왕소王劭가 향읍鄕邑의 기록에 주를 달고자 하던
차였는데, 내가 이 두 곳의 지명 유래를 들려주자 아주 기뻐하였다.

　吾嘗從齊主幸幷州, 自井陘關入上艾縣, 東數十里, 有獵閭村.
後百官受馬糧在晉陽東百餘里亢仇城側. 並不識二所本是何地,
博來古今, 皆未能曉. 及檢《字林》·《韻集》, 乃知獵閭是舊㩵
餘聚, 亢仇舊是㽘釳亭, 悉屬上艾. 時太原王劭欲撰鄕邑記注,
因此二名聞之, 大喜.

【齊王】北齊의 文宣帝(高洋)을 가리킴.

【幷州】한나라 때의 太原郡. 지금의 山西省 太原市.

【井陘關】關門 이름. 지금의 河北省 井陘縣 동북 쪽 井陘山에 있으며, 土門關이라
 고도 함.

【上艾縣】지금의 山西省 平定縣 동남 지역.

【獵閭村】平定縣 동쪽에 있는 마을 이름.

【晉陽】漢나라 때의 縣 이름. 지금의 太原市.

【字林】책 이름. 呂忱이 지음.

【韻集】晉나라 때 呂靜이 지음. 같은 이름의 段弘이 지은 것이 있음.

【王劭】北齊 말기의 학자. 《隋書》王劭傳 참조.

106
(8-23)

「회이수蚘二首」의 고증

내가 처음 《장자莊子》의 「회이수蚘二首」란 부분을 읽을 때, 《한비자
韓非子》의 "벌레 중에 회란 것이 있다. 한 몸체에 입이 둘이어서 먹을
것을 두고 서로 물고 싸우다가 결국 서로를 죽인다"라는 것을 보게
되었다. 망연히 이 글자의 음이 무엇인지 알 수 없어, 만나는 사람마다
물어 보았지만 끝내 풀이해 주는 자가 없었다. 《이아爾雅》 등 여러
책을 근거해 보니 '누에의 번데기蠶蛹를 이름하여 회蚘라 한다'라 하였다.
그러나 《장자》에 말한 바의 입이 둘이어서 탐해貪害하는 생물은 아니
었다. 뒤에 《고금자고古今字詁》를 보니, 이 글자는 비로 회虺자의 고자古字
였다. 몇 년 묵었던 체증이 확연히 안개 걷히듯 해결되었다.

장자(莊周) 《三才圖會》

吾初讀《莊子》「塊二首」,《韓非子》曰:「蟲有塊者, 一身兩口, 爭食相齕, 遂相殺也.」, 茫然不識此字何音, 逢人輒問, 了無解者. 案:《爾雅》諸書, 蠶蛹名塊, 又非二首兩口貪害之物. 後見《古今字詁》, 此亦古之虺字, 積年凝滯, 豁然霧解.

【古今字詁】책 이름. 모두 3권이며 後魏 張揖이 지음.

107
(8-24)

「백수洦水」

일찍이 내가 조주趙州에 들렀을 때, 백인성柏人城 북쪽에 작은 시내가 있었다. 그런데 그곳 사람조차도 그 냇물 이름이 무엇인지 알지 못하는 것이었다. 뒤에 성의 서문에 세워진 서정徐整의 비문을 보니 '얕은 물이 동쪽으로 향해 흐른다洦流東指'라 되어 있었다. 누구도 그것이 무슨 뜻인지 몰랐다. 내가《설문說文》를 상고해보니, 이「백洦」이라는 글자는「백魄」의 고자이며「백洦」이란 얕은 물을 뜻함을 알았다. 이 물은 한漢나라 이래로 본래 이름이 없는 냇물이었으므로, 그냥 얕게 흐르는 모습으로 이를 형용한 것이다. 혹시 마땅히 이「백洦」으로 그 물 이름을 지어도 되지 않을까?

嘗遊趙州, 見柏人城北有一小水, 土人亦不知名. 後讀城西門徐整碑云:「洦流東指.」衆皆不識. 吾案《說文》, 此字古魄字也, 洦, 淺水貌. 此水漢來本無名矣, 直以淺貌目之, 或當卽以洦爲名乎?

【趙州】지금의 河北省 趙縣.
【柏人城】《括地志》에「柏人故城在邢州柏人縣西北十二里, 漢柏人屬趙國」이라 함. 邢州는 지금의 河北省 邢臺縣.
【徐整】자는 文操. 三國시대 인물. 吳나라의 犬常卿을 지냄.

「물물勿勿」

세간의 편지글에 흔히 물물勿勿이라 칭하여 쓰고 있다. 계속 그렇게 쓰고 이어왔으나 그 유래를 알 수 없었다. 혹자는 이를 홀홀忽忽의 잔결殘缺일 뿐이라고 마구 말하는 사람도 있다.

내가 《설문해자說文解字》를 상고해 보니 이렇게 되어 있었다.

"물勿이란 큰 고을이나 마을에 세워둔 깃발이다. 그 깃대가 세 개의 깃폭의 형상을 그린 것으로, 백성들의 작업을 고취시키는 것이다. 그러므로 총망하고 급한 경우를 물물勿勿이라 한다."

世中書翰, 多稱勿勿, 相承如此, 不知所由, 或有妄言此忽忽之殘缺耳. 案:《說文》:「勿者, 州里所建之旗也, 象其柄及三斿之形, 所以趣民事. 故悤遽者稱爲勿勿.」

【勿勿】《禮記》禮器篇에 「勿勿乎其欲其饗之也」라 하고, 주에 「勿勿, 猶勉勉也」라 함.

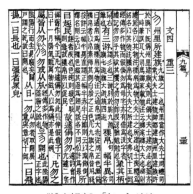

《說文解字》「勿」자 부분

史記卷一

漢　太史令司馬遷撰

宋中郎外兵曹參軍裴駰集解

唐國子博士弘文館學士司馬貞索隱

唐諸王侍讀率府長史張守節正義

五帝本紀第一

黃帝者

少典之子

109
(8-26) 촉蜀 방언 「두핍豆逼」

　내가 익주益州에 있을 때 몇 사람과 자리를 같이 하였는데, 막 솟아오른 햇빛이 밝아 땅에 작은 광채가 빛나는 것을 보고 "이것이 무슨 물건인가?"라 좌우에게 물었다. 그러자 촉蜀 땅 출신의 어린아이가 다가가 살펴보고는 "이는 두핍豆逼입니다"라는 것이었다.

　서로 쳐다보며 어리둥절하면서 무슨 말인지 알지 못하였다. 그래서 가져오도록 하여 보았더니 팥小豆이었다.

　촉 땅 선비를 두루 찾아 물었더니 알갱이粒를 그들은 핍逼이라 한다는 것이었다. 그 때문에 당시 아무도 알아듣지 못한 것이었다.

　이에 내가 이렇게 풀이하여 주었다.

　"《삼창三蒼》과 《설문해자》에 이 글자는 백白자 아래에 비匕를 붙여 조皂라 하였는데 모두가 「립粒」을 풀이한 말이오. 《통속문通俗文》에는 음이 「방력반方力反」(벽)으로 되어있지요."

　그러자 무리 모두가 흔연히 깨우치게 되었다.

　吾在益州, 與數人同坐, 初晴日晃, 見地上小光, 問左右:「此是何物?」有一蜀豎就視, 答云:「是豆逼耳.」相顧愕然, 不知所謂. 命取將來, 乃小豆也. 窮訪蜀士, 呼粒爲逼, 時莫之解. 吾云:「《三蒼》·《說文》, 此字白下爲匕, 皆訓粒, 《通俗文》音方力反.」衆皆歡悟.

【益州】 지금의 四川省.
【豎】 童僕을 말함.
【豆逼】 팥. 四川 지역의 方言.

110
(8-27)
「갈鶡」이라는 새

내 둘째 아들 민초愍楚의 동서인 두여동竇如同이 하주河州에서 오면서, 청조青鳥 한 마리를 가져와 길들여 기르며 애완하였다. 모두들 그 새를 그들 속명俗名대로 『갈鶡』이라 불렀다. 이를 보고 내가 "할새는 상당上黨 땅에서 나는 것으로 자주 이를 본적이 있다. 색은 모두 황흑黃黑으로 다른 잡색이 섞이지 않는다. 그 때문에 진사왕陳思王의 〈할부鶡賦〉에

현황玄黃의 굳센 깃을 드날리도다 　　　　　　　揚玄黃之勁羽

라 한 것이다"라 말하였다.
시험 삼아 《설문해자》를 찾아보니

개작은 갈새처럼 생겼으나 푸르다. 강 땅에서 난다 　鳱雀似鶡而青, 出羌中

라 하였다.
《운집韻集》에는 음을 개介라 하였다. 이로써 의심이 모두 풀린 것이다.

愍楚友壻竇如同從河州來, 得一青鳥, 馴養愛翫, 擧俗呼之爲鶡. 吾曰:「鶡出上黨, 數曾見之, 色並黃黑, 無駁雜也. 故陳思王

〈鶡賦〉云:『揚玄黃之勁羽.』」試檢《說文》:「鳻雀似鶡而青, 出羌中.」《韻集》音介. 此疑頓釋.

【友壻】 처남을 뜻함. 連襟이라고도 함. 《釋名》에 「兩壻相謂亞, 又曰友壻, 言相親友也」라 함.

【河州】 지금의 甘肅 臨夏縣·寧定縣·永靖縣·和政縣 일대.

【上黨】 지금의 山西省 長治縣 일대.

【陳思王】 曹植을 가리킴. 자는 子建. 曹操의 셋째 아들로 陳王에 봉해졌으며 시호는 思. 《曹子建集》이 있으며, 〈鶡賦〉는 그 속에 들어 있음.

【鶡】 꿩 비슷한 새로 할단(鶡旦)새라고도 함. 갈의 원음은 '할.' 《集韻》에 「何葛切」로 되어 있음.

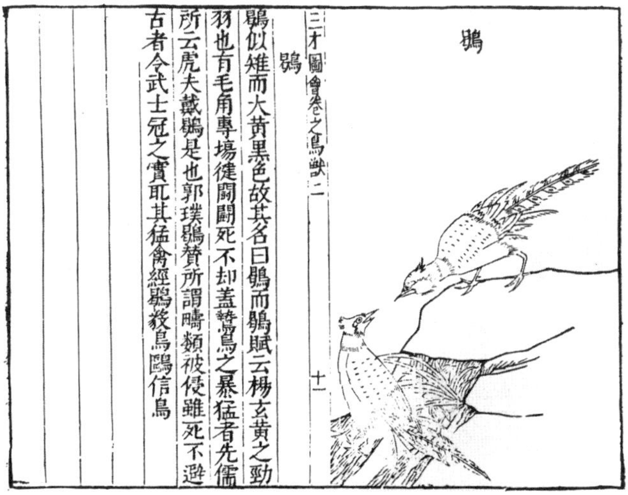

鶡《三才圖會》

111
(8-28)
「순채薄菜」의 방언들

양梁나라 때 채랑蔡郎이란 자가 있어 순純이라는 음을 피휘하였다. 평소 깊은 학문이 없으면서도 순薄이란 채소를 노규露葵라고 부르는 것이었다. 벽을 마주하고 있는 무식한 무리들은 모두 이를 흉내 내며 따라 하였다. 승성承聖 연간에 제齊나라 사대부 하나를 초빙에 의해 보낸 적이 있었는데 제나라 주객랑主客郎 이서李恕가 양나라의 이 사신에게 "강남에도 노규라는 채소가 있소?"라 물었다. 그 사신이 "노규는 순이라는 나물로 물이 있는 고을에서 나지요. 경께서 지금 먹고 있는 것은 녹규채綠葵菜라는 것이오"라 대답하였다.

이서 역시 학문이 있었지만 사신의 실력에 대한 심천深淺은 측량하지 못하고 있던 터에 잠깐 이런 설명을 듣고는 정말 그런지 사실을 알 수 없었다.

梁世有蔡郎者諱純, 旣不涉學, 遂呼薄爲露葵. 面牆之徒, 遞相倣效. 承聖中, 遣一士大夫聘齊, 齊主客郎李恕問梁使曰:「江南有露葵否?」答曰:「露葵是薄, 水鄕所出. 卿今食者綠葵菜耳.」李亦學問, 但不測彼之深淺, 乍聞無以覈究.

【蓴】蓴菜. 일명 水葵라고도 함. 물풀의 일종으로 식용임.

【露葵】蓴菜의 다른 이름이라고도 하며 冬寒菜라고도 함.《本草綱目》草部에 「古人採葵, 必待露解, 故曰露葵」라 하였고, 菜部에는 「露葵, 今人呼爲滑菜」라 함.

【承聖】梁元帝(蕭繹)의 연호(551).

【吏書】李庶의 오기로 봄. 王利器는《北史》李崇傳에 나오는 李階의 아들이라 하였음.

112
(8-29) 같은 음의 글자가 50여 자

　내 아들 사로思魯 등의 이모부인 팽성彭城 사람 유령劉靈이 일찍이 나와 앉아 담론을 나눌 때, 그의 여러 아들들이 곁에 모시고 있었다. 내가 그의 두 아들인 유행儒行과 민행敏行에게 이렇게 물어 보았다. "무릇 글자들 중에 너희 아버지 함자와 같은 음의 글자가 몇 개나 되는지 능히 모두 알 수 있겠느냐?"

　그러자 두 아들은 "연구해 보지 못하였습니다. 지도하여 가르쳐 주시기를 청합니다"라는 것이었다. 이에 나는 이렇게 설명해 주었다.

　"무릇 이와 같은 예는 미리 연습하고 찾아보지 않고 있다가 갑자기 모르는 글자를 만나게 되어 남에게 잘못 물었다가는 도리어 무뢰한 자에게 속임을 당할 수 있으니 쉽게 여겨서는 안 된다."

　그리고는 이를 설명해 주었더니 50여 자나 되는 것이었다. 그들 유씨 형제들은 감탄하면서 "이렇게 많은 줄 몰랐습니다"라는 것이었다. 그들이 끝내 몰랐다면 역시 괴이한 일이 벌어질 뻔한 것이었다.

　思魯等姨夫彭城劉靈, 嘗與吾坐, 諸子侍焉. 吾問儒行·敏行曰:「凡字與諮議名同音者, 其數多少, 能盡識乎?」答曰:「未之究也, 請導示之.」吾曰:「凡如此例, 不預研檢, 忽見不識, 誤以問人, 反爲無賴所欺, 不容易也.」因爲說之, 得五十許字. 諸劉歎曰:「不意乃爾!」若遂不知, 亦爲異事.

【思魯】顏思魯. 안지추의 맏아들.
【彭城】지금의 江西省 銅山縣.
【劉靈】人名. 認議參軍을 역임함.

한 귀퉁이로 모두를 단정하지 말라

서적을 교정校定하는 일을 어찌 쉽고 경솔히 할 수 있겠는가? 양웅揚雄·유향劉向으로부터 비로소 이러한 직무職務의 명칭이 생긴 것이다. 천하에 책을 보되 아직 두루 살피지 않았을 때에는 마구 문자를 고칠 수 없는 것이다. 혹 저쪽이 잘못되어 있을 수도 있고 이쪽이 옳을 수도 있으며, 혹은 근본은 같으나 끝이 차이가 있을 수도 있고, 혹 두 가지 문장 모두에 잔결殘缺이 있을 수도 있다. 그러니 한쪽 귀퉁이만 치우치게 믿어서는 안 된다.

校定書籍, 亦何容易? 自揚雄·劉向, 方稱此職耳. 觀天下書未徧, 不得妄下雌黃. 或彼以爲非, 此以爲是; 或本同末異; 或兩文皆欠, 不可偏信一隅也.

【揚雄】 자는 子雲. 漢나라 때 蜀郡 출신으로 成帝 때 給事黃門郎을 지냈으며, 王莽 때에 天祿閣의 서적을 교감한 학자. 《方言》 등의 저술을 남김. 《漢書》 揚雄傳 참조.

【劉向】 중국 최고의 目錄學者. 자는 子政. 成帝 때에 光祿大夫를 거쳐 中壘校尉를 지냄. 秘府의 서적을 교감 정리하였으며, 그 아들 劉歆이 이를 완성하여 《七略》을 지음. 《漢書》 楚元王傳 참조.

【雌黃】 원래는 광물질로 붉은 글씨를 쓰기 위한 물감으로 사용함. 여기서는
文字를 改易함을 뜻함.
【一隅】 한 귀퉁이로써 전체를 단정할 수 없음을 뜻함.『一偏蓋全』과 같은 말.

9. 문장文章

본편은 문장의 작성과 품평의 문제를 다루고 있다. 아울러 역대 각 문인들의 하자를 지적하여 문장쓰기의 어려움을 거론하였다. 당시 부염浮艷한 문풍에 대하여 불만을 표출하기도 하였다.

〈史墻盤〉 서주 1976 陝西 扶風 출토

문장은 오경五經에 근원을 두고 있다

　무릇 문장은 오경五經에 근원을 두고 있다. 조명책격詔命策檄은《서서書》
에서 나온 것이며, 서술논의序述論議는《역易》에서 나온 것이다. 가영
부송歌詠賦頌은《시詩》에서 나온 것이며, 제사애뢰祭祀哀誄는《예禮》에서
나온 것이며, 서주잠명書奏箴銘은《춘추春秋》에서 나온 것이다.

　조정의 헌장憲章과 군려軍旅의 서고誓誥, 그리고 인의를 현양하는 일,
공덕을 밝혀 펴는 일, 백성을 다스리고 나라를 다스리는 일 등 그
시용施用에 여러 가지 길이 있다.

　그리고 성령性靈을 도야하고, 조용히 풍간諷諫하여 그 재미에 들어
가는 것도 역시 즐거운 일이다. 행하고 남은 힘이 있으면 가히 익힐
만한 것이다.

　그러나 예로부터 문인들 중에는 경박함에 빠진 이들이 많았다. 즉,
굴원屈原은 재주를 드러내고 자신을 드날리느라 임금의 허물을 폭로
하였고, 송옥宋玉은 생김새가 너무 잘나서 광대 같은 대우를 받았으며,
동방삭東方朔, 曼倩은 골계가 지나쳐 전아典雅하지 못하였고, 사마상여
司馬相如, 長卿는 재물을 훔치고 지조가 없었으며, 왕포王褒는 자신의
과실을 〈동약僮約〉에 드러내었고, 양웅揚雄은 왕망王莽을 덕이라 여겨
〈미신美新〉을 지었고, 이릉李陵은 흉노에게 항복하여 포로가 되었으며,
유흠劉歆은 왕망의 신新나라 반복反覆함이 심하였고, 부의傅毅는 권세
집안에 작당하여 빌붙었고, 반고班固는 아버지의 역사저술을 도적질
하였으며, 조일趙壹, 元叔은 지나치게 거만하였고, 풍연馮衍, 敬通은

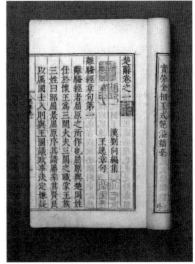

굴원과 초사

너무 들떠 있다가 배척을 당하였고, 마융馬融, 季長은 권세가에 아첨하다가
비난을 받았고, 채옹蔡邕, 伯喈은 못된 사람과 함께 하다가 주벌을 당하였
으며, 오질吳質은 향리에서 횡포를 부렸고, 조식曹植은 거만히 굴어
법을 어겼고, 두독杜篤은 남에게 빌어먹으면서도 싫증을 몰랐고, 노수
路粹는 속이 좁기가 너무 심하였고, 진림陳琳은 실질이 거칠고 엉성하였
으며, 번흠繁欽은 자신을 검속할 줄 모르는 성격이었으며, 유정劉楨은
지나치게 강직한 듯하다가 벌을 받았고, 왕찬王粲은 조급히 굴다가
미움을 받았으며, 공융孔融과 예형禰衡은 오만하게 굴다가 죽음을 당하
였고, 양수楊修와 정이丁廙는 남을 선동하다가 죽음을 당하였고, 완적
阮籍은 무례히 굴며 풍속을 어지럽혔으며, 혜강嵆康은 세상을 능멸하다
가 험한 죽음을 당하였고, 부현傅玄은 남과 다투기를 잘하다가 관직에서
쫓겨났으며, 손초孫楚는 지나치게 자신을 자랑하느라 윗사람을 능멸
하였으며, 육기陸機는 순리를 벗어나 험로를 걸었고, 반악潘岳은 이익만
좇다가 위험을 자초하였고, 안연년顔延年은 지나치게 자부自負하다가

퇴출을 당하였고, 사령운謝靈運은 공소空疎히 굴어 기강을 어지럽혔으며, 왕융王融, 元長은 흉악히 굴다가 허물을 뒤집어썼고, 사조謝眺, 玄暉는 오만하게 굴다가 스스로 해를 입었다.

무릇 이 여러 사람들은 모두가 뛰어난 인물들이었다. 그 밖에는 능히 모두 들어 설명할 수는 없으나 대략 이와 같았던 것이다.

한편 제왕帝王 중에서도 혹 이런 병폐를 면하지 못한 자가 있다. 예로부터 천자이면서 역시 화려한 재능을 가진 자로서 한漢 무제武帝·위魏 태조太祖·위魏 문제文帝·위魏 명제明帝·송宋 효무제孝武帝 등이 있다. 이들은 모두가 세상의 의논거리를 가진 이들이긴 하나 실제로 덕 있는 군주는 아니었다.

자유子游·자하子夏·순황荀況·맹가孟軻·매승枚乘·가의賈誼·소무蘇武· 장형張衡·좌사左思 같은 무리들로부터는 훌륭한 명성도 있으면서도 아울러 이러한 폐단에서 벗어난 이들을 때때로 들어 볼 수는 있으나, 다만 이런 이들 중에도 많은 결점을 가지고 있기는 마찬가지이다.

나는 일찍이 이에 대하여 생각해 보았다. 이는 인식의 누적에 원인이 있는 것으로 문장의 체제란 자신의 흥회를 표준인 양 들먹여 성령을 펴고 끌어들이는 것이기에 글 쓰는 사람들로 하여금 긍지와 자랑을 갖게 한다. 그 때문에 지조는 경홀히 하면서 진취進取에는 과감하게 해야 한다.

지금 세상의 문사들은 이러한 병폐가 더욱 심하여 어쩌다가 하나의 합당한 사물을 찾는다거나, 한 구절의 교묘한 작품을 만들면 신령 하다는 생각이 구천九天에까지 솟아오르고, 그 지기志氣는 천 년을 두고 뻗칠 줄로 여겨, 스스로 옳고 스스로 상탄하면서 곁에 다른 사람이 있는 줄도 모른다.

그러다가 모래나 자갈 정도로 입을 작을 상처가 창보다 더 심한 참상을 입으며, 풍자하였던 화근이 풍진風塵보다 빠르게 내닫는다. 의당 예방을 깊이 염려하여 원길元吉을 보전해야 할 것이다.

맹자(孟軻)《三才圖會》

夫文章者, 原出五經: 詔命策檄, 生於《書》者也; 序述論議,
生於《易》者也; 歌詠賦頌, 生於《詩》者也; 祭祀哀誄, 生於《禮》
者也; 書奏箋銘, 生於《春秋》者也. 朝廷憲章, 軍旅誓誥, 敷顯
仁義, 發明功德, 牧民建國, 施用多途. 至於陶冶性靈, 從容
諷諫, 入其滋味, 亦樂事也. 行有餘力, 則可習之. 然而自古文人,
多陷輕薄: 屈原露才揚己, 顯暴君過; 宋玉體貌容冶, 見遇俳優;
東方曼倩, 滑稽不雅; 司馬長卿, 竊貲無操; 王襃過章〈僮約〉,
揚雄德敗〈美新〉; 李陵降辱夷虜; 劉歆反覆莽世; 傅毅黨附權門;
班固盜竊父史; 趙元叔抗竦過度; 馮敬通浮華擯壓; 馬季長佞
媚獲誚; 蔡伯喈同惡受誅; 吳質詆忤鄉里; 曹植悖慢犯法; 杜篤
乞假無厭; 路粹隘狹已甚; 陳琳實號麤疎; 繁欽性無檢格; 劉楨
屈強輸作; 王粲率躁見嫌; 孔融・禰衡誕傲致殞; 楊修・丁廙扇
動取斃; 阮籍無禮敗俗; 嵇康凌物凶終; 傅玄忿鬪免官; 孫楚

矜誇凌上; 陸機犯順履險; 潘岳乾沒取危; 顏延年負氣摧黜; 謝靈
運空疎亂紀; 王元長凶賊自詒; 謝玄暉侮慢見及. 凡此諸人, 皆其
翹秀者, 不能悉紀, 大較如此. 至於帝王, 亦或未免. 自昔天子而
有才華者, 唯漢武・魏太祖・文帝・明帝・宋孝武帝, 皆負世議,
非懿德之君也. 自子游・子夏・荀況・孟軻・枚乘・賈誼・蘇武・
張衡・左思之儔, 有盛名而免過患者, 時復聞之, 但其損敗居多耳.
每嘗思之, 原其所積, 文章之體, 標擧興會, 發引性靈, 使人矜伐,
故忽於持操, 果於進取. 今世文士, 此患彌切. 一事愜當, 一句清巧,
神屬九霄, 志凌千載, 自吟自賞, 不覺更有旁人. 加以砂礫所傷,
慘於矛戟, 諷刺之禍, 速乎風塵, 深宜防慮, 以保元吉.

【屈原】전국시대 楚나라의 문인. 이름은 平, 자는 原, 혹은 이름이 正則이며,
  자는 靈均. 懷王의 無知를 간언하다가 쫓겨남.《楚辭》의 비조이며〈漁夫辭〉・
  〈離騷〉등의 명작을 남김.
【宋玉】역시 전국시대 人物로 唐勒・景差과 함께 屈原派의 남방 楚辭賦로 이름을
  날림.
【東方曼倩】東方朔을 지칭함. 漢나라 때 人物로 滑稽와 神仙術 등에 이름을
  날림.《漢書》東方朔傳 및《史記》滑稽列傳 참조.
【司馬長卿】漢代 최고의 賦作家인 司馬相如를 가리킴. 卓文君과의 연애사건
  으로도 유명함.《史記》司馬相如列傳 참조.
【王褒】자는 子淵. 漢나라 때의 辭賦家. 宣帝의 부름을 받고〈聖主得賢臣賦〉를
  지음.
【揚雄】자는 子雲. 王莽의 찬탈을 미화한〈劇秦美新論〉을 지음.《漢書》揚雄傳
  참조.
【李陵】자는 少卿, 한나라 명장 李廣의 손자로, 武帝 때 匈奴를 토벌하러 갔다가
  포로가 됨.《史記》李將軍傳 참조.

【劉歆】 자는 子駿. 劉向의 아들. 漢대 목록학자. 뒤에 이름을 秀, 자를 潁叔으로
바꾸고 王莽이 한을 찬탈하자 國師가 되었으나, 자신의 셋째 아들이 왕망에게
죽음을 당하자 王涉·董忠 등과 왕망 제거 모략을 꾸미다가 발각되어 자살함.
《漢書》楚元王傳 참조.

【傅毅】 자는 武仲. 동한의 문학가.《後漢書》文苑傳(傅毅) 참조.

【班固】 자는 孟堅. 東漢의 史學家, 賦家. 일찍이 아버지의 저작인《史記後傳》을
이어받아 저술했으나 私人이 국가의 역사를 저술한다는 죄로 하옥 당하였다가
그 아우 班超의 변호로 풀려남. 明帝는 오히려 그를 높이 여겨 蘭臺今史·典校秘
書로 발탁, 아버지를 이어 자작을 지원,《漢書》를 20년 만에 저술. 그 여동생
班昭에 의해 완성을 보았음.《後漢書》班固傳 참조. 한편 顔之推가「竊盜父史」
(아버지의 역사기록을 훔쳤다)라 한 것은 당시 육조시대《漢書》에 대한 폄훼가
심했거나, 반고에 대한 편견이 있었던 것이 아닌가 함.

【趙元叔】 趙壹. 자가 元叔임. 東漢의 辭賦家. 거만하게 굴어 鄕黨의 배척을 받았
으며, 入京하여「見司徒袁逢, 長揖而已. 欲見河南尹羊陟, 會其尙臥, 哭之」라
하여 顔之推는 이를 두고「抗竦過度」라 한 것으로 보임.

【馮敬通】 馮衍의 자가 敬通이었으며, 동한 때 人物로 光武帝를 도와 東漢의
공신이 되었으나 횡포를 부리다가 죽음.《後漢書》馮衍傳 참조.

【馬季長】 馬融의 자가 季長이었음. 東漢의 경학가, 文學家.《後漢書》馬融傳
참조.

【蔡伯喈】 蔡邕의 자가 伯喈였음. 東漢 때 학자로 경학·제자학·천문·술수·
회화·음악 등에 두로 통달했으나, 董卓에게 아부하였다가 옥사함.《後漢書》
蔡邕傳 참조.

【吳質】 삼국시대 魏나라 때의 문장가. 자는 季重.《三國志》魏志 王粲傳 참조.

【曹植】 子建. 曹操의 셋째 아들로 文帝(曹丕)와 알력으로 고통을 당함.《三國志》
魏志 陳思王植傳 참조.

【杜篤】 자는 季雅. 東漢 때 인물.《後漢書》文苑傳(杜篤) 참조.

【路粹】 자는 文蔚. 삼국시대 위나라 인물. 蔡邕에게 배워 문채가 있었으며 陳琳·
阮瑀·孔融 등과 동시대. 끝내 공융의 주살에 관여하였음.《三國志》魏志 王粲傳
참조.

【陳琳】 자는 孔璋. 삼국 魏나라 때의 文人.《三國志》魏志 王粲傳 참조.

【繁欽】 자는 休伯. 詩文에 뛰어났음.《三國志》王粲傳 참조.

【劉楨】 자는 公幹. 앞에 든 王粲, 孔融, 陳琳, 阮瑀, 應場, 徐幹과 함께『建安七子』로 불림.《三國志》王粲傳 참조.

【王粲】 자는 仲宣. 三國 魏나라 인물로 박학다식하였으며 建安七子의 首長으로 侍中 벼슬을 지냄.《三國志》魏志 王粲傳 참조.

【孔融】 자는 文擧. 漢末 문인. 曹操에게 피살됨.『建安七子』의 하나.《後漢書》孔融傳 참조.

【禰衡】 자는 正平. 東漢 때 인물로 성격이 강직하여 曹操를 면대하여 꾸짖었음. 결국 26세에 피살되었음.《後漢書》文苑傳 참조.

【楊修】 자는 德祖. 曹操를 도와 보필하였으며 지모가 뛰어났던 인물. 뒤에 조조에게 죽음을 당함.《後漢書》楊震傳 참조.

【丁廙】 자는 慶禮. 漢末 三國 초기 인물. 그의 형 丁儀와 함께 조식과 가까웠음. 曹丕가 황제가 되자 두 형제를 살해함.《三國志》魏志 陳思王植傳에「植旣以才見異, 而丁儀・丁異・楊修爲羽翼, 幾爲太子者數矣」라 함.

【阮籍】 자는 嗣宗. 삼국시대 위나라 인물. 죽림칠현의 하나.《世說新語》및《晉書》阮籍傳 참조.

【嵇康】 자는 叔夜. 역시 죽림칠현의 하나. 山濤와의 절교를 선언한〈與山巨源絕交書〉로 유명함.《晉書》嵇康傳 및《世說新語》참조.

【傅玄】 자는 休奕. 晉나라 때의 사상가, 문학가.《晉書》傅玄傳 참조.

【孫楚】 자는 子荊. 石苞의 군대에 참여하였으나 뜻이 맞지 않아 틈이 생김.《晉書》孫楚傳 참조.

【陸機】 자는 士衡. 西晉의 文人. 아우 陸雲과 함께『二陸』으로 불림.《晉書》陸機傳 참조.

【潘岳】 자는 安仁. 西晉의 文人으로 給事黃文侍郎을 역임하여 潘黃門으로도 불림. 성격이 경박하고 勢利를 좋아하여 폄훼를 입음.《晉書》潘岳傳 참조.

【顔延年】 顔延之. 자가 延年이었음. 南朝 宋나라의 문인. 謝靈運과 병칭되었음. 성격이 강직하여 당시 수용을 받지 못하였음.《南史》顔延之傳 참조.

【謝靈運】 남조 宋나라 때의 山水詩人. 康樂侯에 봉해져 흔히 謝康樂으로도 불림. 사치를 좋아하였으며 정치에 가담하였다가 피살됨.《南史》謝靈雲傳 참조.

【王元長】 王融. 자가 元長이었으며 남조 齊나라 때의 文人, 정치가. 역시 정치에 관여하여 농단을 부리다가 賜死당함.《南史》王弘傳(王融) 참조.

【謝玄暉】謝朓. 자가 玄暉였음. 남조 齊나라 때의 文人, 서예가. 정치에 휩쓸려 下獄당함.《南史》謝裕傳(謝朓) 참조.

【子游·子夏】모두 孔子 제자로 文學에 뛰어났던 人物.《論語》先進篇에「文學: 子遊·子夏」라 함.

【荀況】荀子. 전국시대 趙나라 출신. 漢代 宣帝(劉詢)의 이름을 피휘하여 孫卿으로 부름.

【孟軻】孟子. 자는 子輿. 전국시대 鄒나라 사람. 子思의 문인에게 배워 孔子의 사상을 폄. 王道政治를 주장.《孟子》7편을 남김.《史記》孟子荀卿列傳 참조.

【枚乘】자는 叔. 西漢 때의 辭賦家.《漢書》枚乘傳 참조.

【賈誼】西漢 때의 政論家·辭賦家.〈鵬鳥賦〉·〈過秦論〉·〈弔屈原賦〉·〈論時政疏〉등이 있으며,《新書》56편이 있었으나 原書는 사라졌으며 後人이 輯佚한 10卷이 전함.《史記》屈原賈生列傳 및《漢書》賈誼傳 참조.

【蘇武】자는 子卿. 漢武帝 때에 匈奴에 출정했다가 선우(單于)에게 잡혀 투항하였다가 19년 만에 돌아옴《文選》에 蘇武詩 4편이 전하며 이를 五言詩의 비조로 여기기도 함.《漢書》蘇武傳 참조.

【張衡】자는 平子. 東漢 때의 文章家.〈二京賦〉·〈四愁詩〉·〈同聲歌〉등이 있으며, 明나라 때 집일된《張河間集》이 있음.《後漢書》張衡傳 참조.

【左思】자는 太沖. 西晉의 文人.〈三都賦〉로 인한『洛陽紙高』의 고사를 남김.《左太沖集》이 있음.《晉書》文苑傳 참조.

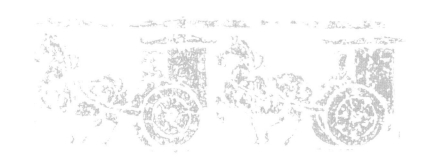

115
(9-2) 억지로 붓을 들지 말라

학문에는 날카로움과 둔함이 있으며, 문장에는 공교함과 졸렬함이 있다. 학문에 둔한 사람은 노력을 쌓으면 정숙精熟을 이룸에 해가 되지 않지만, 문장에 졸렬한 사람은 연마하고 생각한다 해도 끝내 비루함에 이르고 만다. 다만 학문을 이룬 선비 정도라면 세상에 나서 사람 되었다고 자족自足하면 된다. 타고난 재주가 어쩔 수 없이 문장 짓는 데 모자란다면 억지로 붓을 들려고 하지는 말아야 한다.

내가 세상 사람을 보건대 재능과 사려가 전혀 없으면서도 스스로 뛰어난 줄로 알고, 세상에 추하고 졸렬한 작품을 퍼뜨리는 자가 역시 너무 많다. 강남江南에서는 그런 사람을 영치부䣛癡符라 부른다. 근래 병주幷州의 어떤 사족이 웃음을 자아내는 시부詩賦 짓기를 좋아하여 형소邢邵·위수魏收 등 여러 사람들과 자신을 견주곤 하였다. 여러 사람들이 함께 이를 조롱하여 거짓으로 대단하다고 칭찬을 아끼지 않자, 그는 소를 잡고 술을 걸러 이들을 초청, 그 성가를 높이려 하였다. 마침 그의 아내는 문장 감식에 밝은 부인이었다. 이에 울면서 그만둘 것을 간하였다. 그러자 그 사람은 "재화才華가 처자에게조차 용납되지 않으니, 하물며 길가는 사람에게 있어서랴!"라 탄식하였다.

그러나 죽을 때까지 깨닫지 못하였다. 스스로를 바르게 보는 것을 명明이라 한다. 이는 진실로 어려운 일이다.

學問有利鈍, 文章有巧拙. 鈍學累功, 不妨精熟; 拙文研思,
終歸蚩鄙. 但成學士, 自足爲人. 必乏天才, 勿强操筆. 吾見世人,
至無才思, 自謂淸華, 流布醜拙, 亦以衆矣, 江南號爲詅癡符.
近在并州, 有一士族, 好爲可笑詩賦, 誂撆邢·魏諸公. 衆共嘲弄,
虛相讚說, 便擊牛釃酒, 招延聲譽. 其妻, 明鑒婦人也, 泣而諫之.
此人歎曰:「才華不爲妻子所容, 何況行路!」至死不覺. 自見之
謂明, 此誠難也.

【邢·魏】邢은 邢邵. 자는 子才. 北齊 때의 人物로 博學多識하여 文才가 있었음.
  魏는 魏收, 자는 伯起.《魏書》130권을 저술함.《北齊書》邢邵傳 및 魏收傳
  참조.
【自見之謂明】《老子》33장에 「知人者智, 自知者明」이라 하였고,《韓非子》喩老
  篇에 「知之難, 不在見人, 在自見, 故曰自見之謂明」이라 함.

116
(9-3)

좋은 글 짓겠다고 욕심내지 말라

문장 짓는 것을 배워 지은 문장은 먼저 친우에게 보여주어, 그 평가를 받고 가히 발표할 만하다고 여긴 연후에야 손을 뗄 수 있는 것이다. 스승의 마음이라도 이와 같으려니 하고 자임하였다가 옆 사람의 웃음을 사는 일은 하지 말도록 조심하라.

자고로 붓을 잡고 글을 지은 자들은 얼마나 많은지 어찌 가히 말로 다할 수 있겠는가? 그러나 굉려정화宏麗精華함에 이른 것은 수십 편에 불과할 따름이다. 다만 체재體裁를 잃지 않고 사의辭意가 가히 볼 만한 정도만 되어도 곧 재사才士라 칭할 만하다.

모름지기 세속을 놀라게 하고 세상을 덮을 만한 글이어야 한다면, 이는 황하가 맑아지기를 기다림과 같도다!

學爲文章, 先謀親友, 得其評裁, 知可施行, 然後出手. 愼勿師心自任, 取笑旁人也. 自古執筆爲文者, 何可勝言? 然至於宏麗精華, 不過數十篇耳. 但使不失體裁, 辭意可觀, 便稱才士; 要須動俗蓋世, 亦俟河之淸乎!

【俟河之淸】『百年河淸』과 같은 말. 황하의 물이 맑아지기를 기다림.《左傳》襄公 8년의 구절.

117
(9-4)

아부하는 문장은 쓰지 말라

두 왕조에 굴하지 않음은 백이伯夷·숙제叔齊의 절개요, 어떤 임금인들 섬기지 못하랴 한 것은 이윤伊尹과 기자箕子의 의義이다. 춘추春秋 이래로 집안이 도망가고 흩어진 경우도 있고, 나라가 병탄되어 멸망한 경우도 있으니, 군신君臣 사이란 진실로 항상 구분이 되는 것은 아니다. 그러나 군자란 사귐을 끊을 때 험담을 늘어놓지 않는 법이니, 어느 날 아침에 무릎을 꿇고 사람을 섬기기로 하였다면 어찌 존망存亡을 이유로 뜻을 바꿀 수 있겠는가?

진공장陳孔璋, 琳은 원소袁紹를 모실 때 그를 위해 글을 쓰면서 조조曹操를 불러 시랑豺狼이라 해 놓고는, 위魏, 曹操가 그들에게 격문을 지을 때는 원소를 지목하여 뱀蛇虺이라 하였다. 임금의 명령이라 자신의 뜻대로 할 수 없었다 해도 역시 문인文人으로서의 커다란 환난이니, 의당 조용히 소식消息함에 힘써야 할 것이다.

不屈二姓, 夷·齊之節也; 何事非君, 伊·箕之義也. 自春秋已來, 家有奔亡, 國有呑滅, 君臣固無常分矣; 然而君子之交絶無惡聲, 一旦屈膝而事人, 豈以存亡而改慮? 陳孔璋居袁裁書, 則呼操爲豺狼; 在魏製檄, 則目紹爲蛇虺. 在時君所命, 不得自專, 然亦文人之巨患也, 當務從容消息之.

【夷齊之節】伯夷와 叔齊의 절개.《史記》伯夷列傳 및《孟子》萬章 등 참조.
【伊箕之義】伊尹과 箕子의 절의. 伊尹은 湯을 도와 桀을 벌한 賢臣.《史記》
  殷本紀 참조. 箕子는 紂 叔父. 이름은 胥餘. 기(箕) 땅에 봉해졌으며 子는 작위.
  紂의 폭정을 간언하다가 용납되지 않자 거짓 미친 체하였음.《史記》殷本紀 참조.
【紹爲蛇虺】구체적인 典故을 알 수 없음.
【消息】雙聲連綿語. 斟酌과 같은 뜻으로 쓰였음.

《史記評林》明 凌稚隆(輯校)

장독항아리 덮는 데나 쓰일 글

혹자가 양웅揚雄에게 물었다.

"그대는 어릴 때부터 부賦를 좋아하였습니까?"

그러자 양웅은 이렇게 대답하였다.

"그렇소. 그러나 어린아이의 조충전각雕蟲篆刻과 같은 놀이이니, 장부
壯夫로써 할 일이 못됩니다."

내 생각으로 이는 잘못된 것이라 생각한다.

우순虞舜은 〈남풍南風〉이라는 시를 노래하였고, 주공周公은 〈치효
鴟鴞〉라는 노래를 지었으며, 윤길보尹吉甫와 사극史克의 노래는 아雅·송
頌 중에 뛰어난 것이다. 어릴 때에 즐겨하였다고 해서 덕에 누가 되었다
는 말은 듣지 못하였다. 공자孔子는 《시》를 배우지 않으면 말을 제대로
할 수 없다.", "내가 위衛에서 노魯로 돌아오자 음악이 바로잡혔고, 아雅,
송頌이 각기 그 제자리를 잡게 되었다"라 하였다. 효도를 크게 밝히는
일도 《시》를 인용하여 이를 증명한다. 그런데 양웅은 어찌 감히 이를
경홀히 여기는가? 만약 "시인의 부는 아름다움을 법칙으로 삼고, 사인의
부는 아름다움에 음일淫佚함이 있다"라는 말로 논한다면 이는 단지 그
변화를 가리킬 뿐임을 알아야 한다.

그런데 또 양웅이 스스로 장부壯夫라 하였는데 사실이 그런지 어찌
알겠는가? 그는 〈극진신미劇秦新美〉라는 글을 지어 망령되이 신망新莽의
궁궐에 던져 아첨하였다. 그러나 겁을 먹고 놀라 천명을 누리지 못하였
으니 이는 어린아이나 할 짓이다.

揚雄(楊雄, 子運) 《三才圖會》

환담桓譚은 양웅을 노자老子보다 낫다고 하였고, 갈홍葛洪은 양웅이 중니仲尼에 견줄 만하다고 평가하여 사람을 탄식하게 한다. 이 양웅이란 자는 단지 산술算術에 밝고 음양陰陽을 아는 자일 뿐이다. 그 때문에 《태현경太玄經》을 지어 몇몇 사람이 미혹되었을 뿐이다. 그가 남긴 말이나 행동은 손경孫卿, 荀子이나 굴원屈原에게도 미치지 못할 정도인데 어찌 감히 대성大聖의 청진淸塵한 경지를 바라보겠는가? 게다가 《태현경》은 지금 어디에 쓸모가 있는가? 그저 장독항아리 덮는 데에나 쓸 뿐이다.

或問揚雄曰:「吾子少而好賦?」雄曰:「然. 童子雕蟲篆刻, 壯夫不爲也.」余竊非之曰: 虞舜歌〈南風〉之詩, 周公作〈鴟鴞〉之詠, 吉甫·史克雅·頌之美者, 未聞皆在幼年累德也. 孔子曰:「不學《詩》, 無以言.」「自衛返魯, 樂正, 雅·頌各得其所.」

大明孝道, 引《詩》證之. 揚雄安敢忽之也? 若論「詩人之賦麗以則, 辭人之賦麗以淫」, 但知變之而已, 又未知雄自爲壯夫何如也? 著〈劇秦美新〉, 妄投於閣, 周章怖慴, 不達天命, 童子之爲耳. 桓譚以勝老子, 葛洪以方仲尼, 使人歎息. 此人直以曉算術, 解陰陽, 故著《太玄經》, 數子爲所惑耳. 其遺言餘行, 孫卿・屈原之不及, 安敢望大聖之淸塵? 且《太玄》今竟何用乎? 不當覆醬瓿而已.

【雕蟲篆刻】蟲은 蟲書, 刻은 刻符. 漢代 아동들의 문자 학습.《說文解字》에 『八體六技』라 하여 각종 서체를 공부한 내용이 있음. 여기서는 하찮은 小道・小技라는 뜻으로 쓰였음.

【南風之詩】舜임금이 지은 詩(노래)라 함.《禮記》樂記에 「昔者, 舜作五弦之琴, 以歌南風」이라 하였고,《孔子家語》辨樂解에 「昔者, 舜彈五弦之琴, 造南風之詩, 其詞曰:『南風之薰兮, 可以解五民之慍兮; 南風之時兮, 可以阜吳民之財兮.』라 함.

【鴟鴞之詠】周公이 東征할 때 지은 시. 〈詩序〉에 「鴟鴞, 周公救亂也. 成王未知周公之志, 公乃爲詩以遺王, 名之曰鴟鴞」라 함.

【吉甫・史克雅, 頌之美者】尹吉甫는 宣王을 찬미하여 지은 시가 있고, 史克은 僖公을 찬미한 시가 있음을 뜻함. 〈詩序〉에 「大雅・嵩高・蒸民・韓奕, 皆尹吉甫美宣王之詩, 馬同, 頌僖公也, 僖公能遵伯禽之法, ……而史克昨是頌」이라 함.

【不學詩無以言】《論語》季氏篇에 『陳亢問於伯魚曰:「子亦有異聞乎?」對曰:「未也. 嘗獨立, 鯉趨而過庭. 曰:『學詩乎?』對曰:『未也.』『不學詩, 無以言.』鯉退而學詩. 他日, 又獨立, 鯉趨而過庭. 曰:『學禮乎?』對曰:『未也.』『不學禮, 無以立.』鯉退而學禮. 聞斯二者.」陳亢退而喜曰:「問一得三, 聞詩, 聞禮, 又聞君子之遠其子也.」』라 하였다.

【自衛反魯】孔子가 만년에 음악을 정리하였음을 말함.《論語》子罕篇에 『子曰:「吾自衛反魯, 然後樂正, 雅頌各得其所.」』라 함.

【劇秦美新】揚雄이 王莽에게 아부하여 쓴 글의 내용. 新(왕망)을 찬양한 것임. 114(9-1) 주 참조.

【桓譚】 자는 君山. 동한 때 인물. 음악·문장·相術 등에 뛰어났으며 《新論》 29편을 지음. 《後漢書》 桓譚傳 참조. 환담이 揚雄의 《太玄經》이 《老子》보다 낫다고 한 내용은 《漢書》 揚雄傳(下)에 실려 있음.

【葛洪】 자는 稚川. 스스로 『抱朴子』라 하였으며, 晉나라 때의 대학자. 《抱朴子》· 《神仙傳》을 남겼음. 《晉書》 葛洪傳 참조.

【太玄經】 漢나라 揚雄이 《周易》을 모방하여 쓴 책. 모두 10권이며 宋代 司馬光이 이를 주석한 《太玄集注》 10권이 있음.

남의 문장 비평

　북제北齊 때에 석비席毗라는 사람이 있어 청간淸幹한 선비로서 관직이
행대상서行臺尙書에 올랐다. 그는 문학을 비웃고 비루한 것이라 여겨
유적劉逖을 조롱하여 이렇게 말하였다.

　"그대들이 멋지다고 하는 문장은 비유하자면 화려한 꽃과 같소.
잠깐 즐기는 것이니 굉장한 재능은 아니오. 어찌 우리 무리의 천 길
되는 소나무가 언제나 풍상을 견디며 가히 조췌凋悴할 수 없는 모습에
견주리오!"

　이에 유적이 이렇게 응수하였다.

　"과연 추위에도 늠름한 나무에다가 다시 봄꽃까지 피운다면 어떠하겠
습니까?"

　그제야 석비는 웃으면서 "좋겠지요!"라 하였다.

　齊世有席毗者, 淸幹之士, 官至行臺尙書, 蚩鄙文學, 嘲劉逖
云:「君輩辭藻, 譬若榮華, 須臾之翫, 非宏才也; 豈比吾徒千丈
松樹, 常有風霜, 不可凋悴矣!」劉應之曰:「旣有寒木, 又發春華,
何如也?」席笑曰:「可哉!」

【席毗】 혹은 辛毗로도 쓰며, 三國 魏나라 때의 인물.
【劉逖】 자는 子長. 詩文에 뛰어났던 北齊 때의 문인.《北齊書》文苑傳(劉逖) 참조.

120 (9-7) 천리마에도 재갈과 채찍이 필요한 이유

무릇 문장 짓는 일은 마치 사람이 기기騏驥같은 천리마를 탈 때 비록 그 말이 빼어난 기상이 있다 해도, 마땅히 재갈과 채찍으로 이를 제어해야 하는 것과 같다. 그러니 제멋대로 흘러, 갈 길을 잃거나 뜻을 방자하게 하여 구렁텅이에 빠지게 해서는 안 될 것이다.

凡爲文章, 猶人乘騏驥, 雖有逸氣, 當以銜勒制之, 勿使流亂軌躅, 放意塡坑岸也.

【騏驥】 名馬를 일컫는 말.《莊子》秋水篇에 「騏驥驊騮」라 하였고, 釋文에 「皆駿馬也」라 함.
【銜勒】 말이나 소의 재갈. 통제, 절제를 당함을 말함.

〈八駿圖〉(淸) 郞世寧 臺北故宮博物館 소장

121
(9-8)
개혁되어야 할 문풍

문장이란 마땅히 이치理致로써 심신心腎을 삼고, 기조氣調로써 근골
筋骨을 삼으며, 사의事義로써 피부를 삼고, 화려華麗로써 관면冠冕을 삼아
야 한다. 지금 세상에는 서로 이어받되 말末을 좇느라 본本을 버리고
있다. 거의가 부렴浮艶해져서 사辭와 이理가 다투면 사가 승하고 이가
굴복하며, 사事와 재才가 다투면 사는 번화하고 재는 깎이고 만다.
제멋대로 글을 쓰는 사람은 유탕流宕하여 본연으로 되돌아올 줄 모르고,
파고들기만 하는 자는 억지로 기워 붙이기만 할 뿐 문채는 부족하다.

시속時俗이 이와 같으니 난들 어찌 능히 혼자서 이를 거부하겠는가?
다만 지나침과 심함을 제거하는 데 힘 쓸 따름이다. 반드시 재능과
명성이 있는 자가 나타나 이러한 체재體裁를 개혁해 주기를 나는 진실로
바라고 있다.

文章當以理致爲心腎, 氣調爲筋骨, 事義爲皮膚, 華麗爲冠冕.
今世相承, 趨末棄本, 率多浮艶. 辭與理爭, 辭勝而理伏; 事與
才爭, 事繁而才損. 放逸者流宕而忘歸, 穿鑿者補綴而不足. 時俗
如此, 安能獨違? 但務去泰去甚耳. 必有盛才重譽, 改革體裁者,
實吾所希.

【理致】原理와 情致. 사물과 사상의 당연한 이치.

【去泰去甚】지나친 것을 제거하며 심한 것도 없이함.《老子》29장에『將欲取
天下而爲之, 吾見其不得已. 天下神器, 不可爲也, 不可執也. 爲者敗之, 執者失之.
故物或行或隨, 或歔或吹, 或強或羸, 或載或隳. 是以聖人去甚, 去奢, 去泰』라 함.

122
(9-9)

치우치는 글은 삼가라

옛 사람의 글은 훌륭한 재질과 빼어난 기상이 있었고, 체도體度와 풍격風格은 지금 사람과는 비교가 되지 않았다. 다만 짜임이 성글고 소박하여 치밀하지 못할 뿐이었다. 지금 세상은 음률音律이 어울려 아름답고, 장구章句가 대우對偶를 이루며, 휘피諱避가 정밀하고 상세하여, 지난날보다 나은 점이 많다.

그러므로 의당 옛날의 제재製裁를 본으로 삼고, 지금의 사조辭調를 말로 삼아 함께 아울러 갖추어야 할 것이며, 치우치거나 어느 한 쪽을 버려서도 안 될 것이다.

古人之文, 宏材逸氣, 體度風格, 去今實遠. 但緝綴疎朴, 未爲密緻耳. 今世音律諧靡, 章句偶對, 諱避精詳, 賢於往昔多矣. 宜以古之製裁爲本, 今之辭調爲末, 並須兩存, 不可偏棄也.

【宏材】 큰 재능. 材는 才와 같음.
【逸氣】 빼어난 기상.

123
(9-10)
우리 집안은 유속流俗을 따르지 않았다

　　우리 집안은 대대로 문장이 매우 전정典正하여 유속流俗은 따르지 않아 왔다. 양梁 효원제孝元帝가 제위에 오르기 전에 〈서부신문西府新文〉을 편찬하였는데, 선친의 문장은 끝내 한편도 실리지 못하였다. 이는 역시 그 작품이 세상의 유행에 짝하지 않았고, 정위지음鄭衛之音이 없었던 때문이었다.

　　선친의 글은 시詩, 부賦, 명銘, 뢰誄, 서書, 표表, 계啓, 소疏 등 20권이었으나 우리 형제들이 상중喪中에 있을 때, 미처 편차編次를 정하지 못한 상태에서 그만 화재를 입어 모두 타버려 끝내 세상에 전하지 못하게 된 것이다.

　　나는 이러한 참혹한 한스러움을 머금고 마음과 뼈에 사무쳐 있다. 그러나 선친의 조행操行은 《양사梁史》 문사전文士傳과 효원제의 《회구지懷舊志》에 실려 있다.

　　吾家世文章, 甚爲典正, 不從流俗; 梁孝元在蕃邸時, 撰〈西府新文〉, 訖無一篇見錄者, 亦以不偶於世, 無鄭·衛之音故也. 有詩賦銘誄書表啓疏二十卷, 吾兄弟始在草土, 並未得編次, 便遭火盪盡, 竟不傳於世. 銜酷茹恨, 徹於心髓! 操行見於《梁史》文士傳, 及孝元《懷舊志》.

【蕃邸】梁 元帝가 湘東王이었을 때를 말함.

【西府新文】西府는 江陵(지금의 湖北省 江陵縣)을 가리킴. 〈西府新文〉은 梁 孝元帝(蕭澤)가 여러 신하와 각료의 글을 모은 것.《隋書》經籍志에「西府新文, 十一卷. 並錄, 梁蕭澤撰」이라 함.

【鄭衛之音】음란한 음악을 대표하는 말. 한편《南史》蕭惠基傳에「宋, 大明 以來, 聲伎所尙, 多鄭衛, 而雅樂正聲, 鮮有好者」라 함.

【草土】喪中임을 뜻함. 부모의 居喪에 寢苫枕塊함을 나타내는 말.

【梁史·文土傳】《梁書》文學傳을 가리킴. 文學傳(下) 顔協(顔之推의 아버지) 傳(전)에「顔協, 字子和. 七代祖含, 晉侍中, 國子祭酒, 西平靖侯. 父見遠, 博學有 志行, 協幼孤養於舅氏, 博涉群書, 工於草隷, 官湘東王國常侍, 又兼, 府記實. 世祖 (梁元帝), 出鎭荊州, 轉正記室. 大同五年卒, 世祖甚歎惜之, 爲〈懷舊詩〉, 以傷之」 라 함.

【懷舊志】《隋書》經籍志에「懷舊志, 九卷, 梁元帝撰」이라 하였고,《北周書》 顔之推傳에「父協, 以見遠(안협의 아버지)踣義忤時, 遂不仕進. 湘東王引爲府記 室參軍, 協不得已, 乃應命. 梁元帝後著懷舊志乃詩, 並稱讚其美」라 함.

124
(9-11)
글은 무슨 뜻인지 알 수 있어야 한다

심은후沈隱侯, 沈約는 이렇게 말하였다.

"문장은 의당 세 가지 쉬움[易]을 좇아야 한다. 무슨 사건인지 쉽게 알 수 있어야 함이 첫째요, 그 글자를 쉽게 알아볼 수 있도록 함이 두 번째요, 쉽게 외울 수 있도록 해야 함이 세 번째이다."

형자재邢子才, 邢邵는 늘 이렇게 말해 왔다.

"심약의 문장은 용사用事가 사람으로 하여금 느끼지 못하게 하니, 마치 가슴 속의 언어와 같다."

나도 이 말에 심히 탄복하였다. 조효징祖孝徵도 역시 일찍이 나에게 이런 말을 한 적이 있다.

"심약의 시에

벼랑이 기울어 종유석을 감싸고 있네 　　　　　崔傾護石髓

이라 하였는데 이것이 어찌 용사用事처럼 한 것이겠는가?"

沈隱侯曰:「文章當從三易: 易見事, 一也; 易識字, 二也; 易讀誦, 三也.」邢子才常曰:「沈侯文章, 用事不使人覺, 若胸臆語也.」深以此服之. 祖孝徵亦嘗謂吾曰:「沈詩云:『崔傾護石髓.』此豈似用事邪?」

【沈隱侯】 沈約을 가리킴. 梁나라 때의 문학가, 사학자.《梁書》沈約傳에「沈約
字休文, 吳興武康人. 篤志好學, 晝夜不倦, 遂博通群籍, 能屬文. 高祖(梁武帝
蕭衍)受禪, 爲尙書僕射, 封建昌縣侯, 謚曰隱」이라 함.

【邢子才】 邢邵를 가리킴. 北齊 때의 문인.《北齊書》邢邵傳에「邢邵, 字子才, 河間
鄚人. 十歲便能屬文, 雅有才思, 博覽墳籍, 無不通曉. 邵率情備素, 內行修謹, 兄弟親
姻之間, 稱爲雍睦. 初仕魏, 官國子祭酒, 中書監, 入齊, 授特進, 卒」이라 함.

【祖孝徵】 祖珽, 北齊 때의 文人.《北齊書》祖珽傳에「祖珽, 字孝徵, 范陽遒人.
珽神情機警, 詞藻遒逸, 少馳令譽, 爲世所推」라 함.

【石髓】 鍾乳石을 뜻함. 약으로 사용하였음.《晉書》嵆康傳에「又康遇王烈,
共入山, 烈嘗得石髓如飴, 卽自服半, 餘半與康, 皆凝而爲石」이라 함.

125
(9.12) 심약沈約과 임방任方의 우열

  형자재邢子才, 邢邵와 위수魏收는 함께 훌륭한 명예를 갖추고 있어, 당시 세속의 표준으로써 사장師匠으로 여겼다.

  그런데 형소는 심약沈約은 극찬하면서 임방任昉은 경시하였고, 위수는 임방을 흠모하면서 심약을 헐뜯었다.

  매번 이야기를 나눌 때면 얼굴색을 붉히며 대하였다. 업하鄴下 사람들도 의견이 분운하여 각기 파당을 이룰 정도였다. 조효징祖孝徵이 이를 두고 일찍이 나에게 이렇게 말하였다.

  "임방과 심약의 시비가 바로 형소와 위수의 우열이오."

  邢子才・魏收俱有重名, 時俗準的, 以爲師匠. 邢賞服沈約而輕任昉, 魏愛慕任昉而毀沈約. 每於談讌, 辭色以之. 鄴下紛紜, 各有朋黨. 祖孝徵嘗謂吾曰:「任・沈之是非, 乃邢・魏之優劣也.」

【魏收】北齊 때의 뛰어난 인물(前出).
【任昉】자는 彦昇. 沈約이 높이 여겨 宗師로 삼았음.《梁書》任昉傳 참조.
【鄴下】鄴은 지금의 河南省 臨漳縣. 東魏와 北齊가 이곳을 도읍으로 삼았음.

126
(9-13)
파경破鏡은 원래 흉악한 짐승 이름이다

《오균집吳均集》에 〈파경부破鏡賦〉라는 작품이 있다. 옛날에는 읍邑의 이름이 조가朝歌라 하여 안연顏淵은 그러한 곳에 머물지 않았고, 마을 이름이 승모勝母라 하여 증삼曾參은 옷깃을 여미었다. 이는 모두가 나쁜 명칭이 그 실질을 숭상할까 꺼려한 것이다.

그런데 파경破鏡이란 흉역凶逆한 짐승으로 《한서》에 보인다. 그러니 문장을 지을 때 이러한 이름은 피하기 바란다.

세상을 보건대 왕왕 남의 시에 화답하는 자가 경동敬同이란 말로 제題하는 것을 볼 수 있다. 이는 《효경》에 "아버지 섬김을 근거로 임금을 섬겨 그 공경함이 같다"라는 말에서 나온 것으로 경솔히 할 수 있는 것이 아니다. 양梁나라 때 비욱費旭의 〈시〉에 『옳고 그름을 알 수 없네』라 하였고, 은운殷澐의 〈시〉에는 『표탕히 떠가는 운모주雲母舟여!』라 하였다. 간문제簡文帝가 이를 두고 이렇게 비꼬았다.

"비욱은 그 아버지耶, 爺를 알지 못하였고, 은운은 그 어머니母를 표탕한 셈일세."

이는 비록 모두가 옛일이지만 인용해서는 안 된다. 세인은 혹 문장을 지으면서 《시경》의

북치는 소리 연연하네   伐鼓淵淵

를 인용하는 자가 있으나 《송서》에 이미 누유屢遊를 견책한 일이

있었다. 이와 같은 것을 통해 비교해 보고 모름지기 이러한 잘못은 피하기 바란다.

북면北面하여 어버이를 모시고 있으면서 외삼촌과의 이별에서 〈위양渭陽〉의 노래를 인용하거나, 아버지가 아직 살아 계신 데도 형을 보내면서 〈환산桓山〉의 슬픔을 부로 읊는다면, 이는 모두가 큰 실수이다. 이는 한 귀퉁이만을 예로 든 것이니, 경우를 만날 때마다 의당 신중히 해야 할 것이니라.

《吳均集》有〈破鏡賦〉. 昔者, 邑號朝歌, 顏淵不舍; 里名勝母, 曾參斂襟: 蓋忌夫惡名之傷實也. 破鏡乃凶逆之獸, 事見漢書, 爲文幸避此名也. 比世往往見有和人詩者, 題云敬同, 《孝經》云:「資於事父以事君而敬同.」不可輕言也. 梁世費旭〈詩〉云: 『不知是耶非.』殷澐〈詩〉云: 『颯颻雲母舟.』簡文曰:「旭旣不識其父, 澐又颯颻其母.」此雖悉古事, 不可用也. 世人或有文章引〈詩〉『伐鼓淵淵』者, 《宋書》已有屢遊之誚; 如此流比, 幸須避之. 北面事親, 別舅擒〈渭陽〉之詠; 堂上養老, 送兄賦〈桓山〉之悲, 皆大失也. 擧此一隅, 觸塗宜愼.

【吳均集】吳均은 자가 叔庠이며 梁나라 때의 문인. 그의 문장은 吳均體라 하여 당시 유행했으며,《文集》20권을 남김.《梁書》文學傳(上) 참조. 그의 〈破鏡賦〉는 지금 전하지 않음.

【邑號朝歌】《說苑》·《新序》등에 널리 실려 있는 고사. 한편 北齊 劉畫의 《新論》에「水名盜泉, 尼父不漱, 邑號朝歌, 顏淵不舍, 里名勝母, 曾子還軔」이라 함.

【破鏡乃凶逆之獸】《漢書》郊祀志(上)에「有言古天子常以春解祠, 祠黃帝用 一梟, 破鏡」이라 하고, 注에「孟康曰:『梟, 鳥名, 食母, 破鏡, 獸名, 食父. 皇帝欲絶

其類, 使百吏祠皆用之. 破鏡如貙(貙似狸, 大如拘, 文如狸)而虎眼.』師古曰:『解
祠者, 謂祠祭以解罪求福.』」라 함.

【敬同】 다른 사람의 詩에 和答함을 일컫는 당시 습속어.

【費旭】 費昶의 오기.《南史》文學傳(何思燈)에「王子雲, 太原人, 及 江夏費昶,
並爲閭里才子. 昶善爲樂府, 又作鼓吹曲. 武帝重之」라 하였고,《樂府詩集》권17
에 비창의 〈巫山高〉가 실려 있으며,「彼美巖之曲, 寧知心是非」라 함.

【殷澐】 殷芸.《梁書》殷芸傳에「芸, 字灌蔬, 陳郡長平人. 勵精勤學, 博洽群書.
永明中, 爲宣都王行參軍. 天監十年, 遷國子博士, 昭明太子侍讀」이라 함.

【伐鼓淵淵】《詩經》小雅采 采芑의 구절.

【宋書已有屢游之請】 梁元帝의《金樓子》雜記篇(上)에「宋玉戲太宰屢游之談,
後人因此流遷反語支相習, 室如太宰之言屢游, 鮑照之伐鼓, 孝綽步武之談, 韋粲
浮柱之說」이라 하였으며, 顏之推는 이것이 反切을 사용한 것이라 여긴 것임.
한편 여기서 거론된《宋書》는 沈約의《宋書》가 아님.《隋書》經籍志 正史類에
徐爰의《宋書》65권이 있으며, 그 중에 어느 것일 것으로 보임.

【渭陽】《詩經》秦風 渭陽序에「渭陽, 康公念母也. 康公之母, 晉獻公之女. 文公
(卽晉文公重耳)遭麗姬之難, 末反而秦姬卒. 穆公納文公, 康公時爲太子, 贈送文
公于渭之陽, 念母不見也」라 하였음.

【桓山之悲】 아버지가 죽어 아들이 팔려가는 이별을 노래한 것.《孔子家語》
顏回篇에『孔子在衛, 昧旦, 晨興, 顏回侍側, 間哭者之聲甚哀. 子曰:「回! 汝知此何
所哭乎?」對曰:「回以此哭聲, 非但爲死者而已, 又有生離別者也.」子曰:「何以
知之?」對曰:「回聞桓山之焉, 生四子焉, 羽翼旣成, 將分于四海, 其母悲鳴而送之,
哀聲有似於此, 謂其往而不返也, 回竊以音類知之.」孔子使人間哭者, 果曰:「父死
家貧, 賣子以葬, 與之長訣.」子曰:「回也, 善於識音矣.」』라 함.

127
(9-14) 비평을 싫어하는 문인

　강남江南 사람들은 문장을 지을 때 남의 비평[彈射]을 받아 잘못된
곳이 있음을 알면 그에 따라 즉시 이를 고치려 하니 진왕陳王, 曹植이
정이丁廙에게 한 일로 이런 기풍을 얻어 볼 수 있다.
　그러나 산동山東의 풍속은 자신의 작품을 공격하거나 힐난하는 것이
통하지 않는다. 내가 처음 업鄴에 들어와 일찍이 이로써 남과 언짢은
일이 있었는데 지금까지 후회하고 있다. 너희들은 반드시 경솔하게
남의 작품을 의논함이 없도록 하라.

　江南文制, 欲人彈射, 知有病累, 隨即改之, 陳王得之於丁廙也.
山東風俗, 不通擊難. 吾初入鄴, 遂嘗以此忤人, 至今爲悔; 汝曹
必無輕議也.

【陳思王】 曹植을 가리킴. (前出)
【丁廙】 자는 敬禮. (前出) 《文選》 曹子建與陽德祖書에 「僕嘗好人譏彈其文, 有不
　善者, 應時改之. 昔丁敬禮常作小文, 使僕潤飾之. 僕自以才不能過若人, 辭不
　爲也. 敬禮謂僕: 『卿何所疑難, 文之佳惡, 吾自得之, 後世誰相知定吾文子邪?』
　吾嘗歎此達言, 以爲美談」이라 함.

128
(9-15) 남을 대신하여 글을 써 줄 경우

무릇 남을 대신하여 글을 써 줄 때는 모두가 그 상대가 할 말을 써 주는 것이 이치로 보아 당연한 것이기는 하다. 그러나 애상哀傷·흉화凶禍의 내용일 경우 함부로 얼른 대신 써 주어서는 안 된다.

채옹蔡邕이 호금영胡金盈을 위해 써 준 〈모령표송母靈表頌〉에 "어머니가 영원히 살지 못하시니 슬프도다. 어찌 나를 두고 이렇게 빨리 떠나셨나?"라 하였다. 그리고 다시 호호胡顥를 위해 그 부친의 명문銘文을 지어 "우리 아버지 의랑군議郎君을 안장하였다"라 썼으며, 〈원삼공송袁三公頌〉에는 "덕이 높도다. 우리 조상이시여. 규씨嬀氏에서 나오셨도다"라 하였다.

한편 왕찬은 반문칙潘文則을 위해 〈사친思親〉의 시를 지어 "몸이 이토록 노고로우셨네. 이 어린 소자를 기르시느라. 얼마나 바랐던가, 어머니 장수하시기를"라 썼으며, 이런 작품들은 채옹蔡邕과 왕찬王餐의 문집에 수록되었다. 이러한 예는 아주 많다.

옛 사람들의 이러한 행동은 지금 세상에서 보면 피해야 할 일들이었다. 진사왕陳思王, 曹植의 〈무제뢰武帝誄〉에서 영칩永蟄이라는 말로 깊은 그리움을 표현하였고, 반악潘岳은 〈도망부悼亡賦〉에서 손때 묻은 유물에서의 안타까움을 말하였다. 이는 부모를 벌레에 비유한 것이요, 필부의 아내를 선친으로 나타낸 것이다.

채옹의 〈양병비楊秉碑〉에서는 "나라를 통치할 큰 임무"라 하였고, 반니潘尼는 〈증노경선시贈盧景宣詩〉에서 "제왕의 자리에서 비룡飛龍을 생각하네"라 하였으며, 손초孫楚는 〈왕표기뢰王驃騎誄〉에서 "홀연히 승하하셨다"라 하였고, 육기陸機는 〈부뢰父誄〉에서 "억조 백성을 마음으로 삼아 백관의 질서를 바로잡도다"라 하였으며, 〈자뢰姊誄〉에서는 "마치 하늘의 소녀 같도다"라 하였다. 지금 만약 이러한 표현을 쓴다면 조정의 죄인이 될 것이다.

왕찬의 〈증양덕조시贈楊德祖詩〉에 "태자께서 잔치를 벌이시니 즐거움이 설설洩洩하도다"라 하였는데 이 「설설」이라는 말은 보통사람의 아들에게조차 마구 쓸 수 없는 것인데, 하물며 태자에게 쓸 수 있겠는가?

凡代人爲文, 皆作彼語, 理宜然矣. 至於哀傷凶禍之辭, 不可輒代. 蔡邕爲胡金盈作〈母靈表頌〉曰:「悲母氏之不永, 然委我而夙喪?」又爲胡顥作其〈父銘〉曰:「葬我考議郎君.」袁三公〈頌〉曰:「猗歟我祖, 出自有嬀.」王粲爲潘文則〈思親詩〉云:「躬此勞悴, 鞠予小人; 庶我顯妣, 克保遐年.」而並載乎邕·粲之集, 此例甚衆. 古人之所行, 今世以爲諱. 陳思王〈武帝誄〉, 遂深永蟄之思; 潘岳〈悼亡賦〉, 乃愴手澤之遺: 是方父於蟲, 匹婦於考也. 蔡邕〈楊秉碑〉:「統大麓之重.」潘尼〈贈盧景宣詩〉云:「九五思飛龍.」孫楚〈王驃騎誄〉云:「奄忽登遐.」陸機〈父誄〉云:「億兆宅心, 敦敍百揆.」〈姊誄〉云:「倪天之和.」今爲此言, 則朝廷之罪人也. 王粲〈贈楊德祖詩〉云:「我君餞之, 其樂洩洩.」不可妄施人子, 況儲君乎?

【胡金盈】東漢 胡廣의 딸. 胡廣은 자가 伯始이며, 太傅 등을 지냈고, 諡號는 文恭侯.《後漢書》胡廣傳 참조.
【胡顥】胡廣의 손자. 그의 아버지는 胡寧이었음.

314 안씨가훈

【袁三公】《元和姓纂》에 「袁, 嬀姓, 舜後陳胡公滿之後」라 함.

【楊秉】東漢 楊震의 아들로 자는 叔節. 太傅를 지냄.

【九五】《周易》乾卦 九五의 爻辭.「九五, 飛龍在天. 利見大人」이라 함.

【登遐】天子에게만 쓰는 말로 천자의 죽음을 뜻함.《禮記》曲禮(下)에 「告喪曰 天子登遐」라 함.

129 (9-16) 만가挽歌의 유래

　만가挽歌의 가사는 혹 옛날 우빈虞殯의 노래라고도 하고, 혹은 전횡田橫의 문객文客에게서 비롯되었다고도 하며, 모두가 살아 있는 자가 죽은 자를 애도하여 보내는 슬픈 내용이다.
　육평원陸平原, 陸機의 글은 죽은 사람이 스스로 탄식하는 내용으로 되어 있으니, 시의 격식에 이러한 예는 없을 뿐더러 원래의 뜻을 왜곡하여 제작한 것이다.

〈田橫과 五百勇士〉 徐悲鴻(그림)

挽歌辭者, 或云古者虞殯之歌, 或云出自田橫之客, 皆爲生
者悼往告哀之意. 陸平原多爲死人自歎之言, 詩格旣無此例,
又乖製作本意.

【虞殯】挽歌 이름. 장송곡.
【田橫】전국시대 齊나라 田氏의 후손. 從兄인 田儋이 자립하여 齊王이 되었다가
　　전사하자, 5백 무리를 이끌고 海島로 숨음. 漢 劉邦이 稱帝하여 전횡을 부르자
　　洛陽 20리에 이르러 漢나라 臣下가 되는 것을 부끄럽게 여겨 자살함.《史記》와
　　《漢書》참조. 한편 崔豹의《古今注》音樂篇에「薤露: 蒿里, 並喪歌也. 出田
　　橫門人. 橫自殺, 門人傷之, 爲之悲歌」라 함.
【陸平原】陸機를 가리킴. 平原內史를 역임하여 陸平原이라 칭한 것. (前出)

130
(9-17) 문체의 격식을 잃지 않도록 하라

　무릇 시인들의 작품 중에 자刺, 잠箴, 미美, 송頌들은 각기 그 원류가
있어서, 서로 뒤섞어 칭찬과 폄훼를 한 문장 속에 넣었던 적이 없었다.
　육기陸機가 〈제구편齊驅篇〉을 지으면서 앞부분에는 산천 물산과 풍속
교화의 풍성함을 서술하고는, 뒤에는 갑자기 산천에 대한 정감을 비루
하다 하였으니 그 문체의 격식을 잃고 말았다. 그러면서도 그는 〈오추행
吳趨行〉에는 어찌하여 공자公子 광光과 부차夫差를 함께 진술하지 않았고,
〈경락행京洛行〉에서는 어찌 주周 난왕赧王과 한漢 영제靈帝를 함께 말하지
않았는가?

　凡詩人之作, 刺箴美頌, 各有源流, 未嘗混雜, 善惡同篇也.
陸機爲〈齊謳篇〉, 前敍山川物産風教之盛, 後章忽鄙山川之情,
殊失厥體. 其爲〈吳趨行〉, 何不陳子光·夫差乎?〈京洛行〉, 胡不
述赧王·靈帝乎?

【齊謳篇】《樂府詩集》64와 《文選》28에 실려 있음.
【吳趨行】崔豹의 《古今注》에 「吳趨行, 吳人以歌其地也. 陸機吳趨行曰: 聽我歌
　吳趨, 趨步也」라 함.
【京洛行】《樂府詩集》39에 魏文帝의 〈煌煌京洛行〉 5수가 실려 있으며 陸機의
　시는 보이지 않음.

131
(9-18) 재사才士도 용사用事를 놓칠 때가 있다

예로부터 굉박宏博한 재학才學을 갖춘 자라도 용사用事에 잘못을 저지르는 경우가 있다. 그러나 백가百家의 학설이 다르고, 서적도 인멸된 경우가 있어, 후대의 사관이 직접 볼 수 없을 수도 있으므로 경솔히 이를 논의할 수는 없다. 지금 내가 지적하는 것은 분명히 오류가 있다고 여기는 것으로써 대략 한두 가지를 들어 경계로 삼고자 한다.

《시》에 "요雝하고 우는 까투리의 울음소리여"라 하였고, "까투리가 우는 것은 장끼를 찾는 것일세"라 하였다. 게다가 《모전毛傳》에도 역시 "요雝는 까투리의 울음소리"라 하였다. 그리고 "꿩이 아침에 우는 것은 그 까투리를 찾는 것이다"라 하였고, 정현鄭玄의 《예기》월령月令 주에도 역시 "구雛는 장끼의 울음소리"라 하였다. 그런데 반악潘岳의 부賦에는 "꿩이 유유하면서 아침에 우네"라 하였으니, 이는 암수를 구분하지 못한 채 뒤섞어 놓은 것이다.

또 《시》에서

형제는 심히 그리워하다.   孔懷兄弟.

라는 구절에서 공孔은 심甚이며, 회懷는 사思의 뜻으로 매우 그리워함을 말한 것이다. 그런데 육기陸機는 〈여장사고모서與長沙顧母書〉에서 종조제從祖弟 사황士璜의 죽음을 서술하면서 "마음이 비통하고 뇌가 뽑히듯 하여 마치 공회孔懷와 같다"라 하였다. 그러나 마음이 이미 애통하다면 심히 그리워하는 것이다. 그런데 무슨 까닭으로 다시 「유여有如라 말하는가? 이 뜻을 보건대 의당 친형제를 표현할 때에는 공회孔懷로 써야 한다.

《시》에서

부모는 가장 가까운 분.　　　　　　　　　　　父母孔邇.

라는 구절에서 양친을 부를 때 공이孔邇라 한다면 뜻이 통하겠는가? 다시 《이물지異物志》에 "옹검擁劍이란 게의 발 하나가 특히 커다란 모습이다"라 하였다. 하손何遜의 시에 "뛰는 고기가 마치 방게와 같다"라 하였으니, 이것은 물고기와 게를 분별하지 못한 것이다.

《한서》에 "어사부御史府에 늘어선 잣나무 숲에 들새 수천 마리가 늘 모여들어 그 속에서 깃들어 자면서 아침에 나가 저녁에 돌아온다. 그래서 이 새를 조석조朝夕鳥라 부른다"라 하였는데 문인들이 왕왕 이를 잘못 알고 오연烏鳶이라 전고를 사용한다.

또 《포박자抱朴子》에 항만도項曼都라는 사람이 신선술을 얻었다고 사칭하며, 스스로 "선인이 유하流霞 한 잔을 나에게 주어 이를 마셨더니, 그때부터 문득 기갈을 느낄 수 없게 되었다"라 하였다. 그런데 간문제簡文帝의 〈시〉에 "유하가 포박抱朴의 잔에 담겨 있네"라 하여 이는 곽상郭象이 혜시惠施의 이론을 가지고 장주莊周의 말을 변석한 것과 같다.

《후한서後漢書》에 "사도司徒 최열崔烈을 가두어 낭당鋃鐺의 쇠고랑을 채웠다"라 하여 낭당이란 큰 자물쇠이다. 그런데 세간에서는 흔히 낭鋃자를 금은金銀의 은銀자로 잘못 쓰고 있다. 무열태자武烈太子 역시 수천 권을 읽은 학사였지만 일찍이 〈시〉를 지어 "은 자물쇠로 삼공三公의 다리를 채우고, 칼로 복야僕射의 머리를 친다"라 하였으니 세속의 오류 때문에 생긴 것이다.

自古宏才博學, 用事誤者有矣; 百家雜說, 或有不同, 書儻湮滅, 後人不見, 故未敢輕議之. 今指知決紕繆者, 略擧一兩端以爲誡. 《詩》云:『有鷕雉鳴.』又曰:『雉鳴求其牡.』《毛傳》亦曰:「鷕, 雌雉聲.」又云:「雉之朝雊, 尚求其雌.」鄭玄注《月令》亦云:「雊, 雄雉鳴.」潘岳〈賦〉曰:「雉鷕鷕以朝雊.」是則混雜其雄雌矣. 《詩》云:「孔懷兄弟.」孔, 甚也; 懷, 思也, 言甚可思也. 陸機〈與長沙顧母書〉, 述從祖弟士璜死, 乃言:「痛心拔腦, 有如孔懷.」心旣痛矣, 卽爲甚思. 何故方言有如也? 觀其此意, 當爲親兄弟爲孔懷. 《詩》云:「父母孔邇.」而呼二親爲孔邇, 於義通乎? 《異物志》云:「擁劍狀如蟹, 但一螯偏大爾.」何遜〈詩〉云:「躍魚如擁劍.」是不分魚蟹也. 《漢書》:「御史府中列柏樹, 常有野鳥數千, 棲宿其上, 晨去暮來, 號朝夕鳥.」而文士往往誤作烏鳶用之. 《抱朴子》說項曼都詐稱得仙, 自云:「仙人以流霞一杯與我飮之, 輒不飢渴.」而簡文〈詩〉云:「霞流抱朴椀.」亦猶郭象以惠施之辨爲莊周言也. 《後漢書》:「囚司徒崔烈以銀鐺鎖.」銀鐺, 大鎖也; 世間多誤作金銀字. 武烈太子亦是數千卷學士, 嘗作〈詩〉云:「銀鎖三公脚, 刀撞僕射頭.」爲俗所誤.

【有鷕雉鳴】鷕는 '요'로 읽음. 鷕는 꿩의 울음소리. 이는 《詩經》邶風, 匏有苦葉의 구절임.
【月令】《禮記》의 편명. 12개월의 時令과 施政, 농사, 산업 등의 관계를 설명한 것.
【潘岳詩】潘岳의 〈射雉賦〉를 말함. 꿩사냥을 賦로 읊은 작품.
【孔懷兄弟】《詩經》小雅 常棣에 「兄弟孔懷」라 함.
【父母孔邇】《詩經》周南 汝墳의 구절.

【異物志】 이는 漢나라 楊孚가 지은 《交州異物志》를 가리킴.

【何孫】 자는 仲言. 남조 梁나라 때 人物. 《南史》 何孫傳 참조.

【漢書】 《漢書》 朱博傳을 가리킴.

【抱朴子】 《抱朴子》 祛惑篇을 가리킴.

【郭象·莊周】 《莊子》 天下篇을 가리킴. 《莊子》 郭象注를 말함.

【後漢書】 《後漢書》 崔駰傳을 가리킴.

【武烈太子】 梁文帝의 長子. 이름은 方等, 자는 實相, 시호는 忠壯世子. 元帝 즉위 후 武烈太子로 시호를 바꿈.

명주明珠의 흠집, 미옥美玉의 티

문장에서 지리地理에 관한 것을 다룰 때는 반드시 사실에 합당하여야 한다. 양梁나라 간문제簡文帝의 〈안문태수행雁門太守行〉에서 "아군鵞軍이 일축日逐을 공격하고, 연기燕騎가 강거康居를 소탕하니, 대완大宛은 귀의하여 좋은 말을 보내오고, 소월小月은 항복 문서를 보내오도다"라 하였다. 그리고 소자휘蕭子暉의 〈농두수隴頭水〉라는 시에는 "날씨 차가운데 농수는 급히 흘러, 흩어져 물길을 쏟아 붓는다. 북으로 흘러 황룡성黃龍城을 가로막고, 동으로 흘러 백마성白馬城에 모여든다"라 하였다. 이 역시 명주明珠의 흠집이요, 미옥美玉의 티이다. 의당 신중히 해야 할 것이다.

文章地理, 必須愜當. 梁簡文〈雁門太守行〉乃云:「鵞軍攻日逐, 燕騎蕩康居, 大宛歸善馬, 小月送降書.」蕭子暉〈隴頭水〉云: 「天寒隴水急, 散漫俱分瀉, 北注徂黃龍, 東流會白馬.」此亦明珠 之纇, 美玉之瑕, 宜愼之.

【簡文帝】蕭綱. 자는 世纘. 어릴 때 자는 六通. 高祖(蕭衍)의 셋째 아들이며 昭明太子(蕭統)의 아우. 《梁書》簡文帝紀 참조.
【雁門】郡 이름.
【行】樂府歌辭의 곡조 이름.

【日逐】 흉노의 관직명.《漢書》匈奴傳 참조.

【康居】 고대 나라 이름. 大月氏와 같은 풍속을 지녔으며, 중앙아시아에 있었다고 함.

【大宛】 고대 나라 이름. 西域에 있었으며 汗血馬가 나는 곳이었다 함.《漢書》西域傳 참조.

【小月】 小月氏國.《漢書》西域傳에 「大月氏爲單于攻破, 乃遠去, 其餘小衆不能去者, 保南山羌, 號小月氏」라 함.

【蕭子暉】 자는 景光. 蕭子恪의 아우.《梁書》蕭子恪傳 참조.

【隴頭水】 노래 이름. 원래는 地名으로 지금의 陝西省 隴縣의 隴山.《秦州記》에 「隴山東西百八十里, 山東人行後升此而顧瞻者, 莫不悲思. 高歌曰:『隴頭流水, 分離四下, 念我行後, 飄然曠野. 登高遠望, 涕零雙墮.』」라 함.

【黃龍】 城 이름.《宋書》朱修之傳에 「鮮卑馮宏稱燕王, 治黃龍城」이라 함.

【白馬】 白馬津. 지금의 河南省 滑縣에 있으며,《史記正義》에 「黎陽, 一名白馬津」이라 함.

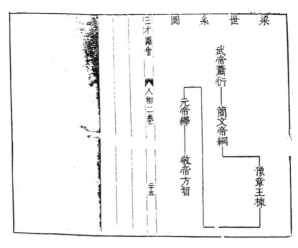

양 세계표《三才圖會》

정치情致**가 있는 왕적**王籍**의 시**

　　왕적王籍의 〈입약야계入若耶溪〉라는 시에 "매미 소리 시끄러우니 숲은 더욱 고요하고, 산새 우는 소리에 산은 더욱 그윽하다"라 읊어 강남江南에서는 독특하고 빼어난 문장이라 여겨 누구나 이의가 없었다. 간문제簡文帝는 이를 읊조리며 잊지 못하였고, 효원제孝元帝도 이를 읊고 감상하여 더 이상 있을 수 없는 표현이라 여겼다. 그래서 결국《회구지懷舊志》에 왕적전王籍傳에 실리는 데에 이르렀다.

　　그런데 범양范陽의 노순조盧詢祖는 업하鄴下의 준재였는데 이렇게 평하였다.

　　"이는 말이 되지 않는다. 어찌 재능이라 하겠는가?"

　　위수魏收 역시 그 이론에 찬성하였다.

　　《시》에 "소소히 말들은 울음 울고, 유유히 깃발을 펄럭이도다"라 하였고,《모전毛傳》에는 "시끄럽지 않음을 말한 것이다"라 하였다. 나는 매번 이러한 해석에 정치情致가 있다고 감탄하였다. 왕적의 시도 이런 경지에서 생겨난 것이다.

　　王籍〈入若耶溪〉詩云:「蟬噪林逾靜, 鳥鳴山更幽.」江南以爲文外獨絶, 物無異議. 簡文吟詠, 不能忘之, 孝元諷味, 以爲不可復得, 至《懷舊志》載於籍傳. 范陽·盧詢祖, 鄴下才俊, 乃言:

「此不成語, 何事於能?」魏收亦然其論.《詩》云:「蕭蕭馬鳴,
悠悠旆旌.」《毛傳》曰:「言不諠譁也.」吾每歎此解有情致, 籍詩
生於此耳.

【王籍】자는 文海. 남조 梁나라 때의 문인.《梁書》文學傳(下)참조.
【盧詢祖】北齊 때의 人物. 盧恭道의 아들이며 盧文偉의 손자. 조상의 작위를
　이어받아 大夏男에 봉해짐.
【范陽】군 이름. 지금의 河北省 涿縣.
【詩】인용된 시는《詩經》小雅 車攻의 구절.

134
(9-21)

눈앞에 보여주는 듯한 시어詩語

난릉蘭陵의 소각蕭慤은 양梁나라 왕실 상황후上黃侯, 蕭曄의 아들로 문장
에 뛰어났다. 일찍이 〈추시秋詩〉에 "부용은 이슬이 맺혀 떨어지고,
버들은 달빛 속에 성기게 보이네"라 읊었는데 당시 사람들은 이를
높이 평가하지 않았다. 나는 그의 소산蕭散함을 좋아하여 눈앞에 완연히
보이는 듯 여겼다. 영천潁川의 순중거荀仲擧와 낭야琅邪의 제갈한諸葛漢도
역시 그렇다고 여겼지만, 노사도盧思道 같은 무리만은 이 구절에 대하여
흡족해하지 않았다.

蘭陵·蕭慤, 梁室上黃侯之子, 工於篇什. 嘗有〈秋詩〉云:
「芙蓉露下落, 楊柳月中疎.」 時人未之賞也. 吾愛其蕭散, 宛然
在目. 潁川荀仲擧·琅邪諸葛漢, 亦以爲爾. 而盧思道之徒, 雅所
不愜.

【蘭陵】지금의 山東省 嶧縣.
【蕭慤】자는 仁祖.《北齊書》文苑傳 참조.《隋書》經籍志에《記室參軍蕭慤集》
9권이 저록되어 있음.
【蕭散】雙聲連綿語. 쓸쓸함. 冷落과 같음.
【荀仲擧】자는 士高.《北齊書》文苑傳 참조.

【諸葛漢】諸葛穎. 자는 漢. 侯景의 난 때에 齊나라로 피했다가 隋煬帝에게 발탁됨.
《文集》20권이 있음.《北史》文苑傳 참조.
【盧思道】자는 子行. 北齊 때의 文人.《北史》盧玄傳 참조.

청교淸巧한 시

하손何遜의 시는 실제로 맑고 공교하여 사실을 닮은 듯이 형용하는 시어가 많았다. 그러나 양도揚都의 논자論者들은 그의 시가 매번 괴로움에 병들어 빈한貧寒한 기운이 너무 많아, 유효작劉孝綽의 옹용雍容함에 미치지 못한다고 한스럽게 여겼다.

비록 그렇기는 하나 유효작은 하손을 심히 시기하여 평소 하손의 시를 읽을 때면 늘 "『거백옥이 수레에 앉으니 그 소리가 궁궐의 북문에까지 들린다』라 하였으니, 수레 모는 예절도 모르는 자"라 평하였다.

그리고 다시 《시원詩苑》이란 책을 편찬하면서 하손의 시는 2편밖에 싣지 않아, 당시 사람들이 널리 싣지 않았다고 기록하였다. 유효작은 당시 이미 이름이 높아

〈陶淵明醉歸圖〉 明 張鵬(畫)

도연명《三才圖會》

누구에게도 양보할 수 없는 명성에, 오직 사조謝朓만을 숭상하여 사조의 시집은 항상 그의 책상머리에 두고 움직일 때마다 그의 시를 읊으며 완미하였다. 간문제簡文帝가 도연명陶淵明의 시를 아끼기도 역시 이와 같았다.

그래서 강남江南에는 "양梁나라 때 삼하三何가 있는데 하자랑何子朗이 가장 낫다"라 하였다. 삼하란 하손, 하사징何思澄, 하자랑 셋을 말한다. 하자랑은 진실로 청교淸巧하고, 하사징의 여산廬山 유람 시는 매번 훌륭한 작품이 쏟아져 역시 보통 사람을 뛰어넘는다.

何遜詩實爲淸巧, 多形似之言; 揚都論者, 恨其每病苦辛, 饒貧寒氣, 不及劉孝綽之雍容也. 雖然, 劉甚忌之, 平生誦何詩, 常云: 「『璐車響北闕』, 懵懵不道車.」 又撰《詩苑》, 止取何兩篇, 時人譏其不廣. 劉孝綽當時旣有重名, 無所與讓; 唯服謝朓, 常以謝詩置几案間, 動靜輒諷味. 簡文愛陶淵明文, 亦復如此. 江南語

曰:「梁有三何, 子朗最多.」三何者, 遜及思澄·子朗也. 子朗信饒淸巧. 思澄遊廬山, 每有佳篇, 亦爲冠絶.

【何遜】 자는 仲言.《梁書》文學傳(上) 참조.
【揚都】 建業(지금의 南京).
【劉孝綽】 劉冉. 자는 孝綽. 王融이 神童이라 불렀으며, 武帝(蕭衍)의 잔치 자리에서 7편의 賦詩를 지어 칭찬을 받음.《梁書》劉孝綽傳 참조.
【蘧車響北闕】 이는 何遜의 〈早朝詩〉의 구절임. 춘추시대 蘧伯玉의 풍모를 빗대어 읊은 것.《列女傳》仁智篇에 거백옥의 수레는 소리가 나지 않게 조심하였다 하였는데, 여기서는 이를 모르고 '소리가 울린다'라 표현하여 그 오류를 안지추가 지적한 것임.
【詩苑】 지금은 전하지 않으며 구체적으로 어떤 책인지 알 수 없음.
【謝朓】 자는 玄暉(前出).《南史》謝朓傳 참조.
【陶淵明】 陶潛. 자는 元亮. 東晉 때의 유명한 田園詩人.《陶淵明集》이 남아 있음.《晉書》隱逸傳 참조.
【何思澄】 자는 元靜. 南朝 梁나라 때의 人物.《梁書》文學傳(下) 참조.
【何子期】 자는 世明. 何遜·何思澄과 함께 「三何」로 불리었음. 文集이 있음.《梁書》文學傳(下) 참조.

10. 명실名實

　본편은 명名과 실實의 관계를 지적하여 명실상부名實相符와 언행일치 言行一致의 중요성을 강조한 것이다. 이를테면 효孝로써의 명名이, 상喪을 치르는 실實로 어떻게 나타나는가를 예화로 들어 밝힘으로써 실질숭상의 사회 기풍으로 진작될 수 있기를 기대하고 있다.

〈松鶴圖〉(淸) 沈銓 四川美術館 소장

136
(10-1) 명성과 실질

    명성과 실질은 마치 형체와 그 그림자의 관계와 같다. 덕과 재능을 두루 두텁게 가졌다면 명성은 틀림없이 훌륭할 것이며, 용색容色이 아름답다면 그 그림자는 틀림없이 아름다울 것이다. 지금 자신의 몸은 수양하지 않으면서 세상에 아름다운 이름이 나기를 바라는 것은, 마치 모습은 심히 추악하면서 거울에 아름답게 비치기를 요구하는 것과 같다. 상사上士는 명성을 잊고 살고, 중사中士는 명성을 세우며, 하사下士는 명성을 훔친다.

    명성을 잊고 사는 자는 도를 체득하고 덕에 합당하여, 귀신의 복과 도움을 누리게 된다. 그 때문에 명성을 구하지 않아도 된다. 명성을 세우는 자는 자신을 수양하고 행동에 근신하여 영관榮觀이 드러나지 않을까 두려워한다. 그 때문에 명예를 양보하지 않는다. 명성을 훔치는 자는 겉모습을 온후하게 꾸미고 간사함을 깊이 감추어, 부화浮華한 허명虛名을 구한다. 그 때문에 명성을 얻지 못하는 것이다.

    名之與實, 猶形之與影也. 德藝周厚, 則名必善焉; 容色姝麗, 則影必美焉. 今不脩身而求令名於世者, 猶貌甚惡而責妍影於鏡也. 上士忘名, 中士立名, 下士竊名. 忘名者, 體道合德, 享鬼神

之福祐, 非所以求名也; 立名者, 脩身愼行, 懼榮觀之不顯, 非所以讓名也; 竊名者, 厚貌深姦, 干浮華之虛稱, 非所以得名也.

【榮觀】 명예로운 지위를 뜻함.《老子》26장에『重爲輕根, 靜爲躁君. 是以聖人終日行不離輜重, 雖有榮觀, 燕處超然. 奈何萬乘之主, 而以身輕天下? 輕則失根, 躁則失君』이라 함.

137
(10-2) 밟는 땅이 몇 촌밖에 되지 않는다고

사람이 발로 밟는 땅은 몇 촌의 넓이에 지나지 않는다. 그렇다고 지척咫尺의 좁은 길이라면 틀림없이 그 벼랑에 넘어지고 말 것이며, 한 뼘 굵기의 나무로 만든 외나무다리라면 매번 냇물이나 골짜기에 빠지고 말 것이다. 왜 그렇겠는가? 이유는 그 곁에 여지餘地가 없기 때문이다.

군자가 자신을 세움도, 생각건대 역시 이와 같다. 성의를 다한 말임

子路(仲由, 季路)

에도 사람이 믿어주지 아니하고, 지극히 깨끗한 행동임에도 남이 혹 의심을 하게 된다면, 남에게 비난을 들을 때마다 언제나 이런 이유 때문이라 자책해야 한다. 만약 능히 방궤方軌의 길을 열고, 조주造舟의 배를 만들 수 있다면, 이는 중유仲由의 말과 믿음이 단壇에 올라 이루어지는 맹약보다 존중받는 것이며, 조희趙熹의 항성降城이 절충折衝의 장수보다 뛰어난 것일 것이다.

人足所履, 不過數寸, 然而咫尺之途, 必顚蹶於崖岸, 拱把之梁, 每沈溺於川谷者, 何哉? 爲其旁無餘地故也. 君子之立己, 抑亦如之. 至誠之言, 人未能信, 至潔之行, 物或致疑, 皆由言行聲名, 無餘地也. 吾每爲人所毁, 常以此自責. 若能開方軌之路, 廣造舟之航, 則仲由之言信, 重於登壇之盟, 趙熹之降城, 賢於折衝之將矣.

【造舟】 배를 잇대어 다리로 삼은 것. 浮橋.

【仲由】 季路. 子路라고도 부르며 공자의 제자 자로는 한번 응락을 하면 반드시 실행함. 《論語》 顔淵篇에 『子曰:「片言可以折獄者, 其由也與!」子路無宿諾.』 라 하였고, 尹焞은 「小邾射以句繹奔魯, 曰:『使季路要我, 吾無盟矣.』 『千乘之國, 不信其盟, 而信子路之一言』, 其見信於人可知矣. 一言而折獄者, 信在言前, 人自信之故也. 不留諾, 所以全其信也」라 하였으며, 《左傳》 哀公 14년에는 『小邾射以句繹來奔, 曰:「使季路要我, 吾無盟矣.」使子路, 子路辭. 季康子使冉有謂之曰:「千乘之國, 不信其盟, 而信子之言, 子何辱焉?」對曰:『魯有事于小邾, 不敢問故, 死其城下可也. 彼不臣, 而濟其言, 是義之也, 由弗能.」齊簡公之在魯也, 闞止有寵焉. 乃卽位, 使爲政』이라 하였음.

【趙熹】 趙憙로도 쓰며 자는 伯陽.《後漢書》 趙憙傳 참조.

【折衝】 적을 맞닥뜨려 꺾어 버림.

138
(10-3) 여기의 성실함이 저기서 나타난다

내가 세상 사람을 보건대 훌륭한 이름이 세상에 올랐다고 해서 재물이 들어오거나, 믿음과 명예가 드러났다고 해서 허락한 말을 실천하지 않는 자가 있다. 이는 뒤에 다가올 날카로운 창을 예측하지 못한 채, 서둘러 앞에 있는 방패를 부수어 버리는 것과 같다.

복자천虛子賤은 "여기에서 성실히 한 것이 저 편에서 드러난다"라 하였다. 사람의 허실虛實과 진위眞僞는 마음에 있는 것이 그 행동을 통해 드러나지 않는 것이 없다. 다만 이를 살피는 데 익숙하지 않을 뿐이다. 일단 이것이 살펴져서 감별되면 교묘함과 거짓은, 졸렬하지만 성실히 함만 같지 못하여 결국 수치는 커지게 마련이다.

백석伯石은 경상卿相의 벼슬을 양보하였고, 왕망王莽은 정권을 사양 하였으니 그 당시에는 스스로 교묘하고 치밀하다고 여겼다. 그러나 뒷사람이 이 사실을 기록하여 만대에 남겨 전하였으니, 가히 뼈가 시리고 털이 삐죽 일어설 일이다.

근래 큰 권세 있는 자로서 효도로 이름이 높아 거상居喪을 전후하여 애달파하기가 제도를 넘을 정도였으니, 역시 보통사람보다 높다 할 수 있겠다. 그러나 그는 상중에 파두巴豆를 얼굴에 발라 드디어 얼굴에 창병瘡病이 나게 하여, 곡읍哭泣이 지나쳐 그렇게 된 것처럼 꾸몄다. 좌우 동복僮僕들이 끝내 이를 숨겨주지 않게 되자, 세상 사람들로 하여금 이제까지의 평소 생활과 음식조차 모두 믿지 못하게 하는 지경에 이르게 되었다.

한 가지 위선으로 백 가지 성실을 잃게 된 것은, 명성을 탐냄을 그칠 줄 모르는 데에서 비롯된 것이다.

　吾見世人, 淸名登而金貝入, 信譽顯而然諾虧, 不知後之矛戟, 毁前之干櫓也. 宓子賤云:「誠於此者形於彼.」人之虛實眞僞 在乎心, 無不見乎迹, 但察之未熟耳. 一爲察之所鑒, 巧僞不如 拙誠, 承之以羞大矣. 伯石讓卿, 王莽辭政, 當於爾時, 自以巧密; 後人書之, 留傳萬代, 可爲骨寒毛豎也. 近有大貴, 以孝著聲, 前後居喪, 哀毁踰制, 亦足以高於人矣. 而嘗於苫塊之中, 以巴 豆塗臉, 遂使成瘡, 表哭泣之過. 左右童豎, 不能掩之, 益使外人 謂其居處飮食, 皆爲不信. 以一僞喪百誠者, 乃貪名不已故也.

【金貝】재물과 화폐.《漢書》食貨志(上)에「金刀龜貝, 所以分財布利, 通有無也」 라 함.
【干櫓】干은 작은 방패, 櫓는 큰 방패.《禮記》儒行篇에「禮義以爲干櫓」라 함.
【宓子賤】공자의 제자인 宓子齊. 여기서의 宓을 宓으로 쓰는 것은 잘못이라는 것임. (書證篇 참조)
【伯石】公孫段. 鄭穆公의 손자이며 子産과는 형제였음. 子産이 정치를 맡고 있을 때 伯石에게 일을 맡겼던 고사가 있음.《左傳》襄公 30년에『鄭子皮授子 産政. 辭曰:「國小而偪, 族大, 寵多, 不可爲也.」子皮曰:「虎帥以聽, 誰敢犯子? 子善相之. 國無小, 小能事大, 國乃寬.」子産爲政, 有事伯石, 賂與之邑. 子大叔曰: 「國皆其國也, 奚獨賂焉?」子産曰:「無欲實難. 皆得其欲, 以從其事, 而要其成. 非我有成, 其在人乎?何愛於邑, 邑將焉往?」子大叔曰:「若四國何?」子産曰:「非相 違也, 而相從也, 四國何尤焉? 鄭書有之曰: ‘安定國家, 必大焉先.’ 姑先安大, 以待 其所歸.」旣伯石懼而歸邑, 卒與之. 伯有旣死, 使大史命伯石爲卿, 辭. 大史退,

則請命焉. 復命之, 又辭. 如是三, 乃受策入拜. 子産是以惡其爲人也, 使次己位.
子産使都鄙有章, 上下有服; 田有封洫, 廬井有伍. 大人之忠儉者, 從而與之; 泰侈
者因而斃之. 豐卷將祭, 請田焉. 弗許, 曰:「唯君用鮮, 衆給而已.」子張怒, 退而
徵役. 子産奔晉, 子皮止之, 而逐豐卷. 豐卷奔晉, 子産請其田·里, 三年而復之,
反其田, 里及其入焉. 從政一年, 輿人誦之, 曰:「取我衣冠而褚之, 取我田疇而
伍之. 孰殺子産, 吾其與之」及三年, 又誦之, 曰:「我有子弟, 子産誨之; 我有田疇,
子産殖之. 子産而死, 誰其嗣之?」」라 하였음.

【苫塊】부모의 상에 풀을 뜯어 자리를 삼고, 흙덩이를 베개로 삼았던 일을 말함.
【巴豆】약용 식물 이름. 巴蜀 지역에서 나며 모습이 콩과 같아 이름이 붙여짐.
毒性이 있음.

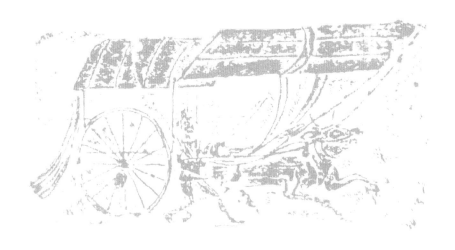

139
(10-4) 실력은 없이 이름만 난 어떤 선비

어떤 한 사족士族이 책은 불과 2, 3백 권도 읽지 못한데다가 타고난 재능도 둔졸鈍拙하였지만, 집안은 대대로 부유하여 스스로 훌륭하다고 긍지를 가지고 있었다. 늘 술과 송아지고기 등 진기하고 아름다운 것들로 명사들과 사귀게 되자, 그 미끼를 달게 여긴 자들이 돌아가며 그에게 바람을 불어넣었다. 조정에서조차 그를 문화文華하다고 여겨 나라 밖의 사신으로 보내게 되었다.

동래왕東萊王 한진명韓晉明은 문학을 독실하게 좋아하던 자였다. 그런데 그는 그의 작품이 거의가 알고 쓴 것이 아니리라 의심하여, 드디어 잔치를 벌여 그를 마주 대하여 시험해 볼 작정이었다.

그날이 되어 서로 웃고 즐기며 사인辭人들이 자리를 메워 부운賦韻을 부르며 명하여 시를 짓게 되었다. 그런데 그 자는 즉시 그 자리에서 시를 이루었는데 지난날의 운치가 아니었다. 많은 객들이 각기 스스로 자신의 글을 읊어 보느라 누구하나 이상함을 발견하지 못하였다. 그때 한진명이 물러나 이렇게 탄식하였다.

"과연 내가 예상하였던 대로군!"

어느 날 한진명이 다시 이런 질문을 던졌다.

"옥정玉珽의 저杼 위에 있는 종규終葵의 머리는 어떤 모습을 말하는 것입니까?"

그러자 그는 이렇게 말하는 것이었다.

"옥정의 머리는 굽고 둥글어 형세가 마치 아욱 잎 같지요."

한진명은 학문이 있는 사람이라 차마 비웃지도 못한 채, 나에게
그 이야기를 해주었다.

有一士族, 讀書不過二三百卷, 天才鈍拙, 而家世殷厚, 雅自
矜持, 多以酒犢珍玩, 交諸名士, 甘其餌者, 遞共吹噓. 朝廷以爲
文華, 亦嘗出境聘. 東萊王韓晉明, 篤好文學, 疑彼製作, 多非機杼,
遂設讌言, 面相討試. 竟日歡諧, 辭人滿席, 屬音賦韻, 命筆爲詩,
彼造次卽成, 了非向韻. 衆客各自沈吟, 遂無覺者. 韓退歎曰:
「果如所量!」韓又嘗問曰:「玉珽杼上終葵首, 當作何形?」乃答云:
「珽頭曲圜, 勢如葵葉耳.」韓旣有學, 忍笑爲吾說之.

【韓晉明】北齊 韓軌의 아들로 天統 연간에 東萊王에 봉해짐. 당시 귀족 자제
　　중에 학문을 가장 좋아하였고 俠氣가 있었음.《北齊書》韓軌傳 참조.
【玉珽杼上終葵首】玉圭의 끝 부분을 깎아 槌形(망치 모습)으로 만든 것. 周禮
　　考工記 玉人에『大圭長三尺, 杼上終葵首, 天子服之』라 하였고, 주에『王所搢大
　　圭也. 或謂之珽. 終葵, 椎也』라 함.

140
(10-5) 남이 다듬어 준 문장으로
이름을 누리다가는

자기 자제子弟들의 문장을 다듬고 고쳐 주어 성가聲價를 누리게 하는
것은 크게 잘못된 일이다.

첫째는 계속 그렇게 이어질 수가 없어 끝내는 그 사실이 폭로될
것이요, 둘째는 학문에 기댈 곳이 있다고 여겨 갈수록 정진으로부터
멀어질 것이기 때문이다.

治點子弟文章, 以爲聲價, 大弊事也. 一則不可常繼, 終露其情;
二則學者有憑, 益不精勵.

【治點】마구 潤飾함을 말함.《爾雅》釋器에 「滅謂之點」이라 하고, 주에 「以筆滅
字爲點」이라 함.

141
(10-6)

지난날 공적이 다 무너진다

업하鄴下에 어떤 젊은이가 양국령襄國令으로 출임出任하여 자못 스스로 힘써 공부하였다. 그리고 공무의 처리에도 마음을 다하여 매번 무휼撫卹을 더하여 자신의 명성을 얻고자 하였다. 그리고 병역兵役에 나가는 자를 위해서는 손을 잡고 보내주면서 간혹 배, 대추, 떡을 싸서 주며 사람마다 일일이 증별贈別하였다. 그리고는 이렇게 말하였다.

"상부의 명령으로 이렇게 되었으니 정으로는 차마 어쩔 수 없다오. 길을 가다가 기갈이 들거든 이로써 나의 생각을 알아나 주시오."

서민들은 모두 이를 칭찬하여 입으로는 다 할 수 없는 찬사가 쏟아졌다. 그가 사주별가泗州別駕로 승진해서도 이렇게 하였다. 그러나 이에 사용하였던 비용이 날로 늘어나, 더 이상 주선할 수 없을 정도로 재정이 바닥나고 말았다. 한번 거짓 인정을 베풀었다가 계속할 수 없는 지경에 이르자, 지난날 이루었던 공적이 드디어 무너지고 말았던 것이다.

鄴下有一少年, 出爲襄國令, 頗自勉篤. 公事經懷, 每加撫卹, 以求聲譽. 凡遣兵役, 握手送離, 或齎梨棗餅餌, 人人贈別, 云: 「上命相煩, 情所不忍; 道路飢渴, 以此見思.」 民庶稱之, 不容於口. 及遷爲泗州別駕, 此費日廣, 不可常周, 一有僞情, 觸塗難繼, 功績遂損敗矣.

【襄國】古代 邢나라. 춘추시대 晉나라의 속국. 後魏 때의 襄國縣. 지금의 河北省 邢臺縣.

【泗州】北周 때 설치했던 州. 지금의 江蘇省 宿縣.

142
(10-7)
매미 허물 같은 성가聲價

어떤 이가 이렇게 물었다.

"무릇 정신이 사라지고 형체가 소멸되어 죽고 나면, 남긴 성가聲價란 역시 매미 허물이나 뱀 껍질, 짐승의 자취나 새 발자국 흔적과 같을 따름입니다. 그런데 죽고 나면 그만인 것과 무슨 관계가 있다고 성인들은 이를 훌륭한 교화라 여겼습니까?"

나는 이렇게 대답하였다.

"힘쓰도록 하는 것입니다. 그 이름을 세우도록 힘쓰게 되면 그 실질을 얻게 될 것입니다. 하나의 백이伯夷를 힘쓰게 하면 천 명, 만 명이 청풍淸風을 세우게 될 것이요, 하나의 계찰季札을 힘쓰게 하면 천 명, 만 명이 인풍仁風을 세우게 될 것이며, 하나의 유하혜柳下惠를 힘쓰게 하면 천 명, 만 명이 정풍貞風을 세우게 될 것이요, 하나의 사어史魚를 힘쓰게 하면 천 명, 만 명의 직풍直風이 세워질 것입니다. 그러므로 성인은 그 어린봉익魚鱗鳳翼과 같이 잡답雜沓하고 참치參差하게 각기 타고난 재능이 다르다 해도, 세상에 이러한 힘씀이 끊어지지 않고자 한 것이니, 어찌 넓다고 하지 않겠습니까? 사해四海의 사람이 이렇게 많아도 모두가 명성을 사모하고 있으니, 모두가 이러한 사정에 근거하여 그 선을 이루게 하는 것입니다. 생각건대 다시 이렇게 논할 수 있습니다. 조고祖考의 훌륭한 이름과 아름다운 명예는 역시 자손에게 있어서 높은 관직과 훌륭한 집이 되기도 하지요. 예로부터 오늘에 이르도록 조상의 후광을 입은 사람들이 많습니다. 선한 행동을 하고

이름을 세우는 것은 집을 세우고 나무를 심는 것과 같은 일이니, 살아
서는 편리함을 얻고 죽어서는 그 후세에 은택을 남겨주는 것입니다.
눈앞의 이익에만 급급한 이들이 이 점은 깨닫지 못해서, 사람이 죽으면
명예도 사라지는 것으로 여기니, 이 얼마나 미혹한 것입니까!"

　或問曰:「夫神滅形消, 遺聲餘價, 亦猶蟬殼蛇皮, 獸远鳥迹耳,
何預於死者, 而聖人以爲名敎乎?」對曰:「勸也, 勸其立名, 則獲
其實. 且勸一伯夷, 而千萬人立淸風矣; 勸一季札, 而千萬人立
仁風矣; 勸一柳下惠, 而千萬人立貞風矣; 勸一史魚, 而千萬人立
直風矣. 故聖人欲其魚鱗鳳翼, 雜沓參差, 不絶於世, 豈不弘哉?
四海悠悠, 皆慕名者, 蓋因其情而致其善耳. 抑又論之, 祖考之
嘉名美譽, 亦子孫之冕服牆宇也, 自古及今, 獲其庇廕者亦衆矣.
夫修善立名者, 亦猶築室樹果, 生則獲其利, 死則遺其澤. 世之
汲汲者, 不達此意, 若其與魂爽俱昇, 松柏偕茂者, 惑矣哉!」

【名敎】名分을 바르게 하는 가르침.《晉書》阮瞻傳에「聖人貴名敎, 老莊明
　自然」이라 함.
【伯夷】이에 대한 것은《孟子》萬章(下)를 볼 것.
【季札】춘추시대 吳나라 公子로서 어진 인물로 알려짐. 吳王 壽夢의 막내아들로
　王位를 사양함.《史記》吳太伯世家 참조.
【柳下惠】춘추시대 魯나라의 大夫. 이름은 展禽.《孟子》萬章(下)에 그를 들어
　칭찬한 말이 있음.
【史魚】史鰌(史鰍). 춘추시대 衛나라의 대부로 正諫(尸諫) 고사로 널리 알려진
　人物.《論語》衛靈公篇에『子曰:「直哉史魚! 邦有道, 如矢; 邦無道, 如矢. 君子哉
　蘧伯玉! 邦有道, 則仕; 邦無道, 則可卷而懷之.」』라 하였음.

그리고 《新序》 雜事(一)에 『衛靈公之時, 蘧伯玉賢而不用, 彌子瑕不肖而任事. 衛大夫史䲡患之, 數以諫靈公而不聽. 史䲡病且死, 謂其子曰: 「我卽死, 治喪於北堂. 吾不能進蘧伯玉而退彌子瑕, 是不能正君也, 生不能正君者, 死不當成禮, 置尸於北堂, 於我足矣.」 史䲡死, 靈公往弔, 見喪在北堂, 問其故. 其子以父言對靈公. 靈公蹴然易容, 寔然失位, 曰: 「夫子生則欲進賢而退不肖, 死且不懈, 又以尸諫, 可謂忠而不衰矣.」 於是, 乃召蘧伯玉, 而進之以爲卿; 退彌子瑕. 徙喪正堂, 成禮而後返, 衛國以治. (史䲡, 字子魚, 論語所謂: 『直哉. 史魚』者也.)』라 하였으며, 《孔子家語》 困誓篇에는 『衛蘧伯玉賢而靈公不用, 彌子瑕不肖反任之, 史魚驟諫而不從, 史魚病將卒, 命其子曰: 「吾在衛朝, 不能進蘧伯玉退彌子瑕, 是吾爲臣不能正君也. 生而不能正君, 則死無以成禮. 我死, 汝置屍牖下, 於我畢矣.」 其子從之, 靈公弔焉, 怪而問焉, 其子以其父言告公, 公愕然失容曰: 「是寡人之過也.」 於是命之殯於客位, 進蘧伯玉而用之, 退彌子瑕而遠之. 孔子聞之: 「古之列諫之者, 死則已矣, 未有若史魚死而屍諫, 忠感其君者也, 不可謂直乎?」』라 하였으며, 《韓詩外傳》 卷七에는 『昔者, 衛大夫史魚病且死, 謂其子曰: 「我數言蘧伯玉之賢, 而不能進; 彌子瑕不肖, 而不能退. 爲人臣, 生不能進賢而退不肖, 死不當治喪正堂, 殯我於室, 足矣.」 衛君問其故, 子以父言聞. 君造然召蘧伯玉而貴之, 而退彌子瑕, 徙殯於正堂, 成禮而後去. 生以身諫, 死以尸諫, 可謂直矣. 詩曰: 『靖共爾位, 好是正直.』이라 함.

한편 《大戴禮記》 保傅篇에도 역시 『衛靈公之時, 蘧伯玉賢而不用, 迷子瑕不肖而任事, 史䲡患之, 數言蘧伯玉賢而不聽. 病且死, 謂其子曰: 「我卽死, 置喪於北堂, 吾生不能進蘧伯玉, 而退迷子瑕, 是不能正君者, 死不當成禮, 而置屍於北堂, 於我足矣.」 靈公往弔, 問其故, 其子以父言聞. 靈公造然失容. 曰: 「吾失矣!」 立召蘧伯玉而貴之, 召迷子瑕而退, 徙喪於堂, 成禮而後去. 衛國以治, 史䲡之力也. 夫生進賢而退不肖, 死且未止, 又以屍諫, 可謂忠不衰矣.』라 하였으며, 《新書》(賈誼) 胎教篇에도 역시 『衛靈公之時, 蘧伯玉賢而不用, 彌子瑕不肖而任事, 史䲡患之, 數言蘧伯玉賢而不聽. 病且死, 謂其子曰: 「我卽死, 置喪於北堂, 吾生不能進蘧伯玉, 而退彌子瑕, 不能正君也, 生不能正君者, 死不當成禮, 死而置屍於北堂, 於我足矣.」 靈公往弔, 問其故, 其子以父言聞. 靈公戚然易容而寔. 曰: 「吾失矣!」 立召蘧伯玉而進之, 召彌子瑕而退之, 徙喪於當堂, 成禮而後去. 衛國以治, 史䲡之力也. 夫生進賢而退不肖, 死且未止, 又以屍諫, 可謂忠不衰矣』라 하였으며, 《藝文類聚》 24에도 『逸禮曰: 衛史䲡病且死, 謂其子曰: 「我死, 治喪於北堂,

吾生不能進蘧伯玉, 而退彌子瑕, 是不能正君也. 生不能正君者, 死不當成禮, 死而置尸於北堂, 於我足矣.」靈公往弔, 問其故, 其子以父言聞于靈公. 公失容. 曰:「吾失矣!」立召蘧伯玉而貴之, 召彌子瑕而退之, 徙喪於堂, 成禮而後去』로 전재되는 등 널리 알려진 고사임.

【魂爽】혼백. 사람의 영혼.《左傳》昭公 25년에「心之精爽, 是謂魂魄」이라 함.

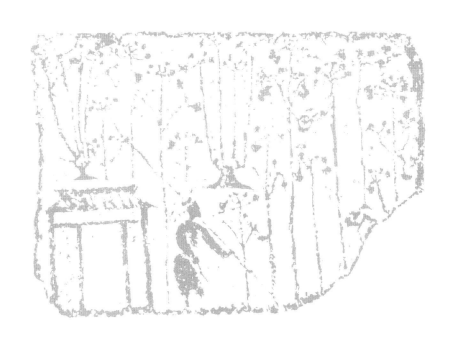

임동석(苗浦 林東錫)

慶北 榮州 上苗에서 출생. 忠北 丹陽 德尙골에서 성장. 丹陽初中 졸업. 京東高 서울
敎大 國際大 建國大 대학원 졸업. 雨田 辛鎬烈 선생에게 漢學 배움. 臺灣 國立臺灣師
範大學 國文硏究所(大學院) 博士班 졸업. 中華民國 國家文學博士(1983). 建國大學校
敎授. 文科大學長 역임. 成均館大 延世大 高麗大 外國語大 서울대 등 大學院 강의.
韓國中國言語學會 中國語文學硏究會 韓國中語中文學會 會長 역임. 저서에《朝鮮譯
學考》(中文)《中國學術槪論》《中韓對比語文論》. 편역서에《수레를 밀기 위해 내린
사람들》《栗谷先生詩文選》. 역서에《漢語音韻學講義》《廣開土王碑硏究》《東北民族
源流》《龍鳳文化源流》《論語心得》〈漢語雙聲疊韻硏究〉 등 학술 논문 50여 편.

임동석중국사상100

안씨가훈 顔氏家訓

顔之推 撰 / 林東錫 譯註
1판 1쇄 발행/2009년 12월 12일
2쇄 발행/2013년 9월 1일
발행인 고정일
발행처 동서문화사
창업 1956. 12. 12. 등록 16-3799
서울강남구신사동563-10 ☎546-0331~6 (FAX)545-0331
www.dongsuhbook.com
잘못 만들어진 책은 바꾸어 드립니다.

*

*

사업자등록번호 211-87-75330
ISBN 978-89-497-0591-0 04080
ISBN 978-89-497-0542-2 (세트)